지금 이 순간이 기회입니다

지금 이 순간이 기회입니다

초판 1쇄 발행일 2013년 6월 22일
　　　4쇄 발행일 2025년 9월 15일

지은이 김기태

펴낸이 김윤
펴낸곳 침묵의 향기
출판등록 2000년 8월 30일, 제1-2836호
주소 10401 경기도 고양시 일산동구 무궁화로 8-28,
　　　　삼성메르헨하우스 913호
전화 031) 905-9425
팩스 031) 629-5429
전자우편 chimmukbooks@naver.com
블로그 http://blog.naver.com/chimmukbooks

ISBN 978-89-89590-35-4　03810

* 책값은 뒤표지에 있습니다.

지금 이 순간이
기회입니다

김기태
지음

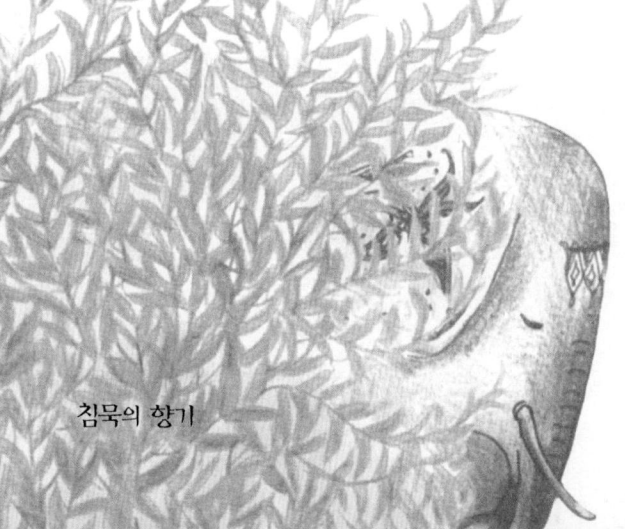

침묵의 향기

| 머리말 |

"산다는 것은 곧 만난다는 것이다."

어쩌면 우리네 삶을 한마디로 말해 이렇게도 말할 수 있지 않을까 싶습니다.

인생은 온통 만남의 연속이니까요.

이 세상에 태어나면서 맨 먼저는 부모를 만나고, 형제를 만나고, 또래를 만나고, 친구를 만나고…… 자아 개념이 생기면서부터는 조금씩 자기 자신도 만나기 시작하고, 그러면서 자신의 꿈도 만나고, 목마름도 만나고, 자신이 정말 하고 싶은 일도 만나고…… 사랑하는 사람도 만나고, 그리움도 만나고, 감사도 만나고, 마침내 부부의 인연도 맺고…… 아, 눈부신 자식도 만나고, 가족도 만나고, 좀 더 깊이 인생도 만나고, 삶의 성공과 실패도 만나고…… 상실도 만나고, 기쁨도 만나고, 아픔도 만나고, 눈물도 만나고, 늙음도 만나고, 이윽고 깊고 아름다운 죽음도 만나고…….

어디 그뿐이겠습니까. 엄마 뱃속에서 나와 맨 처음 스스로의 힘으로 호흡하게 되면서, 인생의 첫 시작을 따뜻이 맞이해 주는 이 땅의 투명한 공기와도 만나고, 눈부신 햇살과도 만나고, 수줍은 듯 불어오는 산들바람과도 만나고, 파아란 하늘과도 만나고, 별과 새와 꽃과 나무와 계절과 산과 숲과 바다와도 만나고, 길과 설렘과 동경과 여행과 미지(未知)와도 만나고……. 아, 정말이지 인생은 온통 만남들로 가득하다고 해도 지나친 말이 아닌 듯 싶습니다. 그 무수한 만남들 속에서 우리는 인생을 배우고 사랑을 배우며 끊임없이 성장해 가겠지요.

그 모든 만남들 가운데 가장 소중하고도 중요한 만남은 바로 자기 자신과의 만남이 아닐까 싶습니다. 자신을 온전히 만나 자기 자신으로 살아갈 때 인간은 가장 평화롭고 행복하며, 넘치는 기쁨 속에서 흔들리지 않는 삶을 살아갈 수 있기 때문입니다. 또한 자기 자신이 되어 '홀로' 설 수 있을 때 남과도 진정으로 '함께' 설 수 있기 때문입니다. 그렇듯 자신을 만난다는 것은 삶의 모든 아름다운 문을 여는 열쇠가 되는 것입니다.

그런데 아이러니하게도 사람들은 자기 자신을 만나려고는 잘 하지 않습니다. 어찌된 영문인지 자기 자신에 대해서는 별 관심이 없고, 모두가 '바깥'의 것들만을 더 많이 가지려고 애쓰는 모습들을 봅니다. 우리의 삶을 진정으로 풍요롭게 하는 보배창고는 바로 우리 자신 안에 있는데도 말입니다.

또 많은 사람들은 자신을 만나려 하기는커녕 오히려 마음에 들지 않는다며 스스로를 미워하고 싫어하고 부정하면서, 할 수만 있다면 자신이 아닌 남이 되려고 하는 모습도 많이 봅니다. 자신을 힘들게 하고 괴롭게 하는 그 모든 문제들의 명쾌하고도 분명한 답이 바로 지금 이 순간 있는 그대로의 자신 안에 넉넉히 있는데도 말입니다.

제가 아는 어떤 분은 이렇게도 말했습니다.

"엄밀히 말해, 우리가 살아서 해야 할 일은 딱 하나밖에 없다. 그것은 바로 자기 자신을 만나는 것이다."

왜냐하면 자기 자신을 만날 때 삶의 진정한 힘도 동시에 만나게 되기 때문입니다. 자기 자신을 만날 때 마음의 모든 상처와 슬픔이 치유되고, 억눌렸던 굴레와 구속이 풀어지며, 평화가 가득히 임하기 때문입니다. 자기 자신을 만날 때 인생의 모든 의문과 방황과 목마름이 끝이 나고, 참다운 지혜를 얻게 되며, 마침내 깊고 깊은 영혼의 자유가 오기 때문입니다. 자기 자신을 만날 때 이 세상 어느 누구와도 당당하고 진실하게 만날 수 있기 때문입니다. 그렇듯 자기 자신을 만난다는 것은 곧 지금 이 순간 속에서 영원을 만난다는 것이며, 유한의 삶 속에서 무한의 것을 누리게 된다는 것입니다.

그런데, 어떻게 자신을 만날까요?

어떻게 하면 자신을 만나 삶을 진정으로 감사하며 사랑하며 행복하게 살아갈 수 있을까요?

뜻밖에도 그 길은 참 쉽고도 가까이 있답니다.

바로 지금 이 순간 속에 있기 때문입니다.

자기 자신을 만나기 위해 아무것도 할 필요가 없기 때문입니다.

우리가 원하는 모든 것은 이미 우리 자신 안에 가득히 들어 있기 때문입니다.

이 책은 많은 사람들의 구체적이고도 다양한 질문들에 하나하나 답변하는 과정을 통하여 섬세하고 따뜻하게 그 길로 인도해 줄 것입니다.

더 많은 사람들이 자기 자신을 만나 진실로 자유롭고 행복하기를 바랍니다.

2013년 6월
김기태

| 차례 |

머리말 · 4

1장
나와 마음

프로크루테스의 침대 · 22
다스리려 하지 마십시오 · 25
모든 진실은 단순하답니다 · 28
모든 것은 에너지입니다 · 31
지금이 기회입니다 · 35
님은 참 좋은 기회 앞에 있습니다 · 38
자, 손을 한번 뻗어 보세요 · 42
조금만 더 적극적인 마음을 내 보세요 · 47
자기를 바로 봅시다 · 51
자신에 대한 비난을 그칠 때 · 55
우리 안에 있는 허구들 · 60

2장 / 관계와 사랑

마음을 비우라는 것은 · 78

가이사의 것은 가이사에게, 하나님의 것은 하나님께 · 81

눈을 자신에게로 돌릴 수는 없을까요? · 87

방어할 두려움 없는 자유 · 91

눈치 보는 자신을 사랑해 주십시오 · 94

인생의 모든 순간이 기회입니다 · 98

그 마음을 얼른 정리하려 하지 마십시오 · 103

고통은 '나'를 만나게 하는 지름길입니다 · 106

당신은 그 사람을 진정으로 사랑했습니까? · 110

그 힘겨움과 함께 가십시다 · 119

3장 / 부부와 가족

상처에 대하여 · 130

밖이 아니라 안으로 마음을 돌리면 · 139

우리 안에 있는 과녁 · 144

이해와 인정이 먼저입니다 · 151

먼저 아내를 있는 그대로 바라봐 주세요 · 155

4장 삶과 사랑

나는 왜 사는가? · 165
생화와 조화 · 169
인생에 무의미한 순간은 없습니다 · 172
님 자신을 먼저 인정해 주십시오 · 176
고통의 두 가지 종류 · 180
마음의 고통과 괴로움의 원인 · 184
정말로 열심히 행복하게 살고 싶습니까? · 188
선택하기를 서두르지 마세요 · 193
삶은 부닥치는 자의 것입니다 · 195
비교하는 마음이 문제입니다 · 198
님의 그 지병을 한번 사랑해 보세요 · 201
고통의 무게는 저항하는 마음이 만들어 내는 것 · 204
받아들일 때 두려움은 사라집니다 · 207
모든 의문에 대한 답은 '나'를 벗어나 있지 않습니다 · 211
삶의 모든 순간이 기회이며 희망입니다 · 214
하나님은 당신을 참 사랑하시나 봅니다 · 221
마음을 비우십시오 · 223

5장 / 마음의 장애들

다만 '지금'을 받아들일 수 있다면 · 235
우리를 자유케 하는 것은 저항이 아니라 사랑입니다 · 241
저항을 그치는 것, 그것이 바로 사랑입니다 · 246
인생에 단 한 번만이라도 이런 마음을 가져 볼 수는 없나요? · 249
그럴 수밖에 없었던 자신을 먼저 따뜻이 품어 주십시오 · 254
시선공포를 사랑해 주세요 · 257
중요한 것은 이해의 전환입니다 · 260
정말로 낫고 싶습니까? · 263
삶을 가로막는 앎 · 270
자신을 있는 그대로 사랑하기 · 274
'받아들임의 기적'을 경험해 보셨으면 합니다 · 279

6장 / 있는 그대로

그것은 우선 우리 내면에 관한 이야기입니다 · 285
우선 바깥이 아니라 안에서부터 · 288
'자신을 이긴다'는 말의 진정한 의미 · 291
긍정에서 긍정으로 · 293
무소유의 참뜻 · 297

7장 수행과 자유

그 생명줄을 한번 놓아 볼 수는 없을까? · 301
삶이 곧 명상입니다 · 305
삶이 곧 수행입니다 · 309
님은 제대로 길을 걸어오셨습니다 · 313
단 한 번의 맞닥뜨림으로 · 317
분별이 곧 도(道)입니다 · 320
찾고 구하는 마음이 쉬어지니 아무 일도 없어졌다 · 323
산다는 것은 곧 배운다는 것입니다 · 327
우리 삶의 놀라운 역설 · 331
구속될 수 있는 자유 · 335
자유를 가로막는 가장 큰 걸림돌 · 338

에필로그 · 340
질문차례 · 356

1장
나와 마음

모든 것은 삶이 우리에게 주는 선물이요, 축복입니다.
지금 이 순간 내 안에서 올라오는 모든 감정, 느낌, 생각들은
내 영혼을 자유하게 해주고 성장케 해주며
온전케 해주고 싶어서 찾아오는 소중하고 아름다운 '나'들입니다.
그러므로 '나'의 전부를 사랑해 주십시오.

나는 누구인가?

우리가 지금 여기의 '현재'를 살아가면서 이런저런 삶의 어려움과 힘겨움에 부닥쳐 마음이 괴롭고 고통스러울 때, 그리고 그 괴로움이 반복적으로 되풀이되어 살아간다는 것이 문득 무겁고 답답한 짐처럼 여겨질 때, 어김없이 우리의 가슴 깊은 곳에서 떠오르는 것이 바로 이 의문입니다.

나는 누구인가? 나는 누구이기에 내 안에는 나도 어찌할 수 없는 영혼의 목마름 같은 것이 늘 있는 것일까? 무엇을 해도 채워지지 않는 이 허허로움은 또 무엇일까? 나는 왜 스스로 서지 못하고 끊임없이 남들을 의식하며 그들의 인정과 칭찬에 목말라 할까? 그들의 사소한 말 한마디 눈빛 하나에도 흔들리는 내가 싫다 싫다 하면서도 왜 나는 그런 나로부터 얼른 벗어나지 못하는 것일까? 시시로 때때로 올라와 나를 힘들게 하는 이 불안과 두려움은 또 어쩌란 말인가? 나는 왜 이다지도 내 마음에 들지 않는 것투성이일까? 이 괴로움은 언제쯤 끝이 날까? 나는 정녕 나답게 살 수 있을까? 행복할 수 있을까? 어떻게 하면 내 마음에 진정한 평화가 오게 할 수 있을까? 나도 자유롭고 싶은데, 매 순간을 당당하고 기쁘게 살고 싶은데, 그 길은 어디에 있는 것일까? 지금 당장 그 길을 열 수는 없을까……?

늘 입술을 타게 하는 이러한 의문과 갈증을 풀기 위해, 그리고 마침내 삶을 근본에서부터 변화시켜 줄 분명한 답을 찾기 위해 우리는 수많은 책을 읽고, 이런저런 다짐과 결심을 계획하고 실천하고, 또 누군가를 찾아가 오랜 시간 이야기도 나누어 보고, 명상도 하고, 수행도 하고, 기도도 하는 등 온갖 노력을 기울여 보지만, 그 답은 선뜻 내 앞에 나타나 주지 않습니다. 왜 그럴까요? 그 문제를 해결하지 않고서는 삶의 어떤 순간에서도 제대로 살 수가 없을 것 같아서 타는 목마름으로 찾고 또 찾아보지만, 왜 그 답은 쉽게 오지 않는 것일까요?

그것은 답을 늘 '밖'에서 찾았기 때문입니다. 그러나 답은 밖에 있지 않습니다. 또한 미래의 어느 순간에도 있지 않습니다. 우리 자신을 영원히 자유케 해줄 답은 언제나 지금 이 순간 속에 있으며, 내 안에 있습니다. 아니, 내가 이미 그것입니다. 그 사실을 알지 못한 채 지금 여기의 '나'를 떠나 다른 곳, 다른 사람에게서 답을 찾고 또 구했으니 얻을 수 없었던 것은 당연하지요. 그렇다면 '나'는 누구일까요? 또 그 '답'은 무엇일까요?

'나'는 매 순간 있는 그대로의 이것입니다. 아침에 눈을 떠서 밤에 잠들 때까지 심지어 꿈속에서까지 경험하는 모든 감정, 느낌, 생각들이 다 '나'입니다. 어느 날 아침 눈을 떴을 때의 눈부신 상쾌함도 나요, 웬일인지 모르지만 마음이 무겁고 답답하고 우울했다면 그것 또한 나이며, 몸과 마음을 이완케 해주는 편안함도 나요, 불쾌함도 나입니다. 따뜻한 사랑의 감정도 나요, 차갑고 거친 미움의 마음도 나이며, 때로 느끼는 기분 좋음도 나요, 사람들 속에서 경험하게 되는 어색함과 긴장과 경직도 나이며, 즐겁고 기쁜 것도 나요, 예기치 않게 찾아와 한 순간 온 마음을 뒤흔들어 버리는 외로움과 불안도 나입니다. 잔잔한 호수 같은 평화도 나요, 격렬하게 휘몰아치는 태풍 같은 분노도 나이며, 당당하고 힘 있는 것도 나요, 왠지 모르게 자신 없고 우물쭈물하며 쩔쩔 매는 것도 나이며, 분명한 것도 나요, 모호하고 우유부단한 것도 나입니다. 강박도 나요, 대인공포도 나이며, 초라함도 나요, 뭔지 모르게 솟구치는 충만감 같은 것을 느낀 적이 있다면 그것 또한 나입니다. 흐르는 물처럼 말을 잘하는 순간도 나요, 말을 더듬거나 말꼬리를 흐리는 것도 나이며, 열심히 성실히 일과 공부를 잘하는 것도 나요, 때로 게으르고 무기력한 것도 나이며, 꿈도 꾸지 않고 푹 잘 자는 단잠도 나요, 악몽을 꾸거나 밤새 뒤척이게 만드는 불면도 나입니다. 한마디로 말해, 내가 살아 있기에 매 순간 경험하게 되는 모든 것이 다 '나'입니다. '나' 아님이 없는 것이지요.

 '나' 아님이 없기에 '나'의 전부를 받아들여 '나'로서 살아가십시오. 그리하여 매 순간 있는 그대로 존재하십시오. 답은 바로 거기에 있습니다. '나'를 둘로 나누어 하나는 마음에 든다며 좋아하고 다른 하나는 마음에 들지 않는다며 싫어하지 말고, 그래서 하나는 받아들이고 다른 하나는 버리려고 애쓰지 말고, 매 순간의 '나'를 있는 그대로 받아들이고 경험해 보십시오. 사랑과 기쁨과 충만, 평화, 즐거움, 성실, 당당함, 편안함 같은 것만 내 마음에 담으려고 애쓰지 말고, 외로움, 슬픔, 미움, 분노, 무기력, 초라함, 불안, 긴장, 강박, 대인공포 등은 내 마음에 담지 않으려고 몸부림치지 마십시오. 그 하나하나 모두가 소중한 '나'일 뿐입니다.

우리의 삶에서 목마름이 가시지 않고 마음의 고통과 괴로움이 사라지지 않는 것은, 우리의 영혼에 참된 자유가 오지 않는 것은 오직 그렇게 스스로 자신을 둘로 나누어 놓고는 하나는 택하고 다른 하나는 버리려고 하기 때문입니다. 그렇게 자신을 부분적으로만 살려고 하기 때문입니다. 그런데 버리고 싶은 것들은 얼른 버려지지가 않고, 얻고 싶은 것들은 쉽게 손에 들어와 주지를 않으니, 영혼의 목마름과 괴로움은 끝나지를 않는 것입니다.

진실로 '나'의 전부를 받아들이고 매 순간 있는 그대로 껴안아 보십시오. 그때 진정으로 우리 마음 안에는 지금까지 경험하지 못한 따뜻한 사랑이 흐르게 될 것이고, 영혼의 목마름이 사라진 평화를 경험하게 될 것이며, 마침내 스스로 만족하고 스스로 행복하며 자유하게 될 것입니다. 왜냐하면 매 순간 있는 그대로의 '나'가 바로 우리가 그토록 찾던 '답'이기 때문입니다.

도저히 사랑할 수 없는 나를 껴안을 때 우리는 뜻밖에도 그 속에서 진정한 사랑을 발견할 수 있으며, 견딜 수 없는 구속을 받아들일 때 우리는 놀랍게도 그 안에서 자유를 느끼게 됩니다. 한없이 초라한 자신을 거부하지 않고 받아들일 때 진정한 충만이 무엇인가를 비로소 알게 되며, 강박과 대인공포를 저주하며 한탄하는 것이 아니라 오히려 그것들에게 마음의 길을 마음껏 내어줄 때 우리는 그 속에서 깊고 깊은 평화를 깨닫게 됩니다. 경직되고 긴장하는 자신을 인정하고 시인할 때 거기에 물들지 않는 고요를 누릴 수 있으며, 모든 것을 무너뜨려 버릴 것 같은 우울과 불안을 거부하지 않고 경험해 보려는 마음을 가질 때 설명할 수 없는 힘과 희열 같은 것을 그 속에서 맛볼 수 있습니다.

모든 것은 삶이 우리에게 주는 선물이요, 축복입니다. 지금 이 순간 내 안에서 올라오는 모든 감정, 느낌, 생각들은 내 영혼을 자유하게 해주고 성장케 해주며 온전케 해주고 싶어서 찾아오는 소중하고 아름다운 '나'들입니다. 그러므로 '나'의 전부를 사랑해 주십시오. 매 순간 있는 그대로의 '나'를 받아들이고, 있는 그대로의 '나'로 존재해 보십시오. 그때 우리는 분명히 알게 될 것입니다. 내가 곧 길이요, 생명이며, 답이요, 자유였다는 것을. 내가 원했던 모든 것은 본래 내 손에 갖고 있었으며, 단 한 순간도 그것을 놓친 것이 없다는 것을. 다만 있는 그대로의 '나'를 나 스스로가 거부하고 부정했기에 한없이 괴롭고 고통스러웠다는 것을…….

여기, 13세기 페르시아 신비주의 시인인 루미가 쓴 시 한 편을 소개합니다.

여인숙

인간이란 존재는 여인숙과 같아서
아침마다 새로운 손님이 도착한다.

기쁨, 우울, 야비함,

그리고 어떤 찰나의 깨달음이
예기치 않은 손님처럼 찾아온다.

그 모두를 환영하고 잘 대접하라.
설령 그들이 그대의 집 안을
가구 하나 남김없이 난폭하게 휩쓸어가 버리는
한 무리의 아픔일지라도.

그럴지라도 손님 한 분 한 분을 정성껏 모셔라.
그는 어떤 새로운 기쁨을 위해
그대의 내면을 깨끗이 비우는 중일지도 모르니.

어두운 생각, 부끄러움, 미움,
그 모두를 문 앞에서 웃음으로 맞아
안으로 모셔 들여라.

어떤 손님이 찾아오든 늘 감사하라.
그 모두는 그대를 인도하러
저 너머에서 보낸 분들이니.

님은 사랑하고 사랑받기 위해서

태어난 사람입니다

자신에 대한 믿음이 약합니다

얼마 전에 나름대로 결심을 하였습니다. 목표도 계획도, 모자라면 모자라는 대로 지금부터 내 마음먹은 일에 최선을 다하기로 하였습니다. 하지만 나의 의지가 부족한 탓일까요? 자꾸 자신감도 의지도 흐려지는 것을 느끼게 됩니다. 자꾸 "지금도 그리 나쁘지 않으니……"라는 등의 마음이 생겨나는 것을 멈출 수가 없게 됩니다. 한 끼의 어긋난 식사로도 스스로 지켜 오던 생활의 리듬이 깨어지는 것을 느낄 때면 자신이 너무 한심스럽지만, 쉽게 고쳐지지가 않습니다. 서두르지 말자 하면서도 처음의 마음이 자꾸 희석되는 것을 느끼면서, 저 자신에 대한 의심이 나곤 합니다. 저 자신을 믿고 싶습니다. _나무

프로크루테스의 침대

그리스 로마 신화에 보면, 〈케피소스 강가의 침대와 나그네〉라는 이야기가 있습니다. 거기에 프로크루테스라는 사람이 나오는데, 이 사람은 키가 구척이나 되고 힘이 장사인 극악무도한 강도였습니다. 그는 날마다 아테네 교외에 있는 케피소스 강가에 쇠로 만든 침대를 하나 갖다 놓고는 지나가는 나그네를 붙잡아 거기에 눕혀 본 다음, 그 사람이 침대보다 키가 크면 잘라서 죽이고, 작으면 늘여서 죽여 버리고는 나그네가 가진 재물을 다 빼앗아 버리는 것이었습니다. 그런데

참 아이러니한 것은, 그 자신도 바로 그 침대에서 테세우스라는 사람에 의해 결국 잘려 죽는다는 것입니다.

이 이야기를 우리 내면으로 돌려 읽어 보면 정확히 오늘을 살아가고 있는 우리 자신의 이야기가 됩니다. 프로크루테스는 바로 우리 자신이며, '지나가는 나그네'는 그때그때 우리 안에서 올라오는 감정, 느낌, 생각들을 가리킵니다. 우리는 오늘도 우리 자신 안에 '쇠로 만든 침대'를 하나 갖다 놓고는 언제나 그 침대에 꼭 맞는 사람이 되기 위해 스스로 안달하면서, 있는 그대로의 자기 자신을 잘라 죽이거나 늘여서 죽이는 일을 되풀이하고 있습니다.

조금만 게으르거나 무기력해져도 '성실'이라는 침대를 자신의 마음 안에 딱 세워 놓고는 거기에 미치지 못한다며 끊임없이 스스로를 닦달하거나, 사람들과 편안하게 어울리지 못하고 긴장하고 눈치를 보며 어쩔 줄 몰라 하는 자신을 목격하게 되면, 대번에 '당당함' 혹은 '여유'라는 침대를 갖다 놓고는 거기에 어울리게 행동하지 못한 자신을 부끄러워하거나 수치스럽게 여깁니다. 어느 날엔가는 또 '최선'이라는 침대를 하나 만들어 놓고는 매 순간 최선을 다하지 못하는 자신을 한심스러워 하는가 하면, 조금이라도 말이 많았거나 우쭐거렸다 싶으면 이번에는 '과묵함'이라든가 혹은 '겸손'이라는 침대로써 스스로를 재단하기도 합니다. 누군가를 미워하는 마음이 올라오면 '사랑'이라는 침대에 자신을 눕혀 보고는 스스로 괴로워하거나, 거친 분노의 감정이 휘몰고 지나가면 '이해'와 '용서'라는 무거운 침대를 들고 와서는 그렇게 살아가지 못하는 자신을 힘들어하거나 변명하기도 합니다.

더구나 님의 말씀처럼, 한 끼의 어긋난 식사로도 생활의 리듬이 깨어지는 것을 느끼며 스스로 자괴감에 빠질 정도가 되면, 아! 이것은 차라리 안타까움을 넘어 가혹하기까지 합니다.

나무님.

진실로 말씀드리건대, 잘못된 것은 나무님 자신이 아니라 바로 그 '침대'입니다. 그러므로 님의 마음 안에 있는 그 침대를 걷어치워 버리십시오. 지금 당장! 그것은 언제나 그럴듯한 모양으로 우리를 결심하게 하고 다짐하게 하고는 자꾸만 숨 가쁘게 실천으로 내몰지만, 그러나 그것은 결코 가 닿을 수도 없고, 이룰 수도 없으며, 있지도 않은 신기루와 같은 것입니다.

완전한 마음의 해방과 기쁨은 님이 마침내 그 침대에 딱 맞는 존재가 되어 더 이상 의심하거나 회의하지 않게 될 때 비로소 이루어질 것만 같지만, 아뇨, 오히려 정반대입니다. 그런 우리의 노력과 몸부림은 오히려 우리를 더욱 목마르게 하고 메마르게 할 뿐입니다. 프로크루테스가 바로 그 자신의 침대에서 잘려 죽었듯이 말입니다.

님의 마음속에서 그 침대가 사라질 때, 바로 그때, 매 순간 있는 그대로의 님의 모습 속에서 스스로에 대한 완전한 믿음과 해방은 찾아오게 됩니다. 삶의 진정한 '변화'는 결코 우리의 다짐이나 결심 혹은 실천으로 오는 것이 아니기 때문입니다. 우리 안에 있는 어떤 기준과 잣대—프로크루테스의 침대—가 사라질 때, 그래서 매 순간 있는 그대로 존재하게 될 때, 그것은 선물처럼 축복처럼 우리에게 주어진답니다.

어떻게 하면 마음의 습관을 다스릴 수 있는지

여기에서 선생님의 가르침을 항시 감사히 접하고 있습니다.

질문은, 문제를 야기하고 스스로 용납이 되지 않는 습관의 반복을 어찌 다스리느냐는 것입니다. 결심이 잠시 잠깐에 무너질 때는 참으로 괴롭고 답답하고, 자책과 방종으로 치닫게 되는 악순환의 연속입니다. 얼마 전에 직장 내 심한 알력으로 실직을 하고 그동안 알고 지내던 많은 지인들과도 한꺼번에 단절의 상태로 이어질 수밖에 없는 사연이 있었습니다. 물론 그 전에도 그랬지만, 이후 온갖 나쁜 습관에 대한 자제가 더욱 힘들어집니다.

자신감과 의욕도 많이 상실되어, 회피와 스스로를 속이는 정당화 등 예전에는 남을 꼬집고 경멸하던 행위를 지금 스스로 하고 있는 자신을 느낄 때는 정말 싫고 괴롭고 민망하여, 스스로를 용납할 수 없다는 자책에 빠지곤 합니다. _파동시

다스리려 하지 마십시오

다스리려 하지 마십시오. 다스리려 하는 한, 님이 지금 경험하고 있는 그 악순환으로부터 빠져나오기는커녕 오히려 그 속으로 더욱 깊이 휩쓸려 들어갈 뿐입니다. 왜냐하면 님은 "문제를 야기하고 스스로 용납이 되지 않는 습관의 반복을 어찌 다스리느냐는 것입니다."라고 말

씀하셨지만, 반복적으로 되풀이되는 습관을 일으키는 것도 '마음'이요, 그것을 용납하지 못하고 어떤 식으로든 다스리려고 하는 것도 '마음'이기 때문입니다.

마음으로는 결코 마음을 다스릴 수가 없어요. 그것은 마치 피를 피로 씻어서 희게 하려는 것과 같습니다. 결코 가능한 일이 아니라는 말이지요. 그럼에도 불구하고 오직 마음을 가지고 마음을 다스리려고만 했기에, 님은 거듭거듭 "결심이 잠시 잠깐에 무너질 때는 참으로 괴롭고 답답하고, 자책과 방종으로 치닫게 되는 악순환의 연속입니다."라고 할 수밖에 없었던 것입니다.

그러면, 어떻게 하면 좋을까요?

다스리려 할 것이 아니라, 인정해 보십시오. 고치려고만 할 것이 아니라, 먼저 자신 안에 그러한 습관이 '있음'을 마음 깊이 인정하고 시인해 보라는 말이지요. 나쁜 습관은 결국 고쳐야 하지만, 진실로 님 안에 그런 습관이 있음을 인정하고 시인하는 가운데 고치려고 노력하는 것과, 끊임없이 그것을 거부하고 저항하며 부정하는 가운데 고치고 없애려고 애쓰는 것은 하늘과 땅 만큼의 차이를 가져온답니다. 전자 속에는 배움과 성장과 기쁨이 있을 수 있지만, 후자 속에는 끊임없는 고통과 반복의 악순환만 있을 뿐입니다. 매 순간 있는 그대로의 것에 대한 진실된 인정과 받아들임은 그와 같이 눈에 보이지 않는 내밀한 에너지의 변화를 가져다주어, 마침내 영혼의 자유에로까지 우리를 인도해 준답니다.

그러나 이때, 마음 깊이 인정했다고 하더라도 습관은 여전히 자신도 모르게 튀어나와 또다시 반복을 경험할 수 있습니다. 그러나 님의 인정과 받아들임이 진실하다면, 님이 말씀하신 것처럼 "결심이 잠시 잠깐에 무너져 참으로 괴롭고 답답하고, 자책과 방종으로 치닫게 되는 악순환"으로 이어지는 것이 아니라, 오히려 그 '무너짐'까지 진실로 인정하고 받아들이게 됨으로써, 바로 그 무너짐 속에서 새롭게 일어설 수 있는 힘과 지혜를 발견하게도 되는 것입니다. 진실한 인정은 그와 같이 우리 자신을 근본에서부터 변화시키는 사랑의 에너지가 된답니다.

그런데 또 다른 한편으로 보면, 님의 그 악순환이 감사하게 여겨지기도 합니다. 왜냐하면 "자신감과 의욕도 많이 상실되어 회피와 스스로를 속이는 정당화 등 예전엔 남을 꼬집고 경멸하던 행위를 지금 스스로 하고 있는 자신을 느낄 때는 정말 싫고 괴롭고 민망하여, 스스로를 용납할 수 없다는 자책에 빠지곤 합니다."라는 님의 말씀에서 보듯, 만약 님에게 그런 악순환이 오지 않고 늘 결심한 대로 마음이 잘 다스려지고 절제가 되었다면, 언제까지나 남의 그런 문제를 꼬집으며 또한 그들을 경멸하며 자신을 높이기만 해 왔을 테니까요. 사람은 늘 그렇게 남들에 대해 경멸해 오던 바로 그 점이 자신 안에도 가득 들어 있음을 깨달을 때 비로소 마음이 꺾이고 겸손하게 되지요.

그와 같이, 이런저런 모양으로 자꾸만 님 자신을 있는 그대로 맞닥뜨리게끔 인도해 가는 삶에 감사를 드립니다.

그런데 어떻게 인정하나요?

답변에 감사드리며, 잘 간직하겠습니다. 그런데요, 선생님. 인정한다는 것이 지켜보라는 말씀이신지, 이른바 관조한다는 것과 비슷한 말씀이신지 모르겠고, 그 인정을 하는 방법에 대한 구체적인 요령을 모르겠습니다. 받아들인다는 뜻으로 이해하고 있는데, 시시각각 닥치는 문제와 이따금씩 불쑥불쑥 올라오는 지난 유혹 등등을 잘 지켜보면서 흘러가도록 놓아두면, 그 습관의 힘이 점차 약해지고 소멸한다는 말씀인지요? 제 말이 맞다면, 그 실천하려는 의지가 자꾸 흔들리고 망각되는 것은 어떻게 해야 하는지요? 인정하라는 선생님의 말씀을 실천에 옮기고 그것을 유지하려면 어떻게 해야 하는지요? _파동시

모든 진실은 단순하답니다

모든 진실은 단순하답니다.

'인정한다'는 것은 그냥 단순히, 인 것은 이다 하고 아닌 것은 아니다 하며, 있는 것은 있다 하고 없는 것은 없다 하며, 아는 것은 안다 하고 모르는 것은 모른다 하는 것입니다. 님은 "인정을 하는 방법에 대한 구체적인 요령을 모르겠습니다. 인정하라는 선생님의 말씀을 실천에 옮기고 그것을 유지하려면 어떻게 해야 하는지요?"라고 말씀하셨지만, 컵을 컵이라고 하는 데에 무슨 '방법'과 '구체적인 요령'이 필

요하며, 거기다 '실천'은 또 무엇입니까. 그냥 컵이니까 컵이라고 하는 것이 바로 '인정'입니다. 인정이란 그와 같이 아주 단순한 것이랍니다.

그런데 그렇게 자신의 초라함과 보잘것없음과 불쑥불쑥 튀어나오는 습관에 대해 저항하거나 거부하거나 회피함이 없이 있는 그대로 인정하고 받아들였을 때에도 마음의 고통과 괴로움이 동반될 수 있습니다. 그러면 그 고통과 괴로움 또한 있는 그대로 받아들이십시오. 그 고통과 괴로움은 인정과 시인에서 비롯된 것이기 때문에 (시간은 조금 걸리겠지만) 결국에는 님을 자유로 인도해 갈 것입니다. 반면, 저항하거나 거부할 때에도 후회와 자책이라는 형태로 마음의 고통과 괴로움이 동반될 수 있습니다. 그런데 그것은 '인정'이 아닌 '거부'에서 비롯된 것이기 때문에 아무리 고통을 받는다 하더라도 다만 그 고통에 고통을 더할 뿐 결코 님을 자유로 인도해 주지는 못할 것입니다.

예수의 열두 제자 가운데 가롯 유다와 베드로라는 사람이 있었습니다. 가롯 유다는 예수를 은 삼십 냥에 팔아 결국 그를 십자가에 못 박혀 죽게 한 사람이고, 예수를 3년 동안이나 따라다닌 베드로는 예수가 잡혀 가서 로마 총독인 본디오 빌라도에게 재판을 받던 그날 밤 바로 그 현장에서 그를 모른다고 저주를 퍼부으면서까지 세 번이나 부인했던 사람입니다. 그러나 그러고 난 후 두 사람은 똑같이 자신들의 잘못을 깨닫고 크게 통곡하게 됩니다.

그런데 그 후 두 사람의 모습은 완전히 다르게 나타납니다. 가롯 유다는 자신의 허물과 잘못을 너무 후회하고 자책하며 가슴 아파 하다가 그만 자살을 해버리고, 베드로는 오히려 그 일로 인해 완전히 새로운 사람으로 거듭나게 되어, 이후 수없이 많은 사람들을 구원에 이르게 하는 위대한 선지자가 됩니다. 그렇다면 그 두 사람의 차이는 어디에 있었을까요?

한마디로 말하면, '인정'입니다. 가롯 유다는 자신의 잘못과 허물을 도무지 용납할 수가 없었기에 끝없는 자기정죄와 후회와 자책의 고통 속에서 결국 자살을 택하고 말았던 것이고, 베드로는 자신이 3년간이나 그림자처럼 따라다닌 예수를 저주하면서까지 부인했지만, 자신의 행위와 잘못을 진정으로 인정하고 시인하며 받아들일 수 있었기에 오히려 자유를 얻을 수 있었던 것입니다. 진정한 인정과 받아들임은 그와 같이 우리의 삶을 질적으로 변화시키는 힘을 갖고 있답니다.

사람은 누구나 때로 실수를 하고 또 잘못을 저지르기도 하며 살아갑니다. 그러나 어떤 사람들은 자신이 한 그 실수와 허물 앞에서도 끊임없이 스스로를 변명하거나 합리화하면서 도망을 다니거나, 후회와 자책이라는 형태로 괴로워하면서도 진실된 인정과 받아들임은 없고 그저 저항하거나 부인하기에 바쁜 모습들을 보입니다.

그러나 인 것은 인 것이고, 아닌 것은 아닌 것입니다. 진실은 그렇게 단순한 것입니다. 그리하여 지금 이 순간을 단 한 번만이라도 있는 그대로 인정하고 받아들이게 되면 이후의 모든 순간을 또한 인정하고 받아들일 수 있기에 영원토록 평안하지만, 지금 이 순간을 피하기 시작하면 매 순간을 피해야 하기 때문에 영원히 피해 다녀야 하는 것입니다.

그와 같이 모든 열쇠는 바로 지금 이 순간 속에 있습니다.

왜 자꾸 짜증이 나는지

김기태 선생님, 안녕하세요? 진심 어린 답변 글 감사히 잘 읽고 있습니다.

저는 어려서부터 아버지가 별 이유도 없이 화를 잘 내시는 걸 보며 자랐습니다. 일을 할 때도, 밥을 먹을 때에도 그냥 별 이유 없이 짜증을 냅니다. 엄마나 우리는 아버지의 권위에 눌려 당하기만 했죠. 그래서 저는 어려서부터 "내가 크면 절대로 아버지처럼 저렇게 화내지 말아야지. 가족들한테 따뜻하게 대해 줘야지." 하고 많이 생각했습니다.

그런데 내가 지금껏 살아온 걸 돌아보면 아버지와 별반 다르지 않은 삶이었습니다. 가족들한테, 주변 사람들한테 대수롭잖은 이유로 짜증을 내고, 관계가 서먹해지고, 또 후회하고……. 요즘도 며칠 동안 계속 마음속에 짜증이 들어 있습니다. 내 생각엔 그럴 만한 이유가 없는데도 자꾸 짜증이 납니다. 도대체 왜 그런 겁니까? 내 맘을 들여다보고 이해하는 게 참 어렵습니다. _짜증

모든 것은 에너지입니다

안녕하세요?
반갑습니다.
이렇게 한번 해보십시다.

왜 자꾸 짜증이 나는지 그 이유를 묻거나 찾지 말고, 그렇다고 짜증이 나는 대로 곧바로 가족들이나 타인들에게 발산하지도 말고, 또한 짜증을 억제하거나 다른 무엇으로—이를테면, 온화함이나 자비로움으로—바꾸려고 하지도 말고, 그냥, 있는 그대로의 그 짜증 속에 한번 있어 보십시다. 며칠이 걸려도 괜찮고, 그보다 더 여러 날이 걸려도 좋습니다.

님은 마침 "요즘도 며칠 동안 계속 마음속에 짜증이 들어 있습니다."라고 말씀하셨으니까 바로 그 상태에서, 다만 그 짜증의 이유를 묻지 말고, 타인에게 발산하지도 말고, 그것을 바꾸거나 고치려고 하지도 말고, 억압하거나 억제하지도 말고, 다만 홀로 그 짜증 속에 한번 있어 보십시오.

"언제까지?"라는 생각이 들거든 "제 발로 찾아온 이 짜증이 마음껏 있다가 제 발로 걸어 나갈 때까지."라고 스스로 말씀하시면서 말입니다. 하늘의 구름이 어느 순간 문득 생겨났다가 오래지 않아 제 스스로 스러지듯이, 님 안에서 일어난 그 짜증 또한 저항하지 않고 거부하지 않고 있는 그대로 받아들이며 그냥 그 속에 있을 수만 있다면 그것은 어느 사이 제 스스로 사라져 버릴 것입니다.

님이 진실로 단 한번만이라도 이렇게 해보실 수 있다면 님 안에 잠들어 있던 각성이 깨어나 많은 것들을 새롭게 보게 되는 가운데 마침내 아버지로부터 대물림 받은 그 오랜 마음의 상처도 조금씩 치유되어 갈 것입니다. 아, 그러면 님의 깨어남과 동시에 님 가까이에 있는 얼마나 많은 사람들이 함께 평화를 누리게 될까요!

다만, "이유를 묻지 말고, 발산하지 않고, 바꾸려고 하지 않고, 억압하지 않고, 있는 그대로 그 속에……."

이 약속만 지키시면 됩니다.

살아가면서 우리 내면에서 경험하는 모든 것은 다 에너지입니다. 우리 눈에 좋아 보이는 것도 에너지요, 그렇지 않아 보이는 것도 에너지이며, 분명함과 평화도 에너지요, 혼란과 불안도 에너지입니다. 무기력도 바로 그런 빛깔의 에너지일 뿐이며, 당당함과 분노와 짜증도 에너지요, 사랑도 마찬가지입니다. 우리가 지금 여기 이렇게 살아 있다는 사실 자체가 엄청난 에너지의 활동으로 가능한 일이기에, 살아 있는 우리 안에서 일어나는 모든 감정과 느낌과 생각들도 사실은 다 각각의 모양만 다를 뿐이지 그 하나하나가 생명 에너지임에는 분명합니다. 따라서 그 가운데 어느 것 하나라도 거부되거나 외면당한다면 우리 자신의 생명 또한 온전해질 수가 없고 에너지 넘치는 삶을 살 수도 없는 것입니다.

눈에 보이고 손에 만져지는 것이 전부가 아닙니다. 눈에 보이지 않는 소중한 것이 눈에 보이는 것 속에 들어 있습니다. "요즘도 며칠 동안 계속 마음속에 짜증이 들어 있습니다. 내 생각엔 그럴 만한 이유가 없는데도 자꾸 짜증이 납니다. 도대체 왜 그런 겁니까?"라는 님의 말씀을 보면, 짜증에 대한 거부와 저항이 짙게 묻어 있음을 봅니다. 그런 자신이 못마땅하고 싫은 것이지요. 아뇨, 님의 그 짜증을 거부하거나 외면하지 마십시오. 진실로 단 한 번만이라도 님 자신으로서 그 짜증을 온전히 받아들여 보십시오. 그러면 그 깊은 받아들임 속에서 눈에 보이는 짜증은 눈 녹듯 사라지고, 아버지로부터 받았던 눈에 보이지 않는 마음의 상처까지 치유되는 놀라운 변화를 님 스스로가 경험하게 될는지도 모릅니다.

사람들은 자신의 노력을 통하여 스스로의 감정과 삶을 보다 온전하게 하려고 합니다. 그러나 노력한다는 것은 있는 그대로의 것에 대한 거부와 저항이 그 밑바탕에 깔려 있는 경우가 많습니다. 그렇기 때문에 무언가를 이루려고 하고 또 어떤 존재가 되려고 하는 우리의 노력은 오히려 있는 그대로의 진실과 힘으로부터 멀어지게 하고, 끝나지 않는 갈증 속으로 우리를 내몰 뿐입니다. 얼마를 더 노력해야 우리의 영혼이 마침내 쉼을 얻고 자유를 얻을 수 있을까요?

아닙니다. 오히려 무언가가 되려 하는 바로 그 마음이 내려지고 매 순간 있는 그대로 존재하게 될 때 우리는 비로소 본래 부족하지 않은 자신을 문득 발견하게 될 것입니다. 진정한 만족이란 채워서 오는 것이 아니라, 채워서 만족하려는 바로 그 마음이 사라질 때 오는 것이기 때문입니다.

아, 님이 이 모든 사실을 진실로 이해하여 '구하는 자'의 메마름이 아니라 '누리는 자'의 풍성함으로 삶이 돌아설 수 있기를 진심으로 바랍니다.

진정 나답게 살고 싶습니다

안녕하세요?

요즘 들어 정말 내가 누구인지, 나의 진정한 모습이 무엇인지 모르겠습니다. 진정 나답게 살고 싶고, 틀려도 좋고 못나도 좋으니 나에게 솔직한 모습으로 살고 싶습니다. 점점 멍하게 있는 저 자신을 보고 있으려니 답답합니다. 어떻게 하면 좋을까요? _주부

지금이 기회입니다

지금이 기회입니다.

님은 말씀하십니다.

"요즘 들어 정말 내가 누구인지, 나의 진정한 모습이 무엇인지 모르겠습니다. 진정 나답게 살고 싶고, 틀려도 좋고 못나도 좋으니 나에게 솔직한 모습으로 살고 싶습니다. 점점 멍하게 있는 저 자신을 보고 있으려니 답답합니다."라구요. 그러면서 무언가 그 답답함과 갈증을 풀어 줄 수 있는 길과 방법들을 찾고 계십니다.

그러나 바로 지금 이 순간, 님 안에서 올라오는 그 의문을 따라가지 말고, 그 의문을 풀어 줄 무언가를 찾아가지 말고, 그냥 그 멍함 속에 있어 보십시오. 멍한 '지금'을 받아들이고, 그것을 벗어나기 위한 어떠한 노력과 관심도 기울이지 말고, 그냥 멍해 보십시오. '지금'을 받아

들이지 않고는 님이 원하는 미래는 오지 않기 때문입니다. 님이 외면하려고 하는 '지금' 속에 님이 원하는 답이 들어 있기 때문입니다.

님은 조금 전에 말씀하셨습니다.

"진정 나답게 살고 싶고, 틀려도 좋고 못나도 좋으니 나에게 솔직한 모습으로 살고 싶습니다."라구요.

지금 그럴 수 있는 기회가 님 앞에 와 있습니다. 멍한 자신을 받아들이십시오. 그리곤 그냥 좀 멍하십시오. 그것이 진정 님 자신에게 솔직한 것입니다. 지금 이 순간 있는 그대로의 님 자신을 부정하고 거부한다면 다시 어디에서 스스로에 대한 '솔직함'을 찾을 수 있겠습니까. 그와 같이 님이 진실로 '지금'을 받아들이고 그것과 하나가 된다면, 그래서 진실로 단 한 순간만이라도 님 자신에게 솔직해진다면, 바로 그 순간 님이 힘들어하던 갈증은 눈 녹듯 사라지고 진정 님답게 살아갈 수 있는 길이 갑자기 님 앞에 열릴 것입니다. 솔직함의 힘이란 그토록 강력한 것입니다.

지금 님이 답답해하는 그 멍함은 사실은 님에게 찾아온 놀라운 선물입니다. 님을 영원토록 멍하지 않고 진정 자기답게 힘차고 신명나게 살아가게 해주고 싶어서 찾아온 축복과도 같은 것이랍니다. 그 진실은 오직 님이 그것을 받아들일 때에만 알게 될 것입니다. 그럼에도 님이 그것을 거부한다면 다시 어디에서 님이 원하는 '진정 나다운 삶'을 살 수 있겠습니까.

기회는 언제나 바로 지금 속에 있습니다. 지금 있는 그대로의 님 자신을 진실로 한번 받아들여 보십시오. "나는 누구인가? 나의 진정한 모습은 무엇인가?"라는 의문의 답을 찾는다는 미명 아래 멍하고 답답한 '지금'을 벗어나려 하거나 그것에서 달아나려 하지 말고, 그냥 그 속에 한번 있어 보십시오. 그러면 그 잠시의 '멈춤' 속에서 님의 의문은 저절로 풀어질 것입니다.

  지금이 답입니다.

친구가 밉습니다

친구가 밉습니다.

그런데 이 마음은 제 마음속을 쑥대밭으로 만들어 버리네요. 여러 감정 중 미워하는 감정이 가장 안 좋다고 했는데……. 미움은 그 속에 시기, 질투, 열등, 분노 등등이 모두 뒤범벅된, 아주 골치 아픈 감정이 군요. 그 사람이 죽도록 밉지만, 사실 따지고 보면 상대도 나를 그리할 텐데. 나도 똑같은 놈인데…….

미움이란…….

그냥 미워할까요? 미움 속에서는 상상할 수조차 없는 나쁜 일들이 일어납니다. 살인도 생각납니다. _나비

님은 참 좋은 기회 앞에 있습니다

님은 지금 참 좋은 기회 앞에 있습니다.

미움이라는 감정은, 우리가 그것을 경험할 때에는 그 거칠고 날선 에너지 때문에 마음이 많이 힘들고 괴롭기까지 하지만, 그러나 그 속에는 참으로 많은 메시지가 담겨 있어서 그 감정을 거부하지 않고 받아들이며 잘 만나기만 하면, 우리는 오히려 뜻밖에도 그 속에서 자기 자신에 대한 사랑을 만날 수도 있습니다.

얼마 전에 있었던 일입니다. 어느 날 어떤 분에게서 상담 전화가 왔

습니다. 그런데 전화를 받자마자 그 분은 무척이나 무겁고 떨리는 목소리로 제게 말하기를, 자신의 직장 상사가 너무나 미워서 죽을 지경이랍니다. 그 사람이 밉기 시작한 지는 벌써 3년이나 되었는데, 그동안 얼마나 미움이 쌓였는가 하면, 요즘은 매일 밤 자그마한 인형을 하나 벽에 걸어 놓고는 그것을 자신의 직장 상사라고 생각하고 미친 듯이 송곳으로 찌르며 저주를 퍼붓고 있답니다. 그런데 아무리 그렇게 해도 속이 시원해지지가 않고 오히려 고통만 더해 가는데, 무엇보다도 자신을 괴롭게 하는 것은 그렇게도 지독하게 사람을 미워하고 있는 자기 자신이랍니다. 제발 사람을 미워하지 않고 사랑하며 사는 사람이 되고 싶은데, 그래서 온갖 다짐과 결심들을 해보지만, 그 사람을 보거나 생각만 하면 미쳐 버릴 만큼 미움이 솟구쳐 올라 한 순간 다 무너져 버리는 자신을 보노라면 너무나 비참한 심정이 된답니다. 그래서 죽고 싶다는 말까지 하면서 하는 말이,

"선생님, 사람을 미워해서는 안 되는 거잖아요. 사랑하며 살아야 하잖아요. 그런데 제 안에서는 이렇게도 끊임없이 미움이 솟구쳐 오르니, 이를 어찌 하면 좋아요. 너무나 괴로워요……."

그래서 제가 애틋하게 말했습니다.

"아뇨, 님이 괴로운 건 님 안에서 솟구쳐 오르는 그 미움 때문이 아닙니다. 오히려 미움을 거부하고 미움에 저항하면서 그것을 사랑으로 바꾸고 고치려고 하는 바로 그 마음 때문입니다. 그러니 그 마음을 걷어치워 버리고, 님 안에서 올라오는 미움을 있는 그대로 허용해 주고 또 온전히 받아들여 보세요. 그리곤 미움 자체가 되어 마음껏 미워해 보세요. 인생에 단 한 번만이라도 100% 미움 덩어리가 되어 속이 후

련하도록 미워해 보세요."

가만히 숨죽여 듣고 있던 그분은 마음껏 미워하라는 말에 무슨 희망 같은 것이라도 발견한 양 약간 격앙된 목소리로 말했습니다.

"선생님, 정말이에요? 정말 미워해도 돼요? 미워해도 괜찮은 거예요?"

"그럼요! 마음껏 미워하세요. 미움은 거부되어야 할 무엇이 아니라 온전히 경험되어야 할 소중한 우리의 생명 에너지랍니다. 그렇기 때문에 만약 우리 안에서 미움이 거부된다면 우리의 생명도 결코 온전해질 수가 없어요. 온전히 미워할 수 있을 때 진정으로 사랑할 수 있게 되기 때문입니다. 미움이 님 안을 마음껏 흐를 수 있도록 허용해 주세요. 그래서 100% 미움이 되어 보면 뜻밖에도 우리를 그렇게나 힘들게 하던 미움은 온데간데없이 사라지고 오히려 설명할 수 없는 평화와 감사 같은 것을 그 안에서 발견하게 된답니다……."

전화기 너머의 그분은 어느새 엉엉 소리 내어 울고 있었습니다. 아, 미워하지 말아야 한다는 것으로 얼마나 마음이 힘들고 괴로웠으면……!

님이여.
그 마음을 100% 허용해 주세요.
그 미움이 님의 마음을 쑥대밭으로 만들도록 내버려두세요.
오히려 더 마음껏 그것을 허용해 주세요.
미움 속에 있는 시기, 질투, 열등, 분노 등등이 마음껏 뒤범벅이 되어 흐르도록 내버려두세요.

상상할 수조차 없는 나쁜 일들이, 심지어 살인까지도 그 감정 속에서 일어나도록 100% 그것을 허용해 주세요.

"그 사람이 죽도록 밉지만, 사실 따지고 보면 상대도 나를 그리할 텐데. 나도 똑같은 놈인데……."라고 좋게 해석하거나 설명하려는 것으로 그 미움과의 맞닥뜨림을 은근슬쩍 피해 가려 하지 마시구요.

님이여.

님 자신이 그 미움과 온전히 만날 때 그것은 곧 님 자신과 만나는 것이며, 또한 그 친구와도 진정으로 만날 수 있는 감사한 길이 될 수 있습니다.

어쩌면 님의 마음 안의 많은 매듭들이 진정으로 풀어질 수 있는 기회가 바로 지금의 그 미움 속에 있으니, 그 미움을 어떻게 하려 하지 말고, 오히려 그것을 온전히 받아들이면서 다만 그것이 제 스스로의 길을 가도록 마음껏 허용해 주고 또 기다려 주십시오.

시간이 조금 걸릴지도 모르지만, 그런 만큼 님 안에서 자유와 사랑도 함께 싹터 갈 것입니다.

그냥 화낼까요?

선생님께선 그냥 그대로 두라고 말씀하십니다. 그러나 그것은 휩쓸림이 없을 때나 가능합니다. 예를 들어 누구를 미워하면 화가 납니다. 미워할까요, 미워하지 말까요? 화를 낼까요, 화를 내지 말까요? 그만두자니 열이 나고, 마음 나는 대로 내자니 불이 납니다. 열나다 못해 화병이 생겨 몸이 상합니다. 불나다 못해 피를 보니 인생 끝입니다.

휩쓸린 대로 두자니 휩쓸리고, 빠져나오자니 휩쓸리고……. 휩쓸림 없는 그냥 그대로가 뭔지나 알 때 그냥 그대로 둘 수도 있지 않을까요? 그냥 그대로 둘 수 있다면 미워할 일도, 화낼 일도 없겠지요. 그냥 그대로가 뭡니까? _아라파자나

자, 손을 한번 뻗어 보세요

안녕하세요?

"그냥 화낼까요?"라는 님의 질문을 접하면서 무언지 모를 슬픔 같은 것이, 아픔 같은 것이 가슴 밑바닥을 채워 옴을 느낍니다. 아, 우리는 제대로 화낼 줄도, 미워할 줄도 모르는구나. 그냥 화내고 그냥 미워하면 될 것을, 그 지극히 자연스런 감정 앞에서조차 우리는 무언가를 두려워하며 자기 자신과 남에게 물어야 하는구나, "그냥 화낼까요? 미워할까요, 말까요?"라고. 아, 그러면 제대로 사랑할 줄은 알까?

제대로 용서할 줄은 알까?

님이여.

어린아이는 그렇게 물을까요? 그래서 "휩쓸림 없는 그냥 그대로가 뭔지나 알 때 그냥 그대로 둘 수도 있지 않을까요?"라는 님의 말씀처럼, 어떤 정답 같은 것을 찾아낸 다음 그에 맞게 행동할까요? 아뇨, 어린아이는 그냥 매 순간 있는 그대로 존재할 뿐입니다. 그렇기 때문에 "그만두자니 열이 나고, 마음 나는 대로 내자니 불이 납니다. 열나다 못해 화병이 생겨 몸이 상합니다. 불나다 못해 피를 보니 인생 끝입니다."라고 고민하지도 않습니다. 그러면 어린아이가 잘못된 것일까요? 아뇨, 오히려 바로 그러하기 때문에 어린아이는 진실로 자유롭고 행복합니다.

예수도 말했어요, "진실로 너희에게 이르노니, 너희가 돌이켜 어린아이들과 같이 되지 아니하면 결단코 천국—삶의 진정한 해방과 해탈, 그 영원한 자유와 행복 같은 것—에 들어가지 못하리라."(마태복음 18:3)라구요.

님이여.

어린아이처럼 그냥 미워하고 그냥 화내면 안 될까요? 그냥 그렇게 단순하게 살면 안 될까요? 그러면 인생이 엉망이 되고, 그나마 지켜왔던 모든 것들이 무너지고 무질서하게 될 것 같은가요? 님의 말씀처럼, 마음 나는 대로 내자니 불이 나고 급기야 피를 보게 되어 마침내 인생이 끝장날 것 같은가요? 왜 우리는 이토록이나 우리 자신을 두려워하게 되었을까요?

무엇이 잘못되었을까요? 왜 우리는 있는 그대로의 자기 자신을 믿지 못하게 되었을까요? 그 지극히 작은 감정 하나에서조차 자연스레 소통하지 못한 채 왜 이렇게 스스로 억압하며 힘들어져 버렸을까요? 왜 우리에게 그런 온갖 갈래의 부자유가 덧씌워져서 우리 자신을 있는 그대로 호흡하는 것조차 망설이고 겁을 내게 되었을까요?

물론 저도 그런 억압과 굴레와 한없는 부자유 속에서 오랫동안 숨막혀 하며 살았습니다. 님처럼 화도 제대로 내지 못했고, 마음껏 미워하지도 못했으며, 제대로 기뻐할 줄도, 슬퍼할 줄도 몰랐습니다. 그렇게 하면 뭔가 안 될 것 같고, 잘못된 것 같고, 못난 것 같고, 부족한 것 같았던 것이지요. 그래서 저는 끊임없이 남들을 의식하며, 저의 모든 감정과 느낌과 생각들에서 한없는 부자유함과 어색함을 느꼈습니다. 아, 지옥이 따로 없었습니다. 숨조차 쉴 수 없는 삶의 매 순간순간이 바로 지옥이었습니다. 그렇다면 정답은 뭔가? 도대체 어떻게 말하고 행동해야 하지? 어떻게 해야 나는 이 모든 스스로의 억압과 구속으로부터 자유할 수 있을까……?

그런데 님이여.

15년이 넘도록 자유를 찾아 처자식까지 버려 가며 미친 듯이 몸부림치다가 마침내 그것을 얻고 보니, 자유란 다른 곳에 있는 것이 아니었습니다. 그냥 웃고 싶을 때 웃고, 울고 싶을 때 울며, 슬플 때 슬퍼하고, 기쁠 때 기뻐하며, 화날 때 화내고, 미워질 때 미워하고, 배고플 때 밥 먹고, 자고 싶을 때 자는…… 이 너무나 평범한 우리네의 있는 그대로의 삶 그 자체가 바로 자유였습니다. 자유란 그와 같이 지금 여기 있는 그대로일 뿐이었습니다. 따라서 진정한 자유란 본래 찾을 수 있는 것도 아니었고 얻을 수 있는 것도 아니었습니다. 저 자신이 이미 자유였고, 본래부터 저는 조금도 구속되어 있지 않았습니다. 참 아이러니컬하지요? 저 자신을 구속하는 건 본래 아무것도 없었던 것입니다!

그러나 님의 마음의 그 설명할 수 없는 구속감을 이해합니다. 자신이 이미 자유임에도 불구하고 단 한 순간도 자유할 수 없는 그 아이러니를 이해합니다. 그러나 또한 다행한 것은, 님의 마음 안에서 항상 살아 움직이고 있는 어떤 '억압'입니다. 미워하고 화내는 일상의 지극히 자연스런 감정에서조차 언제나 주저하며 망설이게 하는 어떤 '억압'이 님 안에 있다는 것이 저에겐 다행스럽게 여겨집니다. 왜냐하면 그것이 님의 자유를 앗아간 부분도 명백히 있지만, 다른 한편으로는 님 스스로를 함부로 할 수 없도록 붙들어 주는 역할도 하니까요. 그래서 님은 결코 "불나다 못해 피를 보니 인생 끝입니다."라는 데에까지는 갈 수 없음을 저는 압니다.

그렇다면 이제 님 스스로를 '실험'해 볼 수는 있습니다. 가급적 님 자신의 있는 그대로를 살아보는 실험 말입니다. 이미 님 안에는 '억압'이라는 형태의 자동제어 기능이 있으니까, 아무 염려하지 말고 매 순간 한번 자신의 있는 그대로를 살아 보세요. 화나면 화내고, 미워지면 미워하고 말입니다. 모르겠으면 그냥 모른 채로 있고, 안절부절못하면 그냥 안절부절못해 보는 거지요. 억압이 강한 만큼 그렇게 하기가 힘들겠지만, 그러나 어디까지나 실험이니까 한번 해볼 수는 있잖아요.

이렇게 말하면 대뜸 "나는 실험한다 하지만, 그것이 남에게 상처를 주면 어떡하지?"라고 생각하실지 모르지만, 그러나 그것도 염려하지 않아도 돼요. 왜냐하면 '억압'이라는 에너지와 '실험'이라는 깨어 있음이 모두에게 상처보다는 오히려 묘한 각성과 배움을 선사할 테니까요.

  그렇게 실험해 나가다 보면 어느새 자기 자신과 삶을 바라보는 눈이 조금씩 입체적으로 되어 가고, 그런 만큼 많은 것을 이해하게도 되어, 자유는 문득 님과 둘이 아님을 일상 속에서 알게 될 것입니다. 진실로요. 사실 자유란 그다지 멀리 있거나 특별한 무엇이 아니거든요. 손만 뻗으면 닿을 수 있는 아주 가까이에 있답니다. 자, 이제 손을 한 번 뻗어 보세요.

  고맙습니다.

외롭습니다

선생님, 안녕하십니까? 고향을 떠나 낯선 타향에서 직장 생활을 하는 직장인입니다. 낯선 곳이라 익숙하지 않고, 그래서 문득 문득 외로움과 고독이 찾아옵니다. 제가 외로움을 많이 타는 내성적인 성격이라 더욱 그런 것 같습니다. 딱히 주변에 맘 터놓고 친하게 지내는 친구도 없고…….

선생님의 말씀대로, 외로우면 그냥 외롭자! 벗어나려 하지 말고 외로움을 받아들이자! 이렇게 주문을 외면서 견뎌 보지만, 효과가 없는 것 같습니다. 시간이 나면 주변 산을 오르면서 답답하고 외로운 마음을 달래 봅니다. 제가 하는 방법이 맞는지요? 참 어리석은 질문인 것 같네요. _윤리맨

조금만 더 적극적인 마음을 내어보세요

고향을 떠나 멀리 낯선 객지에 가서 직장 생활 하시는 님의 외로움이 애잔하게 다가옵니다. 그런 님의 마음을 충분히 이해합니다. 더구나 자신의 그런 힘겨움들을 제가 늘 말씀드려 온 방법으로 실험해 보시려는 님의 마음이 더없이 고맙습니다.

그러나 조금만 더 적극적인 마음을 내어 보세요. 삶의 모든 순간이 기회입니다. 제가 말씀드린 방법 혹은 길은 님이 말씀하신 것처럼 '주

문을 외면서' '견뎌 보는' 길이 아닙니다. 그와 같이 마음을 다잡고, 결심하고, 인내하며, 실천해 가는 길이 아닙니다. 그것은 아무리 해도 '마음의 영역'일 뿐입니다. 마음으로는 결코 마음을 넘어설 수가 없습니다. 다시 말씀드리면, 님은 외롭지 않기 위해 저의 방법을 택하셨지만, 그러나 정작 제가 말씀드린 것은 외롭지 않으려는 그 마음을 버리라는 것입니다.

더구나 님은 "제가 외로움을 많이 타는 내성적인 성격이라 더욱 그런 것 같습니다."라고도 하셨는데, 어쩌면 이번의 경우가 님이 근본에서부터 변화될 수 있는 좋은 기회가 될 수도 있다는 생각이 듭니다.

무릇 생명 가진 모든 것들은 어떤 '질적인 변화'의 시점이 되면 가장 어렵고 힘들고 갑갑해진다고 합니다. 이를테면, 그저 정물처럼 존재할 뿐 아무것도 할 수 없는 알이 변화하여 한 마리 자유로운 새가 되려고 할 때, 혹은 딱딱한 껍질에 싸여 그저 아무렇게나 버려져 있는 것 같은 씨앗이 싹이 트려고 할 때, 그리고 한 마리 기어 다니는 애벌레가 창공을 날아다니는 나비가 되려고 할 때, 바로 그때가 그들로서는 가장 힘들고 어렵고 답답해지는 때라고 합니다. 왜냐하면 지금까지 자신을 굳건히 지켜 주고 보호해 주던 그 껍질을 깨어야 하기 때문입니다. 어쩌면 님에게도 바로 그런 때가 지금 다가와 있는지도 모릅니다.

그러나 또한 분명한 것은, 그들 모두가 변화의 마지막 순간에는 아무것도 하지 않는다는 것입니다. 기어 다니던 애벌레가 나비가 되기 위한 마지막 순간에는 지금까지의 모든 움직임을 멈추고, 어둡고 답답하고 도대체 앞이 보이지 않는, 그대로 자기 존재가 영원히 끝나 버릴지도 모르는 어두운 '고치' 속으로 들어갑니다. 그리고는 그 고치 속에서 그냥 가만히 있을 뿐 아무것도 하지 않습니다. 그런데 그 무위(無爲) 속에서 기적과도 같은 변화가 일어나는 것이지요, 마침내 나비가 되는……!

씨앗도 마찬가지입니다. 그것이 싹이 트기 위해서는, 그래서 뿌리와 줄기를 내어 하늘을 향해 우뚝 서기 위해서는 어두운 땅 속에 가만히 묻혀 있어야만 합니다. 그러지 않고 자꾸만 변화하고 싶어 스스로 땅 위로 얼굴을 내밀어서는 변화는커녕 결국 자신이 가진 생명마저 잃어버리게 됩니다.

새도 알 속에 충분히 갇혀 있어야 합니다. 충분히 갇혀 있어야 마침내 한 마리 새가 되어 창공을 날 수 있게 되는 것이지요. 그러지 않고 자꾸 알 밖으로 나오려고만 해서는 껍질을 깰 수 있을 만큼 생명이 무르익을 수가 없게 된답니다.

그와 같이 존재의 근본적이고도 질적인 변화는 스스로의 노력과 수고를 통하여 오는 것이 아니라, 오히려 무언가를 이루고 얻으려는 그 마음과 노력들이 '정지'할 때 비로소 오는 것입니다.

인간의 영혼에 있어서도 마찬가지입니다. 님의 영혼의 자유는 님 자신의 결심과 다짐과 실천을 통해서 오는 것이 아닙니다. 오히려 그런 몸짓들을 멈출 때 '저절로' 얻게 되는 것입니다. 그래서 저는 다음과 같은 말씀을 한번 드려 보고 싶습니다. 즉, "선생님의 말씀대로, 외로우면 그냥 외롭자! 벗어나려 하지 말고 외로움을 받아들이자!"라며 주문 외우듯 견딜 것이 아니라, 조금만 더 적극적인 마음을 내어, 앞으로 한 달 동안 이렇게 한번 해보십시오.

직장에서 돌아와 집에 오시면, 업무에 관한 일 말고는 아무것도 안 해 보는 겁니다. 즉, 텔레비전도 보지 말고, 인터넷도 하지 말며, 신문도 보지 말고, 책도 읽지 말고, 음악도 듣지 말고, 답답하고 외로운 마음을 달래려고 주변 산을 오르지도 말고, 무료함을 벗어나려고 동네를 산책하지도 하지 말고, 괜스레 울적하다고 누군가에게 전화하지도 말고, 오직 님의 방이라는 '고치' 속에 들어가 그냥 한번 있어 보십시오. 그야말로 직장 업무나 생활에 꼭 필요한 일 이외에는 아무것도 하지 않는 것이지요. 그런데 그렇게 아무것도 하지 않고 가만히 있어 보면 온갖 생각들이 미친 듯이 일어날 텐데, 그 생각들만큼은 어떤 방법으로든 조절하거나 통제하려 하지 마시고 마음껏 일어나도록 내버려 두시구요.

그렇게 한 달간만 실험해 보십시오. 한번 해보리라는 마음을 내어 보시면 정상적인 직장 생활을 하면서도 얼마든지 해볼 수 있는 일입니다. 다만 님의 방에서 무위(無爲)하면 되는 일이니까요.

그런데 만약 님이 진실로 그 마음을 내실 수 있다면, 그래서 한 달간의 '무위의 고치' 속에 들어가 있을 수만 있다면, 님은 마침내 근본적으로 변화하여 영원토록 외롭지 않게 될 것입니다. 마침내 님의 영혼에 자유가 오는 것이지요. 외로움으로부터의 자유란 곧 님 자신으로부터의 자유이기도 하니까요.

한번 해보시겠습니까?

나의 못난 모습들을 인정하기가 힘듭니다

안녕하세요? 사는 게 왜 이리 괴롭고 힘든지, 아마도 지옥이 이런 게 아닐까 생각도 해봅니다. 전생에 무슨 죄를 지었기에 이리도 힘들고 괴로운지, 잠자는 시간 외에는 편한 시간이 없습니다. 잠들었다가 다음 날이 오는 게 너무나 두렵습니다. 그냥 이대로 잠들었다가 깨어나면 모든 게 꿈이었다면, 정말 악몽을 꾸고 난 것이었다면 좋으련만……. 아니면 그냥 잠에서 깨어나지 않아도…….

그냥 나의 모습으로 있는 것이 왜 이리 안 되는 걸까요? 나의 못난 모습들을 인정하고 받아들이기가 왜 이리 힘든 걸까요? 나는 왜 자꾸만 무엇이 되려고만 하는 걸까요? 왜 자꾸만 나를 잠시도 가만두지 못하고 이렇게 힘들게 하는 걸까요? 가만두자고 생각하며 계속 노력하고 있는 이것은 또 무엇인지……. 선생님, 정말 미쳐 버리겠습니다. _너무 힘들어

자기를 바로 봅시다

너무 힘들어님.

님의 글을 읽으니, 제가 교직에 있을 때 꼭 그랬음을 기억합니다.

아침에 눈을 뜨기가 두렵고, 눈을 뜨면 이 긴긴 하루를 또 어떻게 보낼까 하는 마음에 가슴이 옥죄어 들고 입술이 타 들어가 애꿎은 담

배만 연거푸 피워 댔으며, 출근하면서부터 시작되는 지옥과도 같은 하루를 겨우겨우 버티듯 보내고 나면 몸과 마음은 그야말로 파김치가 되는데…… 아, 너무나도 사는 게 괴롭고 힘들어 저녁 내내 안절부절 못하다가 밤이 이슥해 잠자리에 들라치면, 이번엔 또 한없이 몰려오는 가위눌림에 어찌할 줄을 몰라 꺼억꺼억 울어야 했던 세월을 보냈습니다.

출근길에 학생들이 저를 알아보고 인사를 하면, 이렇게 인사를 받는 것이 맞는지 아니면 저렇게 인사를 받는 것이 맞는지, 어떤 모습이 진정 교사답게 인사를 받는 것인지를 몰라 쩔쩔매는 저 자신이 너무 힘들어 출근길의 그 우연한 조우조차 피하려 했던 일, 수업이 없는 시간이면 교무실 제 자리에 붙박이처럼 앉아 있으면서 언제나 교사용 지도서를 펼쳐 놓고 뚫어져라 보고 있긴 했지만, 온통 남들을 의식하느라 단 한 글자도 눈에 들어오지 않던 일, 그러면서도 다른 선생님들이 이상하게 생각할까 봐 일정한 시간이 되면 규칙적으로 페이지를 넘기던 일, 또 한 시간 수업을 마치고 나면 내가 제대로 수업을 했는지 못 했는지 확신이 서지 않아 불안한 마음에 미친 듯이 화장실로 뛰어 들어가서는 목구멍에서 피가 올라오도록 자학하면서 연거푸 담배를 피워 대던 일, 어느 날의 아침 조회 시간에는 그 많은 학생들 앞에 선다는 게 너무나 두려워 5층에 있는 도서관으로 정신없이 도망가서는 조회가 끝날 때까지 가슴을 쥐어뜯으며 서성이고 또 서성이던 일…….

저는 그렇게 끝없이 남들을 의식하느라 저 스스로는 손가락 하나 까딱하지 못한 채 삶의 모든 순간들을 안절부절못하며 살았습니다. 아, 그 고통과 그 지옥 같은 삶이란! (그런데 그때는 그것이 무엇인 줄을 몰랐는데, 나중에야 사람들은 그것을 '대인공포증'이라고 한다는 것을 알았습니다.)

그런 속에서도 저는 끊임없이 저 자신을 멋있고 괜찮은 사람으로 보이려고 거의 병적으로 집착했습니다. 그래서 늘 겸손한 척, 성실하고 지혜로운 척, 당당한 척, 이타적인 삶을 사는 척 했지만, 사실은 오만했고, 게을렀으며, 그저 몇 줄의 책을 읽고 얄팍하게 공감한 것으로 지혜를 포장한 것에 지나지 않았습니다. 당당하기는커녕 속으로는 언제나 주눅 들어 눈치 보고 두리번거리느라 매 순간 불안했고, 이타는 그저 흉내와 생색일 뿐이었습니다. 때로 인생의 진정한 가치를 추구하며 고뇌하는 사람인 듯이 말하고 행동했지만 사실은 바로 그런 것들로써 자신을 만인 위에 특별하게 두며 그저 우쭐거릴 뿐이었습니다.

그런데 님이여.

안타깝게도, 저는 님의 글에서 저의 그런 모습들을 봅니다. 님은 저에게 "그냥 나의 모습으로 있는 것이 왜 이리 안 되는 걸까요? 나의 못난 모습들을 인정하고 받아들이기가 왜 이리 힘든 걸까요…… 정말 미쳐 버리겠습니다."라고 말씀하셨지만, 그러나 사실은 자신의 진실을 맞닥뜨리고 그것을 똑똑히 보려 하기보다는, 자신의 못난 모습들을 있는 그대로 인정하고 시인하며 받아들이기보다는, 할 수만 있다면 피하거나 슬쩍 외면해 버리고는 그 어떤 수고도 치르지 않고 단박에 '괜찮은 사람'이 될 수 있는 요행을 바라는 님의 마음을 봅니다.

님이여.

그렇지 않습니다. 세상에는 공짜가 없습니다. 하물며 우리 영혼이 자유롭게 되기를 바라는 일에 있어서이겠습니까. 치를 건 치르고, 아플 건 아프며, 볼 것은 두 눈 똑바로 뜨고 봐야 합니다. 그렇게 있는 그대로의 자신을 정직하게 만나 가야 합니다. 달리 돌아갈 수 있는 길이 없습니다. 자신을 정직하게 만나는 것으로 인해 많이 아프고 힘들지라도 거부하지 않고 그 모든 것들을 있는 그대로 받아들일 수 있을 때, 그때 비로소 우리에게는 조금씩 자유할 수 있는 길이 열리기 시작한답니다. 왜냐하면 자유는 바로 그 있는 그대로의 것 속에 있기 때문입니다.

그러므로, 님이여.

자기를 바로 봅시다.

어떻게 하면 나 자신을 사랑할 수 있을까요?

저는 이제껏 살면서 남에게서 착하다는 소리를 많이 듣고 살았습니다. 예전에는 남을 배려하고, 남을 이해하려 하고, 남을 도우려 하고, 어려운 사람들 앞에서 그냥 지나치지 못하고 무엇이라도 하나 도와주고 싶었습니다. 그런데 어느 순간에 이 모든 것이 저의 거짓된 자아에서 오는 허상이라고 느껴졌습니다. 그래서 정녕 남을 위한 마음에서 우러나오는 진실한 행동인지, 아니면 단지 남에게 무엇을 바라고 잘 보이려는 마음에서 나오는 행동인지 생각하게 되었습니다.

어려서부터 남들한테 사랑받지 못해서, 어떻게 하면 남들에게 사랑받고 대접받을 수 있을까 하며 살아오다 보니, 오늘날까지도 남에게 착하다는 말을 듣고 살아야만 한다는 것이 너무나 가슴 아픕니다. 같은 행동을 반복하다 보니, 이젠 남을 도와주지 않으면 남이 저를 이상하게 생각할까 봐 또 한 번 남의 눈을 살피게 되고, 남이 저를 어떻게 볼까 계속 생각하게 됩니다.

거울 앞에서 나 자신을 바라보면 저의 어떤 모습이 보이는 줄 아십니까? 저 자신을 위해 살지 못하고, 어쩔 수 없이 또 다시 남이라는 허상이 저와 저의 앞길을 가로막고 있습니다. 세상을 남을 위해 살지 않고 저 자신을 위해 살 수 있는 그런 생활은 다만 저 자신에게 충실히 살면 되는 겁니까? 어떻게 하면 저 자신을 사랑하고, 저의 행동에 대해서 가슴에 담아 두지 않고 살 수 있습니까? _풀잎

자신에 대한 비난을 그칠 때

그러니까 벌써 15년 전의 일이네요.

그때 저는 무슨 볼일이 있어서 서울에 갔는데, 시간이 조금 남아 여의도 고수부지를 걷고 있었습니다. 여의도 순복음교회 근처였던 것으로 기억하는데, 마침 일요일이라 많은 사람들이 교회를 향해 바삐 걷고 있었습니다. 그런데 교회로 들어가는 바로 그 길목 계단에 남루한 옷을 입은 한 걸인이 거의 반쯤 누운 자세로 지나가는 사람들을 향해 동정을 구하며 돈을 구걸하고 있었습니다. 아, 그 모습이 얼마나 불쌍하고 처량해 보이던지요!

저도 평소에 '남을 돕고 사랑하며 사는 가치 있는 삶을 살아야 한다.'는 생각을 늘 하고 있었기에, 그의 앞에 놓인 자그마한 빨간색 플라스틱 바구니에 천 원짜리 한 장을 살며시 넣었습니다. 거기까지는 좋았는데, 다음 순간 저는 그 자리를 떠나지 않고 조금 떨어진 곳에 웅크리고 앉아서는, 저처럼 그 불쌍한 사람에게 자비를 베풀어 줄 줄 아는 사람이 과연 몇이나 있는지 알아보리라는 마음으로 두 눈을 치켜뜨고 지나가는 사람들을 흘겨봤던 기억이 납니다. 말하자면, 겨우 천 원짜리 한 장을 걸인에게 던져 주고서는 마치 세상 모든 자비를 다 베푼 양하는 마음으로 우쭐거리며, 그 걸인을 그냥 무심히 지나쳐 가는 선남선녀들을 한없이 정죄했던 것이지요. 어디 그뿐입니까, 바로 그런 마음이었기에 그 후 얼마나 많은 세월 동안 기회가 닿기만 하면 그 걸인과 관련한 나의 자비로운 마음과 고결한 인생관에 대해 사람들에게 떠벌리며 자랑하며 다녔던지요!

안타깝게도 저는 언제나 그렇게 살았습니다. 언제나 그렇게 황량하게 살면서도 정작 저 자신은 인생의 참된 가치를 실천하려고 애쓰며 살아가는 몇 안 되는 사람쯤으로 여기고 있었으니, 그 오랜 세월 되풀이된 황량함이야 오죽했겠습니까. 그것은 아마 어려서부터 어느 누구에게도 따뜻이 안겨 보지 못하고 깊이 받아들여지지 못하고 사랑받지 못했기 때문에 언제나 그렇게 스스로에 대한 내밀한 열등감과 턱없는 우월감 사이를 오가며 눈물겹도록 자신의 존재를 확인받고자 했던 데에서 비롯된 것이 아닌가 합니다.

그러다가 서른 살의 어느 날, 제 얘기를 듣고 싶어 하는 어떤 사람에게 저의 지난날의 무수히 많은 아름다운 모습들과 인생의 참된 가치를 위해 몸부림쳐 온 거룩한 삶들을 오랜 시간 웅변하듯 토해 내다가, 그 어느 한 순간 문득 그것이 얼마나 커다란 거짓이요 가식이며 위선이었는지, 얼마나 턱없이 만들어지고 꾸며진 허구였는지를 발견하게 되었는데…… 아, 그 순간부터 얼마나 많은 눈물이 솟구치던지요! 30년이 넘는 세월 동안 언제나 진실하게 살려고 몸부림쳐 온 줄 알았더니, 그리고 오직 진리만을 위해 살아온 줄 알았더니, 그렇기는커녕 오히려 단 한 순간도 진실한 적이 없고 단 한 순간도 스스로에게 정직한 적이 없는 자신을 그때 비로소 발견하게 되었던 것입니다.

그때 이후 저는 오랜 세월을 울며 살았습니다. 누구를 만나건, 어떤 상황에 있건, 무엇을 하건, 언제나 거의 본능적으로 저 자신을 드러내고 잘난 체 하고 우쭐거리고 있는 제가 비로소 보이기 시작했기 때문입니다. 아, 그것은 차라리 매 순간의 고통이었습니다.

그렇게 고통스러워하며 울고 다니던 어느 날 문득 그 모든 고리를 끊어 버리는 영적인 비약이 제게 찾아왔고, 그때 이후 저는 지금까지 '나'를 높이지 않고 진실로 남을 위할 줄 알며 또한 진실로 남을 존중할 줄 아는 감사한 삶을 살고 있습니다.

님은 말씀하십니다.

"거울 앞에서 나 자신을 바라보면 저의 어떤 모습이 보이는 줄 아십니까? 저 자신을 위해 살지 못하고, 어쩔 수 없이 또다시 남이라는 허상이 저와 저의 앞길을 가로막고 있습니다. 세상을 남을 위해 살지 않고 저 자신을 위해 살 수 있는 그런 생활은 다만 저 자신에게 충실히 살면 되는 겁니까? 어떻게 하면 저 자신을 사랑하고, 저의 행동에 대해서 가슴에 담아 두지 않고 살 수 있습니까?"

풀잎님.

진정 자기 자신을 위해 살고 싶어 하고, 자신을 사랑하며, 자신의 행동을 가슴에 담아 두지 않고 살기를 소망하는 님의 소박한 꿈은 이루어질 것입니다. 그러려면 우선 님 자신에 대한 이해부터 새롭게 해야 합니다. '이젠 남을 도와주지 않으면 남이 저를 이상하게 생각할까 봐 또 한 번 남의 눈을 살피게 되고 남이 저를 어떻게 볼까 계속 생각하게 되는, 그래서 저 자신을 살지 못하고 어쩔 수 없이 남이라는 허상에 가로막히는' 지금의 님의 모습을 있는 그대로 받아들이고 따뜻이 껴안아 주십시오. 먼저 님 자신을 있는 그대로 사랑할 수 있어야 한다는 것입니다.

어릴 적 사랑받지 못한 아이가 사랑받고 싶고 인정받고 싶어서 착한 사람이 되었고, 사랑받고 싶고 인정받고 싶어서 자신의 감정을 돌아볼 겨를도 없이 남부터 배려하고 이해하려고 했던 것은 어쩔 수 없는 일이었음을 이해하고, 그렇게 아프게 살아온 자신을 먼저 따뜻이 품어 주십시오. 또 그런 행동이 오랫동안 반복되다 보니 지금도 그런 몸짓 속에서 남이 어떻게 볼까 생각하며 자꾸만 남의 눈치를 살피게 되는 자신을 비난하지 말고, 오히려 따뜻한 눈길로 보아 주십시오. 그것은 비난받아야 할 것이 아니라 깊고 온전하게 이해받아야 할 아픔이랍니다. 그렇게 있는 그대로의 자신에 대한 이해와 받아들임 속에서 스스로에 대한 비난을 그치게 될 때, 님이 원하는 삶의 변화도 조금씩 님을 찾아올 것입니다.

아무리 아름다운 음악이라 하더라도 그 악보 속에 쉼표가 없다면 아름답게 연주할 수가 없듯이, 지금 있는 그대로의 자신에 대한 비난을 멈추지 않고는 진정한 자기 사랑의 길 위에서 님의 삶을 아름답게 연주할 수가 없답니다.

님은 사랑하고 사랑받기 위해서 태어난 사람입니다. 먼저 님 자신을 사랑해 주십시오. 님이 진실로 지금 있는 그대로의 님 자신을 받아들이고 사랑해 줄 수 있을 때 남들도 더없이 따뜻한 사랑과 진실로써 님에게 다가올 것입니다.

아, 님 안에서 진정한 사랑의 꽃이 피어나기를……!

무엇을 원하는지 모르겠습니다

두려움 없는, 막힘 없는, 머뭇거림 없는 속 시원한 뭔가를 원하는데, 그것이 무엇인지 모르겠습니다. 돈인가 하면 그것도 아니고, 사람인가 하면 그것도 아니고, 전문 지식, 기술, 직장인가 하면 그것도 아니고…….

눈에 보이는 것이든 보이지 않는 것이든 "나는 이것을 원한다."는 어떤 동기가 있어야 그 속에서 삶의 의미도 찾고, 행동할 수 있는 기운도 용기도 얻을 것 같은데, 그게 뭔지 모르겠습니다. 정체된 지 오래되어 속 썩는 냄새가 진동하는데도 움직이려는 기미가 없습니다. _삶의 동기

우리 안에 있는 허구들

안녕하세요?

질문을 주셔서 감사합니다.

님과 똑같은 고민을 했던 제 친구 얘기를 한번 해보고 싶습니다. 그 친구는 지금 구미 가까운 국도변에서 주유소를 경영하면서 잘 살고 있는데, 님의 글을 읽노라니 문득 그 친구 생각이 났고, 그래서 그 이야기를 하면서 님의 질문에 답변 드리고자 합니다.

그 친구랑은 고등학교 때 처음 만났습니다. 그는 나와 가장 절친했던 친구의 친구였는데, 그러다 보니 항상 제 친구를 만나는 자리에서

만 그를 볼 수 있었습니다. 그는 언제나 앞머리가 약간 긴 스포츠형 머리를 하고 있었고, 말도 언제나 절제된 말을 했으며, 행동도 흐트러짐이 없었습니다. 그처럼 그에게서는 항상 어떤 멋스러움 같은 것이 배어 나왔던 것을 기억합니다. 그런데 대학에 진학하면서부터는 그를 거의 볼 수 없고, 세월은 훌쩍 흘러 15년이 지난 어느 날 대구 시내 중심가에서 우연히 그를 다시 만나게 되었습니다.

얼마나 반갑던지요! 그는 여전히 앞머리가 약간 긴 스포츠형 머리를 하고 있었고, 웃는 모습도 여전했으며, 세월은 그렇게 많이 흘렀지만 얼굴은 조금도 변치 않아, 저는 그 많은 인파들 속에서도 한눈에 그를 알아볼 수 있었습니다. 참 뜻밖이고 반가운 이 조우에 우리는 한껏 들뜬 마음과 몸짓으로 서로 인사를 나눈 다음, 근처 조용한 전통찻집으로 들어가 그동안 살아온 얘기들을 하게 되었습니다.

그의 말에 의하면, 자신은 바로 한 해 전까지만 해도 모 항공사의 조종사였답니다. 아니 더 정확하게 말하면, 조종사가 되기 위한 오랜 기간의 공부와 고된 훈련 과정을 모두 마치고 조종사로 정식 발령받은 것이 바로 1년 전이었답니다. 그런데 첫 출근하는 바로 그날 아침 느닷없이 "내가 진실로 원했던 것은 이게 아닌데……!"라는 생각에 그만 사표를 던져 버렸답니다. 사유인즉, 그는 조종사가 되면 전 세계를 날아다니며 참 자유롭게 살 수 있을 것 같았고, 바로 그 때문에 그 오랜 기간의 고된 훈련 과정도 넉넉히 참아 낼 수 있었는데, 첫 출근하는 바로 그날 아침 제복을 입고 007가방을 들고 마악 방문을 나서는 순간, 갑자기 비행기 조종실 1.5평의 좁은 공간 안에 갇혀 평생을 살아갈 수밖에 없는 조종사로서의 삶의 끝이 딱 보이더랍니다. 그 순간 그는 자신도 모르게 "아, 이건 아니야! 내가 진정으로 원했던 건 이게 아니야!"라는 외마디 소리를 비명처럼 내질렀고, 그리곤 곧바로 사표를 던져 버리고는 자신의 방 안으로 다시 들어가 틀어박혀 버린 것입니다.

그 항공사에서는 발칵 뒤집어졌답니다. 그도 그럴 것이, 외국으로 연수 보내면서까지 수년을 공들여 만들어 놓은 한 사람의 조종사가 별다른 이유도 없이, 납득할 만한 설명도 하지 못한 채 막무가내로 그만두겠다니, 참 기가 막힐 노릇이었을 것입니다. 그래서 처음에는 온갖 설득을 하면서 그의 마음을 돌려놓으려고 했고, 그것이 먹혀들지 않자 나중에는 온갖 회유와 협박까지 하면서 그를 다시 출근시키려고 했답니다. 그러나 그는 돌부처처럼 꿈쩍하지 않았고, 그의 마음을 돌이킬 수 없다는 것을 안 항공사 측에서는 마침내 다른 항공사에 가지 않겠다는 각서를 쓰게 하고는 그를 놓아주더랍니다.

이후 그는 꼭 1년 동안을 방 안에 틀어박혀 "그렇다면 내가 진정으로 원하는 것이 뭔가? 내가 살아 있어야 할 분명한 동기가 있어야 하지 않는가? 나는 정녕 무엇을 원하는가?"를 고민하며, 거의 죽고 싶은 심정으로 그것을 찾았답니다.

그것은 마치 "눈에 보이는 것이든 보이지 않는 것이든 '나는 이것을 원한다.'는 어떤 동기가 있어야 그 속에서 삶의 의미도 찾고, 행동할 수 있는 기운도 용기도 얻을 것 같은데, 그게 뭔지 모르겠습니다."라는 님의 질문을 닮았습니다.

그런데 그는 이미 지친 듯 어떤 결론 같은 것을 스스로에게 내리고 있었습니다. "그런 것은 없다. 인간의 삶의 길에서 궁극의 소명 같은 것은 없다. 그것은 다만 환영(幻影)일 뿐이다. 아니, 어쩌면 있을지도 모른다. 그렇지만 나의 삶에는 그것이 허락되어 있지 않은 것 같다."
라는…….

그래서 제가 힘주어 말했습니다.

"아니, 그것은 있다. 그것은 인간 모두에게 주어져 있으며, 더구나 너는 머지않아 곧 그것을 발견하게 될 거다."라구요. 그랬더니 그는 그제야 저에 대해 궁금해하며, 제가 그동안 어떻게 살아왔고 또 지금은 무엇을 하며 사는지를 물었습니다.

저는 그에게 저의 오랫동안의 방황과 목마름과 영원히 끝날 것 같지 않던 추구와, 서른네 살 때 문득 찾아온 존재의 비약과 해방과 자유와, 그 이후의 삶 속에서의 한없는 평화와 평강과 감사에 대해 얘기했고, 또 지금은 많은 사람들을 만나며 인연이 닿는 대로 도덕경을 비롯한 여러 경전들을 강의하러 다닌다고 말했습니다. 그랬더니 재미있다는 듯 한동안 귀를 기울이며 듣던 그는 이윽고 자신도 가서 강의를 들어볼 수 없느냐고 했습니다. 그렇게 하여 그는 그 다음 주부터인가 모임에 나오기 시작했습니다.

나중에 들은 얘기지만, 그는 처음 모임에 나와 강의를 들었을 때는 도무지 무슨 말인지 하나도 알아듣지 못했답니다. 내가 무언가 손짓 발짓을 해가며, 또 땀을 뻘뻘 흘려 가며 들려주고 싶어 하는 얘기가 있는 것 같긴 한데, 도무지 무슨 말인지를 알아들을 수가 없으니 답답하기도 하고 또 한편으론 미안하기도 하고, 그래서 나중엔 그냥 편안히 앉아 있기만 했답니다. 그런데 뭐랄까, 하여간 시간이 지날수록 어떤 애틋함 같은 것이 묵직하게 가슴에 채워져 오더랍니다. 그러던 어느 날 강의를 마치고 집으로 돌아갈 때 그는 제게 이렇게 물었습니다.

"야, 기태야. 무어라 딱 꼬집어 설명할 순 없지만, 하여간 무언가 가…… 그런데 나도 아까 네가 강의 중에 말한 그런 마음의 평화랄까, 삶의 근본적인 변화랄까 하는 것을 얻으려면 어떻게 하면 좋겠니? 항공사를 그만두고 지난 1년 동안 아무것도 하지 않으면서 정말 간절히 찾았던 게 바로 그런 거란 생각이 들었어!"

그 말을 듣는 순간 문득 제 머리를 스쳐 지나가는 책이 한 권 있었습니다. 그래서 그것을 그에게 소개해 주고 싶었습니다.

"시내 서점에 가면 라마나 마하리쉬라는 사람이 쓴 《나는 누구인가》라는 책이 있거든? 그것을 한번 읽어 봐. 지금의 네게는 그 책이 딱 좋을 것 같아. 정말 간절히 네게 일독을 권하고 싶어!"

그러자 그는 알았다는 듯 반갑게 고개를 끄덕였습니다.

그리곤 일주일이 지나 다음 모임 날이 되었습니다. 사람들이 한 사람 두 사람 들어오고, 한 주일 동안에 있었던 일들과 안부를 서로 물으며 인사를 나눌 즈음 그도 들어왔습니다. 그는 여전히 옛날처럼 절제되고 정제된 모습으로 사람들과 인사를 나눈 다음 자리에 앉았습니다. 그때 문득 그에게 책을 소개했던 기억이 나서 물었습니다.

"아, 참! 나무야(그는 언제나 이렇게 불리기를 좋아했습니다), 지난주에 내가 소개한 책 읽어 봤니?"

그러자 그는 일순간 어색하고 미안한 표정을 짓더니 말했습니다.

"아! 깜빡 잊고 있었네! 오늘 가면서 꼭 사 볼게."

그리곤 그 다음 주에도 모임에 나온 그에게 물었습니다.

"나무야, 그 책 읽어 봤니? 어떻든?"

"아, 맞아! 또 깜빡했네! 미안해. 내일은 꼭……."

그리고 그 다음 주에도 책을 읽어봤느냐는 나의 말에,

"이런! 지난주에는 내가 무슨 일이 있었거든……."

또 그 다음 주에도,

"그래, 맞아! 사 봐야지……."

그렇게 한 달 보름이 지나가고 있었습니다.

그러던 어느 날 오랜만에 모임에 나온 사람이 있었습니다. 그는 이런저런 삶의 힘겨움과 고통으로 말미암아 자살을 생각하고 있던 무렵에 인연되어, 삶의 어떤 근본적인 변화를 맛보고는 편안해진 사람이었습니다. 그런데 오랜만에 모임에 나와서는 마침 제 친구와 저의 대화를 묵묵히 듣고 있더니, 갑자기 자기도 한마디 하면 안 되겠느냐는 겁니다. 그래서 하랬더니, 대뜸 제 친구를 똑바로 쳐다보면서 하는 말이,

"아저씨는 참 엉터리네요!"라고 툭 내뱉는 것이 아니겠습니까.

그 순간 제 친구는 얼굴이 새빨개졌고, 저는 저대로 그토록 어쩔 줄 몰라 하는 친구를 그때 처음 보았습니다. 둘러앉은 모두에게 잠시 어색한 침묵이 흘렀고, 그리곤 얼마의 시간이 흐른 후 모임을 마쳤던 기억이 납니다.

그리곤 또 한 주일이 흘러 바로 그 다음 모임 날이 되었습니다. 제법 많은 사람들이 왔고, 조금 늦게 그도 왔는데, 그날따라 그는 눈에 띄게 즐거워 보였고 밝아 보였습니다. 사람들과 인사를 나누거나 말을 주고받을 때에도 전에 없이 편안하고 자연스러웠으며, 참 명랑해 보이기까지 했습니다. 그래서 참지를 못하고 제가 물었습니다.

"야, 나무야. 오늘 따라 네가 참 기분이 좋아 보인다. 무슨 좋은 일

이라도 있었니?"

그랬더니 그는 지난 한 주 동안에 자신에게 일어났던 일을 이렇게 들려주었습니다. 지난 모임 때 느닷없이 듣게 된 "아저씨 참 엉터리네요!"라는 한마디가 그 순간 비수처럼 자신의 가슴에 꽂혔고, 그런데도 처음엔 그저 남들 앞에서 갑자기 당한 무안이라 부끄럽고 또 황당하게도 여겨졌지만, 시간이 지날수록 그것은 깊이와 넓이를 더해 가 나중엔 지난 40년 동안의 자신의 인생 전체를 돌아보게 했답니다. 그런데 그렇게 되돌아본 자신의 인생은 뜻밖에도 정말 '엉터리'가 맞더랍니다. 언제나 남들을 의식하며 멋있게 말을 하고 행동하려고만 했지, 사실은 진실로 자기 자신에게 닿아 있는 그대로의 자기 자신을 살아본 적이 단 한 순간도 없더랍니다. 그래서 지난 한 주 내내 세수를 하다가도, 밥을 먹다가도, 길을 걷다가도, 심지어 잠을 자다가도 문득문득 돌이켜지는 자신의 인생을 보며 "맞네, 내가 엉터리네!", "맞네, 내가 엉터리네!"라고 하며 살았답니다. 단지 그뿐이었는데, 이렇게 자신의 존재가 가벼워질 수가 없더랍니다.

그날 이후 그의 삶은 참 많이도 변했습니다. 존재의 거품 같은 것이 확 걷혀 버린, 뭐랄까 하여간 생활의 모든 면에서 끊임없이 지키려고 애쓰던 그 '나'를 크게 한 번 내려놓은 듯한 느낌이 그의 사소한 동작 하나, 말 하나에도 빼곡히 배어 나왔습니다. 아, 그 모습이 얼마나 편안하고 또 보기 좋던지요.

그런데 어느 날 그가 점심을 사고 싶대서 우리는 오랜만에 둘이서 마주앉았습니다. 웬일이냐 했더니, 씨익 웃으며 "응, 그냥, 문득 네가 고맙다는 생각이 들어서……."라고만 하고는 별 말이 없다가, 식사가 거의 끝나 갈 즈음에 그는 제 얼굴을 바라보며 이렇게 말했습니다.

"내가 항공사를 그만둔 것은 1.5평의 공간이 너무 좁아서였는데, 이제는 1.5평이 아니라 두 발을 디딜 공간만 있어도 무엇이든 할 수 있을 것 같아. 결국 문제는 공간이 아니라 마음에 있었던 거야……"

그리곤 그는 오랫동안 칩거했던 자기 방에서 나와 결혼도 하고, 또 한 인연을 따라 구미에 제2의 삶의 보금자리를 마련하게 되었던 것입니다.

님의 질문에 좀 더 분명하게 답변 드리기 위하여 이번엔 짧게나마 제 얘기를 한번 해 보고 싶습니다. 제가 교직을 사표 내고 지리산 토굴에 들어갈 때의 일입니다. 그때는 내면의 괴로움과 고통을 견디지 못해 하며 어디든 절대 고독한 곳으로 들어가려고 몸부림치고 있었는데, 마침 대구에 계신 어떤 분의 소개로 5년 전부터 지리산에 들어가 수도하고 있던 한 사람을 찾아가게 되었습니다. 주소와 전화번호만 들고 물어물어 찾아갔는데, 그러다 보니 해가 뉘엿뉘엿 질 무렵에야 그분을 만났습니다. 그런데 잠시 인사를 나누고 서로 마주앉자마자 그분은 대뜸 제게 이렇게 물었습니다.

"왜 이 지리산에 들어오려고 합니까? 무얼 찾으러요?"

그래서 저는 단호한 어조로 말했습니다.

"진리를 구하러 왔습니다."

아, 그런데요…… 이러한 저의 대답이 얼마나 큰 허구적인 마음속에 휩싸여 있었던가 하는 것을 그때는 몰랐습니다.

님이여.

지리산에 들어갈 때 제 나이가 서른 살이었습니다. 저는 그 30년 동안 "진리를 구하러 왔다."고 한 제 대답처럼 정말 진지하고 진실하게 살아왔다고 믿어 의심치 않았습니다. 가치 없고 허망한 것에는 일찍부터 마음을 두지 않았고, 언제나 하늘을 우러러 한 점 부끄러움이 없는 사람이 되려고 고뇌하며 몸부림쳐 왔다고 생각했습니다. 더구나 평생이 보장되는 교직마저 사표 내고 지리산 깊은 토굴로 들어왔으니, 저는 정말로 진리를 위해 사는 사람인 줄로 철석같이 믿었습니다.

그런데 그렇게 토굴에서 몇 달을 보내던 어느 날 "왜 이 지리산에 들어오려고 합니까?"라고 처음 만났을 때 제게 물었던 그분과의 오랜 대화 속에서 저는 전혀 다른 '나'—'내가 생각하는 나' 혹은 '남의 눈에 비친 나'가 아닌, 그 모든 포장과 거품과 스스로에 대한 왜곡이 걷혀 버린 '있는 그대로의 나'— 를 보았습니다. 아, 그것은 30년 동안 오직 진실을 위해 몸부림쳐 오기는커녕 단 한 순간도 진실한 적이 없는, 언제나 남들을 의식하며 온갖 거짓과 가식과 위선만을 일삼던 추하디 추한 몰골이었습니다. 그렇게 한 순간 보게 된 저 자신의 진실 앞에서 저는 얼마나 울고 또 울었던지요……. 그리곤 그때부터 저는 진실로 변화하기 시작했습니다.

님이여.

이 긴 이야기를 통하여 제가 무슨 말씀을 드리고 싶냐 하면, 우리는 너무나 쉽게 그럴듯한 질문에 속고, 의문에 속고, 의미에 속는다는 것입니다. 저 자신이 "진리가 뭘까? 어떻게 하면 참나가 될 수 있을까? 궁극의 깨달음이란 무엇일까?"라는 의문에 속았고, 항공사의 제 친구가 "진정으로 내가 원하는 것이 뭘까?"라는 생각에 속았듯이, 지금 님이 '두려움 없는, 막힘 없는, 머뭇거림 없는 속 시원한 뭔가'에 속고 있다는 것입니다. 정말로 그러한 무엇인가가 있을 것만 같고, 그래서 우리는 끊임없이 그 의문을 부여잡고 바깥으로 답을 찾아다니지만……아! 그렇게 우리의 의문과 마음이 바깥을 향해 있는 동안 정작 우리는 지금 있는 그대로의 자신의 모습을 보지 못하고 있다는 것입니다. 말하자면, 생각이 만들어 낸 의문과 질문에 속아 삶의 '현재'를 보지 못하고 있다는 것이지요.

머리끝에서부터 발끝까지 몽땅 엉터리였음에도 불구하고 조금도 그 엉터리를 보지 못했던 제 친구가 그랬고, 진리를 추구한다던 제가 저의 내면 깊숙이 자리 잡고 있던 그 엄청난 가식과 거짓과 위선 덩어리를 보지 못한 것과 같이 말입니다. 아니, 어쩌면 우리의 깊은 무의식 속에서는 그러한 질문과 의문과 의미들 뒤에 숨어서 정작 자신이 져야 할 현재의 삶의 짐들을 방기해 버리고 싶은 것인지도 모릅니다.

님은 말씀하십니다.

"두려움 없는, 막힘없는, 머뭇거림 없는 속 시원한 뭔가를 원하는데, 그것이 무엇인지 모르겠습니다. 돈인가 하면 그것도 아니고, 사람인가 하면 그것도 아니고, 전문 지식, 기술, 직장인가 하면 그것도 아니고…… 눈에 보이는 것이든 보이지 않는 것이든 '나는 이것을 원한다.'는 어떤 동기가 있어야 그 속에서 삶의 의미도 찾고, 행동할 수 있는 기운도 용기도 얻을 것 같은데, 그게 뭔지 모르겠습니다."

아, 님이여.

그러한 의문과 의미들 뒤에 숨어서 무한히 방기되고 있는 '지금'을 보십시오. 님은 이미 "정체된 지 오래되어 속 썩는 냄새가 진동하는데도 움직이려는 기미가 없습니다."라고 말씀하시면서도, 사실은 스스로 찾지도 않고 또한 구하지도 않는 공허한 의문과 의미들 뒤에 숨어서 그것들만을 계속 만지작거리며 또 다시 무책임하게 자기 자신에 대해 눈감으려 하십니다. 아뇨, 진리는 의문 속에 있는 것이 아니라 삶 속에 있습니다. 의문 뒤에 숨어서 공허한 의미만을 만지작거릴 것이 아니라, 그러고 있는 자신을 한번 똑바로 보십시오. 온갖 공허한 의미들, 가치들, 삶의 동기들에 의해 박제되어 있는 자신을요…….

2장
관계와 사랑

남들에게 인정받고 사랑받는 존재가 되려는 그 마음을 내려놓고
매 순간 있는 그대로의 자기 자신이 되면,
그래서 있는 그대로의 자신을 스스로가 먼저 믿어 주고 존중해 주게 되면,
남들 또한 그런 자신을 있는 그대로 바라봐 주며 깊이 존중하며
사랑으로 다가오게 된답니다.

많은 사람들이 인간관계를 힘들어합니다.

누구를 만나든 어떤 상황에 있든 남들을 의식하고 눈치 보며 이런 말을 해야 할지 저런 말을 해야 할지, 아니 말을 해야 할지 말아야 할지, 눈은 어디에 둬야 하며 표정은 어떻게 해야 할지, 여기 그대로 있어야 할지 아니면 저기로 가야 할지, 혹 자신의 그런 모습들을 보고 사람들이 이상하게 생각하거나 싫어하지 않을지, 그들에게 실망을 주거나 피해를 주지 않을지, 결국 사람들로부터 버림 받지 않을지……. 그래서 하루하루의 삶이 괴롭고, 아침에 눈을 뜨면 이 긴 시간들을 또 살아내야 한다는 것이 언제나 버겁고 힘겨우며, 어떻게든 이 무거움으로부터 벗어나고 싶어 타는 입술로 몸부림쳐 보지만 늪에 빠진 것처럼 모든 것은 점점 더 옥죄어 오기만 할 뿐 헤어날 길은 아득하고…….

제가 만난 사람들 중에 대인관계가 힘들다며 괴로워하던 어떤 아줌마는 다섯 살 난 자신의 아이를 어린이집에 맡기고 데려오는 일조차 무한히 힘들어했습니다. 왜냐하면 아이의 손을 잡고 집 밖을 나서는 순간부터 마주치게 되는 이웃 사람들과 어떻게 인사를 해야 하며, 또 어린이집에서 만나게 되는 또래 아줌마들과 무슨 말을 어떻게 주고받아야 할지가 몹시도 두려웠기 때문입니다. 또 어떤 아줌마는 길을 가다가 우연히 마주친 행인의 눈길 하나에도 너무나 긴장하고 경직된 나머지 그만 걸음걸이마저 잃어버려, 손과 발이 동시에 올라갔다 내려갔다 했다며 한없이 울먹였습니다. 점심 식사 후의 휴식 시간이 너무 길다고 괴로워하다가 일을 그만둔 청년(왜냐하면 그 휴식 시간 동안 아무것도 하지 않고 동료 직원들과 함께 있기가 너무나 불편하고 힘들었기 때문입니다)도 있었고, 나이 많은 직장 상사가 지나가면서 던진 "식사하셨습니까?"라는 평범한 한마디 말에도 어쩔 줄을 몰라 하며 한없이 말꼬리를 흐리던 사십대 후반의 중년 남자의 괴로움도 만났으며, 처음 보는 사람과 마주 앉기만 하면 그 어색함에 대번 얼굴이 붉어지고 손에 땀이 나서 너무나 힘들다며 호소하던 어떤 젊은이의 아픔도 보았습니다. 오염 공포가 자신의 인생을 엉망으로 만들어 버렸다며 울부짖던 대학원생과, 남들이 어떻게 볼까 두려워 바로 앞에 놓인 물컵조차 손으로 잡지 못했다며 스스로를 비참해 하던 예쁘장한 얼굴의 아가씨도 만났습니다. 아, 그밖에도 얼마나 가슴 아픈 사연들이 많은지요!

그런데 그 모든 사연들의 '원인'은 어릴 적 가족관계로 거슬러 올라갑니다. 갓 태어난 아이는 몸과 마음이 지극히 연약하고 여릴 수밖에 없기 때문에 부모의 따뜻한 사랑과 접촉과 보호가 절대적으로 필요합니다. 아이는 그 속에서 안심하고 자신의 생명성을 꽃피우며 몸과 마음이 건강하게 무럭무럭 자랄 수 있는 것입니다. 만약 아이의 이 본능적인 욕구가 채워지지 못하고 거부당하거나 외면당한다면, 그래서 엄마의 사랑어린 접촉이 자주 경험되지 못하고 무심히 방치되거나, 부드럽고 따뜻함 대신에 차가운 고함과 야단과 학대가 반복되거나, 아이의 자연스런 감정과 욕구의 표현이 받아들여지지 못하고 일방적으로 차단되거나 억압된다면, 아이는 극심한 불안 속에서 자신을 믿지 못하게 되고 눈치를 보게 되며 또다시 거부당하거나 외면당하지 않을까 두려워하며 자기다움의 모든 것을 잃어버리게 됩니다.

이런 가슴 아픈 일들로 인해 아이의 내면에는 성장이 멈춰 버린 또 하나의 아이가 자리 잡게 되는데, 이것을 '내면 아이'라고 합니다. 갓 태어난 아이는 엄마젖을 먹고 자라지만 이 '내면 아이'는 사랑을 먹고 자라는데, 그 사랑이 주어지지 못하고 거부당하거나 차갑게 차단당했으니 성장이 멈출 수밖에요. 아이는 자라 청소년이 되고 어른이 되고 부모가 되고 노인이 되어도 이 '내면 아이'는 자신이 받은 상처가 온전히 치유될 때까지는 성장할 줄을 모릅니다. 거부당한 생명으로서의 불안과 두려움을 안은 채 자신이 한 번도 받아본 적이 없는 따뜻한 사랑과 인정을 갈구하며 끝없이 목말라 할 뿐입니다.

대부분의 어른들 안에는 이 '내면 아이'가 웅크리고 있습니다. 사랑과 따뜻함을 받지 못하고 거부당했기에 자신에 대한 자존감을 상실한 채 끊임없이 남들을 의식하며 눈치를 보고, 어디를 가나 누구를 만나나 불안하고 불편해하며, 또다시 상처 받지 않을까 두려워하는…… 그러면서도 그런 자신을 초라하게 여기며 못마땅해 하면서 스스로에 대한 비난을 멈추지 않는 '내면 아이' 말입니다.

많은 사람들이 인간관계를 힘들어하는 이유는 바로 자신 안에 있는 이 '내면 아이' 때문입니다. '내면 아이'의 상처와 두려움이 치유되지 못했기 때문이지요. 그러므로 우선 자신 안에 이런 '내면 아이'가 있다는 사실을 자각하는 것이 필요합니다. 그 자각이 인간관계를 힘들어할 수밖에 없는 자신을 보다 깊이 이해하고 납득하게 함으로써 스스로에 대한 비난을 멈추게 하고, 그와 동시에 매 순간 있는 그대로의 자신을 받아들이게 함으로써 조금씩 치유의 길이 열리기 때문입니다.

그렇게 '내면 아이'가 치유되기 시작하면서 우리의 영혼도 자유하게 되어, 인간관계뿐만 아니라 우리의 삶의 모든 것들이 함께 치유되기 시작합니다. 그렇다면 그 완전한 치유의 길은 어디에 있을까요?

이 책은 온통 그 '길'에 대한 이야기입니다.

님은 지금

그 귀한 기회 앞에 서 있습니다

인간관계에서 마음을 비우라는데, 어떻게 비우나요?

인간관계가 너무 괴로워서 여기저기 글들을 찾아보니 마음을 비우라고 일관되게 이야기하는데, 아무리 생각해도 마음을 비우는 방법을 모르겠습니다. 인간이 마음을 비우고 나면…… 그래도 인간인가요? 말씀 좀 해 주세요. _천둥

마음을 비우라는 것은

마음을 비우라는 것은 자기 자신이 아닌, 남이 되려는 마음을 버리라는 것입니다. 그냥 자기 자신으로 살면 되지, 굳이 남이 되려고 하지 말라는 것이지요.

인간관계가 힘들고 괴로운 것은 대개의 경우 자기 자신으로 살지 못하고 끊임없이 남이 되려고 하기 때문입니다. 이때 '남'이라고 하는 것은, 매 순간 있는 그대로의 자기 자신이 아닌, 남들로부터 인정받고 칭찬받고 사랑받는 사람이 되고 싶어서 그들의 기준과 잣대에 맞춘, 내 안에 있는 허구의 존재를 가리킵니다.

사람들은 대개 어릴 때 부모에게 사랑받지 못하거나 있는 그대로의 자기 자신으로 존중받지 못하고 인정받지 못하는 환경 속에서 자라게 되면 그 영혼에 말할 수 없는 억압과 상처가 생기게 되는데, 그 억압과 상처는 필연적으로 자신을 보잘것없고 못난 존재로 여기게끔 만들

어, 자존감 상실은 물론 스스로를 몹시도 부끄럽고 수치스럽게 생각하게 됩니다.

그렇게 되면 자신 안에서 일어나는 사소한 감정이나 느낌, 생각뿐만 아니라 자신의 모든 것을 믿지 못하게 되고, 동시에 내면에는 늘 설명할 수 없는 불안이 흐르게 되어, 어릴 때 받았던 상처를 또다시 받지 않으려는 몸짓을 본능적으로 하게 되는데, 바로 그 마음이 있는 그대로의 자신을 외면하고 끊임없이 남들의 인정과 사랑을 받을 수 있는 존재가 되려는 노력으로 나타나게 되는 것입니다.

그렇게 남들이 인정할 수 있고 칭찬할 수 있는 존재가 되면 마침내 그들에게 사랑받는 사람이 되어 행복하게 될 것 같지만, 그런 일은 결코 일어나지 않을 뿐만 아니라, 사실은 바로 그런 노력과 몸부림 때문에 오히려 우리 안에 있는 불안은 더욱 증폭되고 마음의 진정한 평화 또한 더욱 멀어지기만 할 뿐이랍니다.

그렇기 때문에, 남들에게 인정받고 사랑받는 존재가 되려는 그 마음을 내려놓고 매 순간 있는 그대로의 자기 자신이 되면, 그래서 있는 그대로의 자신을 스스로가 먼저 믿어 주고 존중해 주게 되면, 남들 또한 그런 자신을 있는 그대로 바라봐 주며 깊이 존중하며 사랑으로 다가오게 된답니다. 얻고자 하면 할수록 얻을 수 없던 것이, 얻고자 하는 마음을 내려놓으니 저절로 다가와 내 것이 되는 것과 같은 이치인데, 사람들이 이 이치를 깨닫게 되면 헛되이 남들의 인정과 칭찬 속에서 자신의 존재를 확인받으려는 허망한 몸짓은 영원히 그치게 되고, 동시에 진정한 자기다움 속에서 삶을 기쁘고 감사하게 살아갈 수 있게 된답니다.

마음을 비우라는 것은 그와 같이 매 순간 있는 그대로의 자기 자신을 받아들이고 자기 자신으로서 존재하라는 것인데, 단지 그렇게만 할 수 있다면 님이 괴로워하는 인간관계의 모든 문제는 하나도 남김없이 저절로 다 풀릴 것입니다.

남이 나를 어떻게 생각할지 심하게 의식합니다

중학교 때는 다른 사람의 성적이 나쁘고 제가 잘돼야 제가 행복한 거라고 생각했어요. 무척 이기적이었죠. 학교 공부가 저를 그렇게 만들더군요. 친구를 다 적으로 보게 됐죠. 그래서 그때는 친구가 얼마나 소중하고 중요한 존재인지를 몰랐고, 친구의 필요성도 느끼지 못했어요.

그런데 어른이 된 지금은 사람이 소중하고, 다른 사람에게 상처를 주면 제가 더 힘들고 제 마음이 편치 않다는 걸 느꼈어요. 중학교 때보다는 나아진 거겠죠. 근데 그 정도가 좀 심해요. 그냥 무심코 내뱉은 말인데도 그 사람 표정이 좀 아닌 것 같으면 돌아서서 속으로 내내 생각해요. "내가 말을 배려 없이 한 것 같다.", "내가 그런 말 들었어도 무척 당황했겠다." 등등. 그리곤 바보같이 항상 뒤늦게 후회하고, 미안하다고 말할까 뒷북을 치곤 해요. 그리고 그 생각을 계속하다 보면 그 욕구(미안하다고 말하는 것)를 충족시켜야만 제 마음이 편할 거 같고, 그래서 그 사람을 위해서라기보다 저 자신을 위해서 그런 생각이나 욕구를 충족시키려고 노력을 해요. 안 그러면 너무 불안하고, 그 생각이 마음에 걸리는 것 같아서요. 그래서 이번에도 어렵게 전화번호를 알아서 전화를 했는데, 그 사람 목소리를 들어야 제 마음이 편해질 것 같은데, 한 번은 집에 없어서 또 한 번은 잔다고 못 받았어요. 목소리라도 들어야 편할 것 같은데, 제 마음도 몰라주고 상대방은 전화해 달라는 제 부탁에도 전화도 안 해 주고 절 피하는 것 같아요.

사소한 말 한마디, 지나가고 나서 후회하는 마음, 뒤늦게 뒷북치는 마음…… 그때 그렇게 말할 걸, 아님 그렇게 말하지 말고 다르게 말할 수도 있었는데…….

선생님, 지나고 나서 그때 내가 잘한 건가 잘못한 건가 이렇게 분별하고, 이미 지나간 일에 대해서 후회하고, 또 그것을 다시 만회하려고 뒷북을 치는 제 모습…… 또 그렇게 하지 못했을 때 쌓이는 욕구불만, 가슴의 답답함…….

중학교 때는 너무 나밖에 몰랐던 것 같고, 또 지금은 너무 사소한 일에도 타인을 의식하고 신경 쓰는 소심쟁이가 된 것 같아요. 선생님의 조언 부탁해도 될까요? _불안

가이사의 것은 가이사에게, 하나님의 것은 하나님께

성경 마태복음 22장에 보면 다음과 같은 말씀이 있습니다.

"이에 바리새인들이 가서 어떻게 하여 예수로 말의 올무에 걸리게 할까 상론하고 자기 제자들을 헤롯 당원들과 함께 예수께 보내어 말하되…… 그러면 당신의 생각에는 어떠한지 우리에게 이르소서. 가이사에게 세를 바치는 것이 가하니이까 불가하니이까 한대, 예수께서 저희의 악함을 아시고 가라사대, 외식(外飾)하는 자들아, 어찌하여 나를 시험하느냐. 셋돈을 내게 보이라 하시니 데나리온 하나를 가져왔거늘, 예수께서 말씀하시되 이 형상과 이 글이 뉘 것이냐. 가로되, 가이사의 것이니이다. 이에 가라사대, 그런즉 가이사의 것은 가이사에게, 하나님의 것은 하나님께 바치라 하시니, 저희가 이 말씀을 듣고

기이히 여겨 예수를 떠나가니라."(마태복음 22:15~22)

이 이야기는 바리새인들이 세금 내는 문제를 가지고 예수를 시험하려 한 얘기입니다. 당시는 로마 제국의 지배를 받고 있던 시기여서 유대 민족주의자들 중에는 납세를 거부하고 심지어 무장저항운동을 전개하던 사람들도 있었습니다. 이런 때에 예수에게 로마 제국의 총독인 가이사에게 세금을 내는 것이 가하냐 불가하냐 하고 물음으로써, "세금을 내라." 하면 민족의 반역자로, "내지 말라." 하면 로마 제국에 대한 저항자로 내몰아 예수를 없애려 한 것이지요. 이때 예수는 절묘하게도 동전 하나를 가져오게 하고는 인물화가 새겨진 동전의 앞면을 보이면서 이렇게 묻습니다.

"이 동전에 새겨진 사람이 누구냐?"

당연히 지배국 총독의 초상이 새겨져 있을 터이기에 사람들이 "가이사입니다."라고 대답하자, 예수가 조용히 말합니다.

"그런즉 가이사의 것은 가이사에게, 하나님의 것은 하나님께 바치라."

저는 이 이야기 중에 특히 "가이사의 것은 가이사에게, 하나님의 것은 하나님께……"라는 말씀이 참 가슴에 와 닿았습니다.

님은 말씀하십니다.

"그냥 무심코 내뱉은 말인데도 그 사람 표정이 좀 아닌 것 같으면 돌아서서 속으로 내내 생각해요. '내가 말을 배려 없이 한 것 같다.', '내가 그런 말을 들었어도 무척 당황했겠다.' 등등. 그리곤 바보같이 항상 뒤늦게 후회하고, 미안하다고 말할까 뒷북을 치곤 해요……."

아, 님이여!

"가이사의 것은 가이사에게, 하나님의 것은 하나님께"라는 말씀처럼, "그가 내 말을 어떻게 들었을까?" 하는 것은 전적으로 '그의 몫'이니 '그의 몫'으로 두십시오. 그리고 님은 '님의 몫의 삶'을 살면 됩니다. "그가 내 말을 어떻게 들었을까?" 하는 것은 전적으로 '그의 몫'인데도 불구하고, "그 사람 표정이 좀 아닌 것 같으면······" 대뜸 '그의 몫'을 님 자신의 몫으로 넘겨받아 무겁고 불안해하며 전전긍긍하십니다.

우리네 삶 속에서 그 경계선 하나를 분명하게 긋지 못함으로 말미암아 얼마나 많은 삶의 시간과 에너지들을 괴로움과 불안 속에서 허비하는지 모릅니다. 뒤바꿔 말하면, 이미 분명하게 그어져 있는 그 경계선 하나만 제대로 알고 이해해도, 잃어버린 삶의 에너지와 힘들을 얼마나 많이 자기 자신에게로 되돌려 받게 되는지 모릅니다.

그러나 또한 '그의 몫'을 '그의 몫'으로 둘 수 있는 힘은 바로 자기 자신에 대한 믿음에서 비롯됩니다. 자기 자신을 믿는 힘과 지혜가 언제나 삶 속에서 그 경계선을 분명하게 긋게 함으로써, '나'를 살리고 또한 '그'를 살릴 수 있는 것이지요.

그렇다면 어떻게 스스로를 믿는 힘과 지혜를 우리 자신 안에서 발견할 수 있을까요? 그 길은 뜻밖에도 매 순간의 님 자신의 삶 속에 있답니다.

님은 이어서 말씀하십니다.
"그리고 그 생각을 계속하다 보면 그 욕구(미안하다고 말하는 것)를 충족시켜야만 제 마음이 편할 거 같고, 그래서 그 사람을 위해서라기보다

저 자신을 위해서 그런 생각이나 욕구를 충족시키려고 노력을 해요. 안 그러면 너무 불안하고, 그 생각이 마음에 걸리는 것 같아서요……."

님이여.

그 욕구를 충족하려고 하지 마십시오. 그 욕구를 충족시키려는 어떠한 노력도 멈춰 보십시오. 그리곤 불안을 받아들이고, 그냥 좀 불안해 보십시오. 마음이 편치 않거든 그것도 받아들이고, 그냥 좀 불편한 채로 있으십시오. 또 그 생각이 자꾸 마음에 걸리거든 그냥 계속 걸린 채로 있어 보십시오. 지금의 그 불안과 불편함과 걸림을 해소하거나 벗어나려는 어떠한 노력도 하지 말고, 그냥 받아들여 보십시오. 님이 진실로 그렇게 하실 수 있다면 그 '멈춤' 속에서, 그 순간의 '받아들임' 속에서 님의 마음의 모든 무거움과 힘겨움을 해결할 수 있는 열쇠를 발견하게 될 것입니다.

사실 님의 그 욕구는 결코 충족되지 않는 성질의 것입니다. 때로 미안하다고 말함으로써 얼핏 그 순간의 불안과 무거움이 해소된 듯하지만, 단지 그때뿐 그것은 언제든 다시 찾아와서 님의 마음을 괴롭게 할 것입니다. 그런 힘겨움의 '반복'은 이미 님의 삶 속에서 충분하고도 남을 만큼 경험하지 않았습니까. 그런데도 왜 그것은 아직 끝나지를 않고 여전히 님을 괴롭히는 것일까요? 그것은 님이 져야 할 '님의 몫'의 삶을 받아들이지 않았기 때문입니다.

삶의 실재성은 언제나 지금 이 순간 속에 있습니다. 따라서 지금 이 순간을 받아들이지 않으면 마음의 진정한 자유도 행복도 우리는 결코 누릴 수가 없답니다. 무심코 말을 내뱉고 난 뒤 상대방의 표정이 좀 아닌 것 같이 생각된 이후부터 님의 마음 안에서 일어나는 그 모든 불안과 불편함과 걸림과 욕구불만과 답답함을 거부하거나 피하지 말고 받아들이십시오. 그리고 그것을 있는 그대로 경험해 보십시오. 이것이 바로 '님의 몫'의 삶입니다. 그렇게 매 순간 있는 그대로의 님 자신을 받아들일 때, 그토록 님을 힘들게 하던 그 '반복'의 고리는 저절로 끊어져 없어지고, 마음의 평화가 님의 삶 속에 가득히 흘러 들어와 님을 기쁘게 것입니다.

남을 의식하다 보니 너무 답답합니다

제가 너무 고지식한 건지, 예전에는 아무 생각 없이 했던 행동들에 대해 자의식이랄까…… 내가 이런 얘기를 하면 상대방 기분이 나쁠까 봐, 다치게 할까 봐, 그냥 튀어나오는 얘기나 마음속에 떠오르는 얘기를 하지 못하고, 그러다 보니 할 얘기도 없어지고, 설사 시원하게 해 버렸다고 해도 나중에 실수한 건 없을까 하고 자학하고…….

특히 운세나 이런 걸 봐도 거만하거나 건방지다는 얘길 하고, 제 언행이 그렇게 보일까 봐 공손하게 하려니 내 행동이 너무 부자연스럽고 또 너무 의식하는 거 같고…… 그래도 괴롭기는 마찬가지고…… 남이 저한테 건방지게 행동하면 굉장히 미워하는 편인 것 같고, 근데 표현은 못하고 마음속으로만……. 건방지다는 말을 들으면 회사에서나 어디서든 미움 받겠죠? 친구들은 괜찮은 것 같은데, 어른들한테 특히 직장 상사나 선배한테 건방지게 보일까 봐 조심스럽고, 후환이 두렵고, 잘난 척한다는 소리 들을까 봐…… 자신감도 없는데……. 저한텐 정말 큰 고민이거든요. _민아

눈을 자신에게로 돌릴 수는 없을까요?

안녕하세요?
님의 고민을 이해합니다. 그런데 님의 말씀을 이렇게 다시 한 번 정

리해 보았습니다.

"내가 이런 얘기를 하면 상대방 기분이 나쁠까 봐, 다치게 할까 봐……"

"그냥 튀어나오는 얘기나, 마음속에 떠오르는 얘기를 하지 못하고……"

"설사 시원하게 얘기를 해버렸다고 해도 나중에 실수한 건 없을까 하고 자학하고……"

"운세나 이런 걸 봐도 거만하거나 건방지다는 얘길 하고……"

"제 언행이 그렇게 보일까 봐 공손하게 하려니 내 행동이 너무 부자연스럽고, 또 너무 의식하는 것 같고……"

"남이 저한테 건방지게 행동하면 굉장히 미워하는 편인 거 같고, 근데 표현은 못하고……"

"직장 상사나 선배한테 건방지게 보일까 봐 조심스럽고, 후환이 두렵고, 잘난 척 한다는 소리 들을까 봐……"

아, 머리끝에서 발끝까지 끊임없이 남들을 의식하며 살아가는 님의 모습이 보입니다. 얼마나 힘이 들까……. 그러면서도 거만하거나 건방지게 보이기는 싫고, 할 수만 있다면 공손하거나 겸손하게 보여 사람들로부터 인정과 칭찬은 듣고 싶고, 또 가끔씩은 자신이 얼마나 괜찮은 사람인가를 사람들 앞에 보여 주며 우쭐거리고도 싶고…….

아, 그 모든 몸짓과 마음과 행동들이 자기 자신에게 닿아 자기 자신으로 살아가면서 진정 자기 자신을 위할 줄 아는 그런 방향으로 맞춰져 있기보다는, 어떻게든 남들에게 괜찮은 사람으로 비치고만 싶어 그들의 인정과 칭찬에만 목말라 하는…… 온갖 좋은 소리는 다 들으며 사는 사람이 되고 싶어 하는…… 다시 말하면, '내가 어떠하냐'가 아니라 '남들에게 어떻게 비치느냐'에만 온통 마음의 관심과 초점이 가 있는…….

그런데 그처럼 자기 자신의 감정과 느낌과 생각은 내팽개쳐 두고 어떻게든 남의 마음에만 들려고 애쓰는 사람들은 정작 '자기 자신을 위해' 기울여야 하는 시간들과 노력에 대해서는 한없이 게으르고 무책임한 경우를 많이 봅니다. 그럴 수밖에요…… 삶의 에너지를 온통 바깥으로만 다 쏟아 부었으니, '지킬 수 없는' 자신을 지키려고 그 많은 에너지들을 다 허비했으니, 진정 자기 자신을 위해 써야 할 에너지가 남아 있지 않을 수밖에요.

아, 님이여!

눈을 좀 돌릴 수는 없을까요? '남들의 눈에 비친 나'가 아니라, 그들의 허망한 인정과 칭찬을 듣기 위해서 언제나 주눅 든 채 눈치를 보며 단 한 순간도 편안히 숨 쉬지 못하고 있는 '불쌍한 나'를 좀 돌아볼 수는 없을까요? 내 속 중심에서 진정으로 우러나온 것은 하나도 없고, 오직 남들을 의식하느라 끊임없이 만들어 내고 있는 님 속의 온갖 가식과 위선과 포장과 턱없는 우쭐거림과 한없는 자기 방기를 좀 들여다볼 수는 없을까요? 님 안에 있는 그 모든 거짓된 몸짓들에 대해 진정 아파할 수는 없을까요?

지난날 저 자신의 삶이 그랬기에, 아니, 님보다 훨씬 더 심한 사람이었기에, 그 지옥 같은 삶을 저는 너무나 잘 압니다.

님이여.

방법이 하나 있다면, '돌이키는 것'입니다. 이는 곧 '망가지는 것'과 같은 것인데, 님은 지금 매 순간순간 어떻게든 자신을 지키려고 하고 있습니다. 그러나 그것이 지켜집디까? 그렇기는커녕 오히려 지키려는 것 때문에 더욱 초라해지고 궁색해지며 자신감마저 잃어 가는, 한없이 주눅 든 자신을 목격하게 되지 않던가요?

그러므로 이렇게 한번 해보십시다. 순간순간 또다시 자신을 지키려고 하는 마음들을 님 안에서 보게 될 때, 그때마다 의식적으로라도 '자신을 지키기 위한 몸짓과 행동들'을 가만히 정지해 보는 겁니다. 그리곤 그 '정지' 속에 조금만 더 있어 보는 겁니다. 그러면 그 '잠시의 정지'가 너무나 많은 것을 님에게 보여 주고 또 속삭여 줄 것입니다.

무언가 소중한 것을 잃어버릴 것 같은 두려움 때문에 본능적으로 움츠러들며 자신을 지키려는 행위와 몸짓들을 하게 되지만, 아뇨, 오히려 지키려는 것 때문에 너무나 많은 자신 속의 소중한 것들을 잃어버리게 된답니다.

저는 님이 남들에게 인정받는 사람이 되려 하기보다는, 진정으로 자기 자신을 존중할 아는 사람이 되기를 바랍니다. 먼저 내가 나를 존중해 줄 때 남들의 인정과 존중 또한 저절로 따라온다는 사실을 깊이 이해할 수 있기를 바랍니다. 그리고 그 존중이란 다름 아닌, 매 순간 있는 그대로의 자기 자신을 인정하고 시인하며 받아들이는 것입니다.

언제나 인간관계가 불편합니다

안녕하세요?

몇 번을 망설이다가 이렇게 글을 올립니다.

제 나이가 지금 35살입니다. 사춘기 이후로 이제까지 살면서 인간관계가 편했던 적이 단 한 번도 없었던 듯합니다. 항상 불안하고 어색하고 답답하고, 말로 표현하기 힘든 여러 가지 느낌들, 감정들…….

선생님, 어떻게 하면 제가 지금 당장 자유로운 상태로 살아갈 수 있을까요? 더 이상은 이대로 살기 싫습니다. 저도 당당하고 자유롭게 살고 싶습니다. 좀 도와주세요!!! _자유

방어할 두려움 없는 자유

우리가 인생을 살아가면서 인간관계가 힘들고 어려운 것은 대개의 경우 자기 자신을 지키려고 하기 때문입니다. 그것도 언제나 '좋은 모습'으로 말입니다. 그리하여 또한 언제나 남들로부터 '괜찮은 사람'으로 인정받고 싶은 무의식이 내면 깊이 깔려 있는 것이지요. 그러다 보니 언제나 남들을 의식하게 되고, 의식하다 보니 순간순간 자신도 모르게 '만들어진' 말과 행동들을 하게 되며, 그것은 필연적으로 끊임없는 내적 긴장과 불안을 동반하게 됩니다. 삶을 통하여 단 한 번도 편안하게 숨을 쉴 겨를이 없게 되는 것이지요.

그런데 그렇게 남들을 끊임없이 의식하며 언제나 좋은 모습으로 남기를 바라는 사람들은 또한 대개의 경우 남들을 의식할 필요가 없는 혼자만의 시간과 공간이 주어지면 이번에는 더없이 게을러지고 자기 자신에 대해 무책임해지며 변명을 일삼고 모든 것을 미루거나 귀찮아 하는 경우를 자주 보게 됩니다. 즉, 이중의 허허로움과 고통을 자신의 삶 속에 스스로 쌓아 가는 것이지요.

님은 이렇게 절규하십니다.

"어떻게 하면 제가 지금 당장 자유로운 상태로 살아갈 수 있을까요? 더 이상은 이대로 살기 싫습니다. 저도 당당하고 자유롭게 살고 싶습니다. 좀 도와주세요!!!"라고…….

진실로 진실로 지금 당장 가능하고 또한 영원히 자유할 수 있는 유일무이한 길이 있습니다. 그것은 당당하고 자유로운 사람이 되고 싶은 그 마음을 버리는 것입니다. 그리고 "항상 불안하고 어색하고 답답하고, 말로 표현하기 힘든 여러 가지 느낌들, 감정들"에 늘 흔들리는 '지금'을 받아들이는 것입니다. 그래서 당당하고 자유로운 사람이 되고 싶은 그 마음이 님의 마음 중심에서부터 끊어져 버리면, 그리하여 더 이상 그러한 것들을 추구하지 않게 되면, 그때 비로소 님에게는 그토록 그리던 진정한 자유와 당당함이 넘쳐나게 될 것입니다.

님이 말씀하셨듯이, 님은 35년 동안이나 스스로 자유롭기를 원해 왔습니다. 그리고 온 마음을 다해 간절히 그 자유를 찾아 왔습니다. 그러나 진실로 말씀드리건대, 단 한 번도 그 마음을 버려 본 적은 없지요?

아, 님이여!

님이 자유롭고자 했기에 자유는 오히려 님에게 오지 않았지만, 진실로 그 마음이 님의 마음의 중심에서부터 버려지면 그때 비로소 자유는 스스로 찾아올 것입니다. 이것이 바로 하늘이 하는 일입니다. 원하는 '나'가 있을 때에는 그 원하는 바를 조금도 주지 않다가, 그 '나'가 사라지면 그때 비로소 넘치도록 주는 것이 바로 하늘입니다. '나'가 없기에, 지키거나 방어해야 할 아무런 두려움도 없는 자유가 그때 비로소 찾아오게 되는 것입니다.

아, 님이여.

저의 간곡한 이 말씀이 조금이라도 님의 가슴에 가 닿기를……!

직장에서 눈치 보며 사느라 너무 괴롭습니다

안녕하세요? 꼭 여쭙고 싶은 게 있습니다. 직장에서 중간 관리자가 되어 생활한 지 이제 1년쯤 됩니다. 밑으로는 부하 직원을 통솔하고 위로는 상사의 비위 맞추기에 하루가 모두 소진되고 맙니다. 문제는 뭐 하나 제대로 하는 게 없다는 겁니다. 부하 직원들이 수군대는 소리만 들어도 제 흉을 보는 게 아닌가 하는 생각이 들어(실제로도 그렇습니다. 한 직원이 예전에 저와 다툰 후로 제 못난 점과 험담을 하고 다닌다는 얘기를 다른 사람에게 들었습니다.) 그들의 눈치를 보느라 실상 일도 손에 잡히지 않습니다. 그들의 헛기침소리와 웃음소리에도 신경 쓰는 저 자신이 한심하고 한심합니다.

그렇게 신경 쓰다 보니 마음도 침울해지고 생기도 없고, 그저 그들의 눈치만을 살핍니다. 이래 가지고 그들을 관리할 수 있을까요? 이렇다 보니 이미 무능한 관리자로 비추어져 상사 비위 맞추기도 물 건너간 지 오래입니다. 어떻게 명쾌한 해결 좀 부탁드립니다. 저 살아야 합니다. _평범한 삶

눈치 보는 자신을 사랑해 주십시오

안녕하세요?
질문을 주셔서 감사합니다.

님의 마음의 힘겨움을 진심으로 이해합니다.

그러나 결국, 님 자신의 문제입니다.

제가 간곡하게 말씀드리고 싶은 것은, 님의 그 모든 문제와 힘겨움의 원인은 님이 뭐 하나 제대로 하는 게 없다는 사실에 있는 것도 아니요, 직장 상사나 부하 직원들의 눈치를 본다는 것에도 있지 않으며, 직원들이 수군대는 소리만 들어도 자신을 흉보는 게 아닌가 생각하며 끊임없이 그들을 신경 쓰는 데에도 있지 않다는 것입니다. 님의 모든 문제와 힘겨움의 원인은 오직 하나, 그런 자신을 님 스스로가 용납하지 못하고 받아들이지 못하고 있다는 사실에 있습니다.

님은 이렇게 말씀하셨습니다. "그들의 헛기침소리와 웃음소리에도 신경 쓰는 저 자신이 한심하고 한심합니다."라구요. 보세요, 그렇게 자기 자신을 받아들이지 못하고 한심하게 여기는 마음, 바로 그 마음 때문에 님은 그토록 괴롭고 고통스러운 것입니다.

눈치 보며 떨고 있는 자신을 있는 그대로 받아들이고 용서하고 사랑해 주십시오.

뭐 하나 제대로 하는 게 없고, 부하 직원들이 수군대는 소리만 들어도 흉보는 게 아닌가 하고 생각하는 자신을, 그들의 눈치를 보면서 헛기침소리와 웃음소리에도 신경 쓰는 자신을 이젠 그만 꾸짖고 그만 비난하십시오. 그렇게 늘 두리번거리며 한없이 눈치 보며 떨고 있는 자신을 이젠 좀 따뜻이 끌어안아 보듬어 주고 사랑해 주십시오. 단 한 번만이라도 님 자신의 편이 되어 줘 보십시오. 세상에서 가장 사랑받아야 할 사람은 바로 그런 님 자신입니다.

그런데도 님은 누구보다도 앞장서서 그런 자신을 외면하고 등 돌리며 부끄러워하면서 한없이 한심스럽게만 여기고 있습니다. 아닙니다, 님이여. 그런 님의 모습은 오히려 더욱 따뜻하게 사랑받고 깊이 이해받아야 할 모습이지, 결코 비난하고 외면해야 할 모습이 아닙니다. 아, 단 한 순간만이라도 님 자신의 '지금'을 있는 그대로 사랑해 보십시오.

그래서 이제부터는 님 자신에게 주목하며 님 자신과 대화를 한번 해보십시오.

설혹 부하 직원들이 수군거리는 소리를 듣고는 자신을 흉보고 있는 게 아닌가 하는 생각이 또다시 들더라도 이전처럼 그런 자신을 한심하게 생각하지 말고, 괜찮다고, 그런 생각이 들 수도 있다고, 내가 나를 더 많이 사랑하게 되고 내가 나에게 더 많이 집중하게 되면 남들이 수군대는 소리에 그다지 신경 쓰지 않게 되겠지만, 지금은 뭐 어쩔 수 없는 일이니 마음껏 그런 생각들을 해보라고, 괜찮다고, 스스로에게 그렇게 한번 말을 건네어 보십시오.

또한 그들의 눈치를 보며 헛기침소리와 웃음소리에도 신경 쓰고 있는 자신을 발견하게 되거든, 또다시 이전처럼 그런 자신에게 화를 내거나 절망스러워하지 말고, 살포시 안아 주며, 괜찮다고, 얼마나 힘들겠냐고, 그런 것 하나까지 다 신경 쓰며 살아야 하는 하루하루의 삶이 얼마나 힘들겠냐고, 그런데도 나까지 한없이 못마땅하게 여기며 주눅 들게 만들었으니 오죽했겠느냐고, 미안하다고, 정말 미안하다고, 그렇게 말하며 축 처진 그 어깨라도 한번 토닥여 주십시오.

그와 같이, 지금 있는 그대로의 님 자신을 단 한 번만이라도 따뜻이 보듬어 주십시오. 그렇게 보듬으며 자꾸만 자신에게 사랑의 말을 건

네어 보십시오. 세상 모든 사람들이 다 차갑게 손가락질하며 수군거릴지라도 님만은 님 자신에게 그렇게 하지 말아야 하지 않겠습니까. 왜냐하면 그게 바로 님 자신이니까요.

그렇듯 지금 있는 그대로의 자신을 사랑하고 보듬는 그 사랑만이 삶의 모든 힘겨움과 문제들을 풀 수 있는 유일한 열쇠랍니다.

직장 후배가 부담스럽습니다

안녕하세요? 이런 곳이 있었다니, 하는 마음으로 많은 글들을 읽어 보았습니다. 정말 많이 공감 가는 글들…….

선생님, 저도 고민이 있습니다. 회사에서 제 밑으로 2명의 직원이 배치됐는데, 한 명은 착하고 순해서 제가 일을 시키기 편하거든요. 마음도 잘 맞고……. 그런데 다른 한 명은 저보다 덩치가 큰데, 성격도 별로 마음에 안 듭니다. 그놈도 절 안 좋아하고요. 회사에 출근하면 그놈이랑 눈에 보이지 않는 알력 싸움이 시작되는데, 제가 항상 집니다. 불러도 못 들은 척 대답을 외면합니다. 회사에 가기 싫을 정도로 마음이 부담스러운데, 어떻게 대처해야 할까요? _힘든자

인생의 모든 순간이 기회입니다

인생의 모든 순간이 자기 자신을 만날 수 있는 기회입니다. 그리고 자기 자신을 만나면서부터 인생의 모든 문제는 풀리기 시작한답니다. 다만 마음의 눈이 자기 자신을 향해 있다면요.

어느 스님이 있었습니다. 이 스님은 나이 마흔이 다 된 늦은 나이에 출가를 했는데, 힘든 행자 생활을 마치고 막 승가대학 1학년이 되었을 때의 일입니다. 스님이 계시던 절에서는 마침 재가신도 공부 모임과 자매 결연을 맺고서 정기적으로 교류를 갖고 있었는데, 만남이 있

는 날이면 절을 찾아온 재가신도들이 누구나 스님인 자신에게 두 손 모아 공손히 합장하며 인사를 했답니다. 그러면 자신도 미소 가득한 얼굴로 그들을 향해 합장하며 고개를 숙이곤 했는데, 유독 나이가 조금 들어 보이는 그 모임의 총무만은 자신을 본체만체하거나, 보더라도 인사는커녕 아주 묘한 얼굴로 "네까짓 게 알면 얼마나 알겠냐." 하는 듯한 눈길로 자신을 바라보기가 일쑤이더랍니다.

처음에는 그저 그러려니 했는데, 시간이 지날수록 이 스님의 마음에도 점점 미움과 분노가 치솟아, 나중에는 그 사람을 볼 때마다 겉으로는 스님으로서의 모습을 잃지 않으려고 애를 썼지만 속으로는 정말 온갖 거친 생각과 욕들을 하면서 그 사람을 비아냥거리거나 무시하며 낱낱이 재단하기에 이르렀답니다. 이를테면, 이와 같은 것이지요.

"흥, 네가 재가신도 총무면 총무지, 스님에게 인사할 줄 모르는 그 하나만 봐도 네 놈의 인품이 어떠한가를 대번에 알겠다."

"듣자 하니 오랫동안 재가신도회에 몸담고 있으면서 제법 공부가 되었다고는 들었다만, 그 모든 공부가 말짱 도루묵이구나! '내 앎네' 하고 고개 쳐들며 스님 앞에서 교만을 떠는 네 놈의 모습을 보면……."

"하이고, 저 거동 좀 봐! 인간이 저래가지고 무슨 마음공부를 한다고……."

급기야 그 스님은 재가신도회와 교류가 없는 많은 날들에도 오랫동안 그 사람을 씹고 미워하며 스스로 스트레스를 받곤 합니다. 그러다가 어느 순간 문득 그 스님은 바로 그렇게 하고 있는 자기 자신을 발견하게 됩니다. 다시 말해, 그 사람과 똑같이, 아니 그 사람보다 더욱 치졸하고 유치하며 잔인하게까지 그 사람을 욕하고 멸시하며 정죄하고 있는 자기 자신을 문득 바라보게 된 것이지요. 아, 그렇게, 단지 자신에게 고개 숙여 인사하지 않는다는 것 하나 때문에 온갖 욕설을 퍼부으며 지독한 모욕마저 서슴지 않고 있는 자신을 문득 발견하고는, 그는 한 순간 처참하게 무너집니다.

"이럴 수가…… 내가 저보다 더한 놈이구나……."

그러나 바로 그 순간부터 비로소 그 스님은 제대로 된 마음공부와 배움의 길로 들어서게 됩니다.

성경 요한복음 8장에 나오는 '간음 중에 잡힌 여자' 이야기에서도 보면, 많은 사람들이 간음 중에 잡힌 여자를 에워싸고는, 그녀를 더럽고 추악하며 가증스런 여자라고 욕을 하며 돌로 치려고 합니다. 그런데 바로 그때 예수는 그들을 향해 "너희 중에 죄 없는 자가 먼저 돌로 치라."고 말씀하십니다. 그 순간 모든 사람들은 간음 중에 잡힌 여자를 향하던 눈길을 거두어 자기 자신을 보게 되었고, 그러자 누가 먼저랄 것도 없이 그들은 하나둘씩 손에 들고 있던 돌들을 내려놓고는 모두가 돌아가고 맙니다. 비록 짧은 순간이었지만, 그들은 처음으로 '바깥'이 아닌 '자기 자신'을 보게 되었고, 그러자 지금 그들 앞에 잡혀 와 있는 간음 중에 잡힌 여자와 사실은 별반 다를 것이 없는, 아니 어떤 의미에서는 그녀보다 더욱 추악하고 잔인하기까지 한 자신들을 똑똑히 보게 된 것이지요.

너 자신을 알라…….

이는 오래 전 소크라테스가 한 말입니다만, 그러나 인간은 참으로 아이러니하게도 자기 자신을 잘 알지 못합니다. 눈이 언제나 바깥으로만 향해 있으니 자기 자신을 볼 기회가 잘 없는 것이지요. 그런데 자신을 힘들게 하고 부담스럽게 하며 또 이런저런 모양으로 괴롭게 하는 어떤 사람이나 상황과 마주하게 되면, 인간은 그 어떻게 할 수 없는 고통과 괴로움 속에서 비로소 마음의 눈이 자기 자신을 향하게 되어, 모든 포장이 벗겨진 있는 그대로의 자기 자신을 만날 수 있는 기회를 갖게 됩니다. 인간은 누구나 얼마쯤은 자신을 괜찮은 모습으로 포장하고 살지만, 그러나 그런 힘든 상황과 사람이 그 포장들을 용납하지 않으면서 있는 그대로의 자신 속으로 뚫고 들어오기 때문입니다.

그런데 안타깝게도, 바로 그 순간에도 있는 그대로의 자신을 만나는 사람은 거의 드뭅니다. 왜냐하면, 그 적나라한 상황 속에서도 눈이 너무나 오랫동안 바깥으로만 향해 있어 전혀 자신을 보지 못하거나, 슬쩍슬쩍 자신이 보여도 그것을 인정하거나 시인하기가 싫어서 오히려 모든 탓을 바깥으로만 투사해 버리기 일쑤이거나, 그것도 아니면 사실은 있는 그대로의 자신으로부터 도망치면서도 도망은커녕 오히려 더 큰 가치와 진리를 추구하는 모습으로 또 한 번 자신을 덧씌우고는 그 그럴 듯함 뒤로 숨어 버리는 경우가 허다하기 때문입니다.

제가 이해하는 한 인간은 그리 대단하거나 훌륭한 존재가 못됩니다. 정말 그런 것처럼 보여도 그 잘난 껍데기를 하나만 벗겨 보면 그 안에는 참으로 볼품없고 보잘것없는 것들로 가득한 것이 바로 인간 존재의 실존입니다.

그런데 참으로 놀라운 것은, 바로 그 보잘것없고 볼품없는 '있는 그대로의 자기 자신'을 맞닥뜨리고 만날 때 인간은 비로소 겸허해질 수 있으며, 비로소 진실해질 수 있고, 또한 비로소 위대해질 수 있다는 것입니다. 다시 말하면, 인간의 진정한 위대성은 바로 그 있는 그대로의 자기 자신 속에 있다는 말입니다. 그리고 님은 지금, 그런 위대한 자신을 만날 수 있는 기회 앞에 서 있구요. 사실 그렇게 부담스럽고 힘이 들며 괴롭기까지 한 상황과 사람 앞에 있지 않으면 어떻게 님이 님 안에 있는 그런 고민과 괴로움을 통하여 그토록 적나라하게 님 자신을 만날 수 있겠습니까. 그러므로 이것은 인생의 소중한 기회일 수 있습니다.

그러므로 너무 바깥으로만 눈을 향하여 부하직원만을 탓하지 마시고, 조금이라도 눈을 돌이켜 자기 자신을 한번 보십시오. 회사에 출근하면서부터 눈에 보이지 않는 알력 싸움을 하게 되는 부하직원과의 관계 속에서 매 순간 님 자신 안에 어떤 것들이 올라오는지를 한번 살펴보십시오. 그것이 무엇이든 그 하나하나가 낱낱이 님 자신입니다. 그렇게 님 자신을 맞닥뜨리고 만날 수 있을 때, 그리고 그것들이 낱낱이 님 자신임이 진실로 인정이 되고 시인이 되어 그 모두를 있는 그대로 받아들일 수 있을 때, 지금의 그 부담스러움과 괴로움은 오히려 님을 전혀 다른 차원으로 인도하여 님의 영혼을 해방케 하는 고마운 출구였음을 님은 이윽고 깨닫게 될 것입니다. 그와 같이, 인생의 모든 괴로운 순간은 우리 자신을 영적으로 비약하게 하는 좋은 기회들일 수 있습니다. 진실로.

자기 자랑을 하고 나니 마음이 허허롭기만 합니다

　마음이 허허롭기만 합니다. 여자들은 다들 그런 면이 있다고들 하지만, 늘 누군가와 비교를 하며 사는 것 같습니다. 옷차림새부터 외모 기타 등등. 오늘은 자기 자랑 많이 하는 사람이랑 이야기하면서 나도 질세라 이런저런 내 잘난 점을 늘어놓았습니다. 이야기를 끝내고 나니 내 자랑 많이 해서 기분이 좋아지기는커녕 가슴 한 구석에 구멍이 뚫린 듯 허허롭기만 합니다. 사실 거짓말 한 것은 없는데…….

　내가 내 생활에 만족하면 그뿐이지 누구한테 인정받으려고 애쓸 필요가 뭐 있는가? 상대가 먼저 그러니 어쩔 수 없었지, 가만히 있자니 뭔가 눌리는 듯한 기분이 들고…… 난 평소에 잘난 척 안 하는 사람이라 생각했는데…… 그게 아니었나 봅니다. 마치 알맹이는 없고 껍데기만 남은 인간처럼 공허하고 허허롭기만 합니다. _껍데기

그 마음을 얼른 정리하려 하지 마십시오

님이여.

그 마음을 얼른 정리하려 하지 마십시오.

　자기 자랑 많이 하는 사람을 만나 그 앞에서 가만히 있자니 뭔가 눌리는 듯한 기분이 들고, 그래서 님 자신도 질세라 이런저런 자랑들을 잔뜩 늘어놓고 왔을 때의 그 뭔가 씁쓸하고 허허롭고 가슴이 뻥 뚫린

듯한 휑한 기분을 얼른 수습하고 정리하려 하지 마십시오.

그래서 또다시 아무렇지도 않은 듯한 마음을 애써 유지하려 하거나, 한 번의 실수나 해프닝으로 여기며 스스로를 무마하려 하거나, "내가 내 생활에 만족하면 그뿐이지 누구한테 인정받으려고 애쓸 필요가 뭐 있는가? 상대가 먼저 그러니 어쩔 수 없었지……"라고 자신에게 설명하고 설득함으로써 마음의 평정을 되찾으려 하지 마십시오. 혹은 또 "다음부터는 내 자랑을 늘어놓거나 말을 많이 하지 말아야지"라고 결심하거나 다짐하는 일도 하지 마십시오. "난 평소에 잘난 척 안 하는 사람이라 생각했는데…… 그게 아니었나 봅니다."라는 님의 말씀처럼, 님은 그 뜻하지 않은 순간을 통하여 님 자신을 한번 들여다볼 수 있는 소중한 경험을 한 것입니다.

일상을 살면서 때로 겪게 되는 흐트러짐이나 혼란이 반드시 나쁜 것은 아닙니다. "마치 알맹이는 없고 껍데기만 남은 인간처럼 공허하고 허허롭기만 합니다."라고 님은 말씀하셨지만, 그런 경험이 오히려 님의 영혼에게는 약이 될 수도 있습니다.

그 공허와 허허로움을 얼른 덮어 버리거나 정리해 버리려 하지 않고 그것을 있는 그대로 받아들이고 잠시만이라도 그 순간과 함께 할 수 있다면, 우리의 영혼은 그 경험을 통하여 더 많은 것을 느끼고 배울 수 있으며, 그런 만큼 더 깊이 성장할 수도 있습니다. 남들 앞에서 얼마나 반듯하고 실수 없는 모습으로 살며 또 그렇게 사람들에게 비치느냐 하는 것이 중요한 것이 아니라, 자신의 진실이 무엇인가 하는 것을 때로 깊이 들여다봄을 통하여 얼마나 많은 것을 배울 수 있느냐 하는 것이, 그리하여 이 삶을 통하여 우리의 영혼이 얼마만큼 성장하고 자유할 수 있느냐 하는 것이 보다 중요하기 때문입니다.

그러므로 님이여.

그 허허롭고 휑한 마음을 얼른 수습하여 정리하려 하지 말고, 그냥 그 속에 한번 있어 보십시오. 그 속에 있기가 조금 힘이 들고, 자신에 대한 설명할 수 없는 미세한 고통과 괴로움이 밀려오거든 그냥 그것도 받아들이십시오. 삶의 진정한 힘이랄까 생명 같은 것은 우리의 계획과 노력과 수고 속에서 만들어지는 것이 아니라 저절로 솟구친 무엇일 수 있는데, 그것은 대개 무질서와 혼란과 고통 속에서 잉태한답니다. 그리고 그 기회 앞에 님은 지금 서 있구요.

그러고 보면, 삶은 온통 기회의 연속이라고 말할 수 있습니다.

다만 '남에게 어떻게 보이느냐'가 아니라 '자신이 어떠하냐'에 더 많은 관심과 무게를 두고 있는 사람에게는요.

사람들과의 관계에서 겪는 두려움

삶에서 겪은 고민에 대해 문의 드립니다. 제가 사람을 깊게 사귀어 본 일이 별로 없고 안 좋은 인간관계를 빚은 기억들이 많은데, 그래서인지 무언가 격식에 어긋난다 싶은, 이를테면 약간 과장을 한다든지 적극적인 주장을 한다든지 감상에 젖어서 말을 한다든지 할 때면 이래도 되는 건가 싶은 두려움과 열등감에 휩싸일 때가 있습니다. 실제로 이런 문제로 인간관계가 안 좋아진 적이 있어서 더욱 소심해질 때가 있는데, 그럴 때마다 이러한 경계심을 없애 버린다면 사람들이 저를 이상하게 평가할 수 있지 않나 하는 의문이 들어서 이러지도 저러지도 못하고 스스로를 자책하는 번뇌에 싸이곤 합니다.

기왕 이런 글 올리는 김에 삶에서 자주 겪은 한 가지 유치한 고민을 말씀드려 볼까 합니다. 어릴 적에 돈(지폐나 동전)은 더러운 것이니까 만지면 바로 손을 씻어야 한다는 교육을 자주 받았습니다. 그래서인지 뭔가 계산을 하거나 자판기를 사용하거나 할 때 돈만 만지면 손을 씻어야 한다는 충동이 일어나고, 그 손으로 상대방의 손을 잡는다거나 뭔가를 한다는 것이 상당히 꺼림칙하게 느껴지곤 합니다. 이러는 게 결벽증 같아서 자제하려고 노력하고 있습니다. _멘토링

고통은 '나'를 만나게 하는 지름길입니다

안녕하세요?

질문을 주셔서 감사합니다.

고통은 '나'를 만나게 하는 지름길입니다.

우리가 만약 몸이 아파도 그 고통을 전혀 느끼지 못한다면 우리는 아마 얼마 지나지 않아서 생명을 보존할 수 없게 될 것입니다. 그러므로 고통은, 아이러니하게도, 그것을 치러 낼 때에는 너무나 견디기 힘들고 아프고 괴롭지만, 그러나 바로 그러하기 때문에 그것은 우리의 몸을 건강하고도 온전하게 지켜 주는 가장 큰 버팀목이 될 수 있는 것입니다.

마찬가지로, 우리의 마음에 고통이 없다면 우리는 삶의 진정한 힘인 '나'를 만날 수 있는 기회를 가질 수 없게 될 것입니다. 우리의 마음에 말할 수 없는 고통과 번뇌가 찾아올 때 우리는 그 고통을 통하여, 자신도 모르는 사이에 부여잡고 있던 '나 아닌 것들'을 문득 문득 발견하게 될 것이고, 그럼으로써 그것들을 하나하나 내려놓아감을 통하여 진정한 '나'를 만날 수 있게 되는 것입니다. '나'를 만난다는 것은 곧 영혼의 진정한 자유와 평화를 만난다는 것과 같은 것이기에, 고통은 어쩌면 삶이 우리에게 준 가장 깊고 오묘한 축복인지도 모릅니다.

"약간 과장을 한다든지 적극적인 주장을 한다든지 감상에 젖어서 말을 한다든지 할 때면 이래도 되는 건가 싶은 두려움에……" "경계심을 없애 버린다면 사람들이 저를 이상하게 평가할 수 있지 않나 하는 의문이 들어서……"라는 님의 말씀들을 보면, 님은 너무나 쉽게 자기 삶의 칼자루를 남에게 넘겨 버림을 봅니다. 삶의 '기준'을 자기 자신에게 두지 못하고 남에게 두기 때문에 어떤 말을 하건, 무슨 몸짓을 하건, 어떤 순간에건 대뜸 '이래도 되는 건가' 혹은 '사람들이 이상하게 평가하지 않을까'라고 하며, 자신의 사소한 말과 행동조차 망설이고 주저하는 님의 모습을 봅니다. 그러니 인간관계의 모든 순간이 두렵고 힘들 수밖에요……. 그러나 또한 지금 그럴 수밖에 없는 님의 마음을 진심으로 이해합니다.

그런 자신을 너무 문제 삼지 마시고, 이러지도 저러지도 못하는 자신을 너무 자책만 하지 마시고 오히려 있는 그대로 받아들여 보십시오. 이래도 되는 건가 싶은 그 모호하고 확신 없는 순간을 마음으로 더 깊이 허용하고 더 적극적으로 받아들이고 경험해 보십시오. 그리곤 조금만 더 그 모호함과 혼란 속에 있어 보십시오. 인생의 썩지 않고 무너지지 않는 진정한 힘과 생명력은 바로 그러한 혼란과 모호함, 힘겨움 속에서 생겨날 수 있기 때문입니다. 그런데도 사람들은 조금도 그 순간 속에 있으려 하지 않지요. 오히려 그 상태를 못 견뎌 하며 얼른 그것으로부터 벗어나려고만 할 뿐입니다…….

우리네 인생에서 그냥 건너뛰어도 좋은 순간은 단 한 순간도 없습니다. 두 점을 잇는 직선에서 점 하나만 빼도 이미 그것은 직선이 아니듯, 매 순간 끊어짐 없이 이어지는 우리의 삶 속에서 힘들다고 괴롭다고 모호하다고 싫다고 마음에 들지 않는다고 어느 한 순간을 피하려 하거나 달아나거나 빼 버리거나 건너뛴다면 우리네 삶 또한 결코 온전해질 수가 없는 것입니다. 오히려 삶의 모든 순간을 남김없이 껴안을 때, 그리하여 매 순간 있는 그대로 존재할 때 우리의 삶은 비로소 온전해질 수 있으며, 그 온전함 속에서 삶의 모든 순간 속을 관통해 흐르는 진정한 자유와 평화, 곧 진정한 '나'를 만날 수 있는 것입니다. 님은 지금 그 귀한 기회 앞에 서 있습니다.

그리고 돈을 만졌을 때 손을 씻어야 한다는 충동이 일어나거든 주저하지 마시고 기꺼이 일어나 손을 씻으러 가십시오. 그 충동을 존중해 주고 믿어 주십시오. 그것을 결벽증이라고 여겨 부끄러워하며 자제하거나 억압하려 하지 마시고, 오히려 그 충동을 보다 더 적극적으로 받아들여 몇 번이고 망설이지 말고 손을 씻으러 일어나 주십시오. 그것은 '억압'이 아니라 진정한 '허용'과 '존중'을 통하여 극복될 수 있습니다. 그렇게 님 자신의 있는 그대로를 믿어 주십시오. 괜찮습니다.

아, 님에게 한없는 마음의 평화가 임하기를……!

알고 보니 결혼할 신랑이 이혼남이었습니다

안녕하세요? 이름 석 자 밝히지 못하고 글로 인사를 전합니다. 저는 12월에 결혼을 약속한 예비 신랑이 있습니다. 무척 사랑합니다. 지금까지 제가 경험해 보지 못한 넘쳐 나는 사랑을 경험하게 해준 사람입니다. 제가 아플 때 제 머리를 감겨 준 사람…… 이 남자 만나기 전에는 언제 들어 봤는지 기억이 전혀 없는 말, 사랑한다는 말, 이 말을 수백 번도 넘게 나에게 해 준 사람.

결혼하자는 말, 제가 먼저 꺼냈어요. 지금 생각해 보니, 전 어쩌면 지쳐 있는 오랜 직장 생활을 관두고 새롭게 출발할 도피처로 결혼을 생각한 거 같아요. 그리고 이 사람 너무 좋았어요. 지금도 사랑합니다. 이 사람이랑 결혼하면 난 그저 행복할 거 같았고……. 하지만 능력이라는 기준으로 이 사람을 평가하자면, 집에서 하는 가업을 이어받아 아버지랑 같이 하는데, 글쎄요, 별로라고 말리는 사람 많을 겁니다. 가족들도 반대를 많이 했었어요. 전 사랑에 너무 고파 있었는지, 절 너무 사랑해 주니까, 그저 결혼해서 불행할 거라 생각되지 않아서, 결혼해서 잘 살면 된다는 생각에, 가족들 때문에 속상할 때도 많았지만 결혼을 결심하고 양가에 인사를 드렸어요. 그리고 이 사람이 하고 있는 일도 전 나쁘게 보지 않습니다. 사랑하니까 다 좋아 보이나 봐요.

근데 며칠 전에 신랑 될 사람이 그러더군요, 자기 결혼 한 번 했었다고. 그 순간 머리가 멍해지더군요. 그리고 우리 부모님 생각이 나서 너무 화가 났어요. 결혼 날 잡고 이제야 얘기를 하니까 우리 부모님을 속였다는 생각이 들어서요. 우리 어머니, 제가 농촌에 시집가는 거 때문에 많이 속상해 하셨을 텐데, 이 사실을 아신다면 진짜 충격 받으시 겠죠. 그 사람은 저를 너무 사랑해서 놓치기 싫었대요. 그 사람 자주 하던 말이 "지금 꿈은 아니지?" 이 말이었어요. 절 만나서 행복하기도 했지만, 마음 한 구석은 항상 어두웠대요. 양심에 찔려서 도저히 견딜 수가 없어서 저에게 고백하는 거라고 하더군요.

어떻게 해야 할지 모르겠어요. 전 사실 마음이 넓은 사람이 아닙니다. 이기적이고 소심하고, 외로움을 가슴속까지 뼈저리게 느껴 본 슬픔이 있는 사람, 정신적으로 별로 건강하지 못한 사람, 그렇지만 하나님을 사랑하는 사람, 하나님이 저에게 주신 모든 고통과 슬픔, 행복, 사랑, 모두 다 주님께서 인도해 주셨다고 믿는 사람입니다. 하나님께서 이 사람을 왜 저와 인연이 되게 해주셨을까요. 이 사람의 아픔을 감싸 주라고 그러시는 걸까요? 전 그 사람의 아픔을 품어 줄 만큼 마음의 큰 그릇이 없습니다. 우리 가족들을 설득할 자신도 없구요. 이 사람이랑 헤어지자니 제 가슴이 아픕니다. 하지만 감당해야겠지요.

그리고 한편으론 이런 생각도 듭니다. 이 사람과 헤어지고 다른 사람 만나서 사랑하고 결혼하면 되잖아, 능력 좋은 사람 만나자. 이 사람과 결혼하려고 생각해 보니, 이 사람을 안아 줄 자신도 없고 저의 북받치고 화가 나는 마음을 제 스스로 안아 줄 자신도 없습니다. 이 사람과 헤어지자니 제 마음이 그 사람에게서 떠나지를 않습니다. 하지만 그 사랑도 언젠가는 변하겠죠.

선생님, 저 어떻게 해야 할지 모르겠어요. 그리고 제가 받은 충격과 상처는 어떻게 해야 하나요. 전 제 스스로 제 상처를 잘 보듬어 주지 못하는 아이입니다. 이 일이 생겼을 때 제일 먼저 제가 받은 상처를 신경 써야 하는데, 그냥 방치해 두고 아파하고만 있네요. 선생님, 저 어떻게 해야 할까요? 머리만 계속 아파 오고 눈물만 납니다. 사실 이 사람을 안아 주고도 싶습니다. 하지만 나중에 시간이 지나서 사랑이라는 콩깍지가 벗겨지면 그때는 저의 감정이 제 스스로 감당이 안 될 거 같습니다. 사실 이 부분이 제일 무섭습니다. _어느 누구

당신은 그 사람을 진정으로 사랑했습니까?

몇 년 전에 도덕경 모임에 나온 적이 있는 어떤 부부가 있었습니다. 그 아내가 먼저 모임과 인연이 되어 한동안 혼자 나오다가 나중엔 남편의 손을 잡고 함께 나왔는데, 그 남편은 이를테면 완벽주의자였습니다. 대인관계에 있어서나 자신의 일에 있어서나, 심지어 아내에 대해서조차 그는 언제나 완벽하려고 했습니다. 그러다 보니 그는 어느새 자신도 모르는 사이에 그 완벽주의라는 것에 갇혀 옴짝달싹도 못하게 되었고, 아내의 손에 이끌려 모임에 나올 때쯤엔 거의 숨도 제대로 쉬지 못할 지경이 되어 있었습니다. 그런데 몇 번 모임에 나와 이런저런 얘기와 몸짓들을 하는 그를 바라보면서, 그의 영혼은 깊이 자유를 원하고 있으나 스스로의 힘으로는 그 막을 찢고 나오지 못하고 있음도 알게 되었습니다. 그래서 어느 날 마음먹고 그 사람에게 전화를 했습니다. 그 막을 찢어 주고 싶었던 것입니다.

"○○씨, 저랑 술 한 잔 하십시다."

"하이고, 선생님이 개인적으로 술 한 잔 하자 그러시면 저는 겁나는데요……."

"아닙니다, 그냥 ○○씨와 함께 소주 한 잔 하고 싶었습니다."

이윽고 동네 선술집에서 소주 한 병을 앞에 두고 그와 마주 앉았을 때, 몇 번 잔을 주거니 받거니 하면서 분위기가 무르익었을 무렵 저는 그가 쳐 놓은 마음의 막을 찢고 들어가며, 그가 맞닥뜨리고 싶어 하지 않는 자신 안의 진실을 끄집어내어 보여 주었습니다. 그러자 그는 비로소 올 것이 오고야 말았다는 듯 깊은 한숨을 내쉬며 잠시 비통한 표정을 짓더니, 마침내 울먹이며 자신의 속마음을 쏟아 내기 시작했습니다.

"맞습니다, 선생님. 저는 그렇게 살았습니다. 그렇게, 지킬 수 없는 나를 지키려고 매일 매 순간을 애쓰며 수고하느라 저는 지금까지 단 한 번도 마음 편한 적이 없었습니다. 아, 얼마나 힘들게 살았는지! 어느 누구를 만나도, 어떤 순간에서도 제 마음은 한없이 무겁고 힘들기만 했습니다……."

그러더니 그는 갑자기 자기 아내를 부르고 싶다는 겁니다. 아내에게 고백할 것이 있다는 거예요. 그래서 아내가 달려왔을 때, 그는 눈물 가득한 얼굴로 아내를 바라보며 통곡하듯 말을 잇기 시작했습니다. 미안하다고…… 나는 언제나 당신에게 완벽하려고만 했다고…… 결혼과 함께 자신의 인생을 송두리째 맡겨 온 당신을 나는 정말 완벽히 지켜 주고 싶었고 보호해 주고 싶었다고…… 그래서 당신이 원하는 것이면 무엇이든 해주고 싶었다고…… 이제 와서 말이지만, 나는 심지어 침대에서조차 당신에게 완벽한 남자이고 싶었다고…… 그런데 그게 아니었다고…… 매 순간순간 완벽하게는커녕 사실은 조금도 지켜 주지 못하는 나를 보며 나는 너무나 힘들고 괴로웠다고…… 그런 내가 너무나 싫었고 두려웠으며, 어찌해야 할 줄을 몰랐다고…… 그런데도 나는 그런 진실을 당신에게 말할 수 없었다고…… 아, 이제야 비로소 말한다고…… 미안하다고…….

그러자 그 아내도 그를 부둥켜안고 함께 울며, 왜 이제야 말하느냐고, 얼마나 힘들었냐고 하면서 그 자리는 그만 울음바다가 되어 버리고 말았습니다. 얼마나 감사하던지요, 두 사람의 진심이 비로소 만나는 그 순간을 함께 한다는 것은! 그렇게 우리는 행복하게, 참으로 기뻐하며 서로에게 감사하며 그 자리를 일어섰습니다.

나중에 들은 얘기지만, 그 남편은 그때부터 변화된 삶을 살게 됩니다. 말하자면, 단 한 번 자신의 진실을 맞닥뜨린 그 순간, 그토록 오래도록 그를 휘감고 있던 '완벽주의'라는 그 숨 막히는 그물이 영원히 찢어져 버린 것입니다. 얼마나 다행한 일인지요. 그런데 바로 그 다음 날에도 두 사람에게는 다음과 같은 더욱 감사한 일이 기다리고 있었습니다.

다음 날 아침, 늦은 술자리 때문에 평소보다 조금 늦게 눈을 떴을 때 제 휴대전화에는 어젯밤의 그 아내에게서 몇 통의 부재중 전화가 걸려 와 있었습니다. 그래서 무슨 일인가 싶어 전화를 했더니, 자신은 지금 남편을 만나러 가는데 그 전에 저를 좀 만나고 싶다는 겁니다. 왜 그러느냐고 했더니, 대답은 않고 그냥 동대구역 커피숍에서 기다리겠답니다. 그래서 부랴부랴 나가서 그와 다시 마주 앉았을 때, 그는 여느 때보다 더욱 예쁘고 말쑥하게 차려 입은 옷차림으로, 그리고 무언가를 결심한 듯한 굳은 얼굴로 앉아 있었습니다.

"아니, 무슨 일로……."

말이 떨어지기가 무섭게 그녀는 단호한 어투로 말을 내뱉기 시작했습니다.

"저는 지금 남편이랑 헤어지자는 말을 하려고 갑니다. 저는 어젯밤 단 한숨도 못 잤어요. 처음 남편이 저에게 결혼하자는 말을 했을 때 여러 가지 많은 생각이 오갔지만, 저는 저의 인생을 그에게 온전히 맡기기로 결심하고 결혼했어요. 그리고 지금까지 그 마음은 변함이 없구요. 그런데 그렇게 나의 전부를 다 바쳐 사랑해 온 내 남편은 지금까지 단 한 번도 나에게 진실했던 적이 없었다는 사실을 확인한 이상, 이제 더 이상 그와 함께 산다는 것은 아무런 의미가 없어져 버렸어요……!"

아, 그 말을 듣는 순간 저는 그만 아연해져 버렸습니다. 얼마나 화가 나던지요! 그래서 이렇게 외쳤습니다.

"님은 자신의 모든 것을 다 바쳐 남편을 사랑했다고 말하지만, 제가 보기에는 오히려 님은 단 한 순간도 남편을 사랑한 적이 없는 것 같습니다. 아니, 님은 사랑이 뭔지도 모르는 사람인 것 같아요. 40년 만에야 겨우 망설이며 주저하며 정말 어렵게 자신의 진실을 끄집어낸 사람 앞에서, 죽을 만큼 힘들었을 그 마음을 조금이라도 보듬어 주기는커녕 오히려 그가 말한 내용을 문제 삼아 결별을 선언하러 가는 사람이 도대체 어떻게 그를 진정으로 사랑했다고 말할 수 있겠습니까……?"

그 순간 그는 무언가에 감전된 듯 고개를 떨구며 그만 울음을 터트리고 맙니다. 그러면서 무슨 독백처럼 자신의 어릴 적 얘기를 하는데, 막내딸이었던 자신은 왠지 모르지만 언니나 오빠처럼 엄마 아빠에게 따뜻이 사랑받지 못하는 것 같았고, 그래서 늘 주워 온 자식인 것 같은 마음이 되어 매사에 주눅 들고 서먹해져 버렸으며, 그러다 보니 늘 불안해하며 어느 누구에게도 마음을 열고 다가가지 못했답니다. 그래서 자신은 겉으로는 전혀 그렇지 않은 척했지만 속으로는 언제나 마음의 문을 꼭꼭 닫고 살았고, 그것이 지금까지 이어져 왔으며…… 그러고 보니 남편에게조차 사실은 마음을 열지 못한 채 살아왔음을 지금에서야 깨닫는답니다. 그러면서 그는 한없이 어깨를 들썩이며 울었습니다.

"그렇네요…… 맞아요…… 나는 나의 모든 것을 다 바쳐 그 사람을 사랑해 왔다고 생각했는데, 단 한 순간도 그 사람을 사랑한 적이 없네요…… 한없이 사랑해 주는 그 사람 앞에서도 나는 잔뜩 웅크린 채 불안해하며, 어릴 때의 그 아이처럼 그저 두리번거리고만 있었네요…… 그런 줄도 모르고 오히려 그 사람에게 달려가 헤어지자는 말을 하려고 했으니…… 아, 미안해요…… 남편에게 정말 미안해요……."

그때 제가 그랬습니다. 이제 비로소 두 사람은 진정으로 사랑할 수 있게 되었다고, 이제 비로소 두 사람은 진정으로 부부가 되었다고, 이제 비로소 두 사람은 진정으로 만날 수 있게 되었다고…….

지금 두 사람은 마치 연인처럼 다정하고 행복하게 잘 살아가고 있습니다.

님이여.
저는 님에게 이 긴 이야기를 통하여 묻고 싶은 것이 있습니다.
"님은 그 사람을 진정으로 사랑했습니까?"
제가 보기에 님의 문제는, 결혼을 해야 하느냐 말아야 하느냐 하는

데에 있는 것이 아니라, 자신의 진실이 무엇인지를 님 자신이 모르고 있다는 데에 있습니다. 님은 긴 질문글을 통하여 이렇게 해야 할지 혹은 저렇게 해야 할지 모르겠다는 고민을 말씀하셨지만, 그러나 그 긴 글 어디에도 '님 자신'은 보이지 않습니다.

12월에 결혼을 약속한 예비 신랑을 말씀하시면서 그를 사랑한다고 하셨지만, "지금까지 제가 경험해 보지 못한 넘쳐 나는 사랑을 경험하게 해준 사람입니다. 제가 아플 때 제 머리를 감겨 준 사람…… 이 남자 만나기 전에는 언제 들어 봤는지 기억이 전혀 없는 말, 사랑한다는 말, 이 말을 수백 번도 넘게 나에게 해준 사람. 그가 절 너무 사랑해 주니까, 그저 결혼해서 불행할 거라 생각되지 않아서……"라는 등등의 말씀에서 보듯, 그가 따뜻하게 잘해 주니까, 오랜 직장 생활에 지쳐 있던 님에게 위로가 되니까, 그가 사랑해 주고 또 사랑한다고 수백 번도 넘게 말해 주니까 님도 그를 사랑한다고 믿게 된 것일 뿐, 진정 님의 깊은 영혼에서 우러나온 '님 자신'의 사랑은 보이지 않는다는 것입니다. 그랬기에 그의 단 한마디 말에 님의 모든 것이 뒤집어질 수 있었던 것입니다.

또 그가 결혼을 한 번 했었다는 말을 들었을 때의 충격에 대해 하신 말씀들도 보면, "우리 부모님 생각이 나서 너무 화가 났어요. 결혼 날 잡고 이제야 얘기를 하니까 우리 부모님을 속였다는 생각이 들어서요. 우리 어머니, 제가 농촌에 시집가는 거 때문에 많이 속상해 하셨을 텐데, 이 사실을 아신다면 진짜 충격 받으시겠죠. 우리 가족들을 설득할 자신도 없구요."라고 한탄하고 계십니다. 보세요, 그저 부모님께 걱정을 끼쳐 드릴까, 가족들에게 무슨 소리를 들을까 그걸 염려하고 두려워할 뿐 '님 자신'의 진심이 무엇인가 하는 것에 대해서는 조금도 주목하고 있지 않음을 봅니다. 어쩌면 님의 인생에 있어서 지극히 중요한 순간일 수 있는 이때, '님 자신'은 어디에 있나요?

그러면서도 님은 "이 사람과 헤어지고 다른 사람 만나서 사랑하고 결혼하면 되잖아, 능력 좋은 사람 만나자. 이 사람과 결혼하려고 생각해 보니, 이 사람을 안아 줄 자신도 없고 저의 북받치고 화가 나는 마음을 제 스스로 안아 줄 자신도 없습니다."라고 하십니다. 아뇨, '님 자신'의 진실을 만나지 않고서는 다른 그 어떤 선택도 결국은 마찬가지일 것입니다.

님 자신이 진실로 그 사람을 사랑했다면 그 사람의 '과거'는 님의 그 사랑 앞에 조금도 중요한 것이 되지 않았을 것입니다.

그러므로 님이여.

숨 한 번 고르며, 마음의 눈을 님 자신에게로 향하여 먼저 님 자신의 진실이 무엇인가에 주목하고, 님 자신의 진실을 만나십시오. 그렇게 자기 자신을 만날 때, 그 어떤 선택도 '나의 선택'이 되어 진정 모든 것을 감당할 수 있는 힘을 그 안에서 발견하게 될 것입니다.

고맙습니다. 님에게 행운이 깃들기를!

소유하고 싶은 마음 때문에 힘드네요

제겐 약 30년을 기다려 온 사람이 있었습니다. 때론 절절한 마음으로, 때론 야속함으로……. 그런데 기적처럼, 그가 내 앞에 나타났습니다. 너무 반가워 감히 눈물조차 흘릴 수 없을 만큼.

그와 만나는 동안 느꼈습니다. 제 마음속에 악마가 살고 있다는 걸 말입니다. 시기와 질투…… 그가 온전히 내 사랑이길…… 내 소유이길 바라는 욕심과 더불어……. 그가 이런 제 마음 때문에 많이 힘들어 합니다. 저 역시 그런 그를 바라보며 자책과 후회로 마음속이 지옥입니다. 어찌해야 하나요. _꿍꽝도사

그 힘겨움과 함께 가십시다

님이여.

그 힘겨움을 이해합니다.

그렇게나 오래 기다려 온 사람인데, 그리곤 기적처럼 그 사람을 만났는데, 그래서 자신의 모든 것을 다 퍼주어도 부족할 판인데, 어찌된 영문인지 자꾸만 그 사람을 소유하려 하고, 삶의 모든 순간 속에서 오직 님의 사람이기만을 바라는 바로 그 마음으로 인해 도리어 모든 것을 힘들게 해버리는…… 그리고 님의 그 끝없는 자책과 후회에도 불구하고 또다시 그를 힘들게 하는 그 어쩔 수 없는 마음까지도요.

어쩌면 님은 아주 어릴 때부터 그리고 그 후의 오랜 세월 동안 이런저런 모양의 결핍과 박탈과 소외 속에서 사랑받지 못하고 따뜻이 보호받지 못함으로 인해 깊이 상처 받으며 많이 외로웠는지도 모릅니다. 그래서 어떻게든 사랑받고 싶었고, 그 사랑 속에서 깊이 위로받고 싶었는지도 모릅니다. 그래서 그런 사람을 운명처럼 기다렸고, 마침내 기적과도 같이 만났는데, 너무 반가워 감히 눈물조차 흘릴 수 없었던 님의 마음과는 달리 어릴 때부터 받았던 그 상처와 결핍과 소외가 자꾸만 님으로 하여금 사랑과 감사보다는 소유와 집착 쪽으로 내몰았는지도 모릅니다.

만약 그렇지 않고 님이 충분히 님 자신에게 닿아 님의 삶의 주인으로 살아왔다면 님은 운명처럼 다가온 이 가슴 벅찬 사랑에 깊이 감사하며 눈부셔 하며, 사랑이 주는 모든 것을 다만 기쁨으로 누릴 뿐 '소유'는 꿈에도 생각지 않았을 것입니다.

그런데 님이여.

지금의 님의 모습은 어쩔 수 없는 것입니다.

아무리 자책하고 후회하며 오직 그 사람을 사랑하기만을 굳게굳게 다짐해도 님의 세포 하나하나에 각인된 그 상처와 결핍은 님의 결심보다 앞서서 님의 마음을 소유와 집착으로 사로잡을 것입니다.

그러므로 그 사람만을 만나려고 하지 말고, 그 사람만을 온전히 받아들이려고 하지 말고, 그 사람을 만나는 동안에 님 안에서 올라오는 그 어쩔 수 없는 시기와 질투와 한없는 소유에의 욕망도 함께 만나고 함께 받아들이십시오. 어릴 때 사랑받지 못하고 보호받지 못한 사람이, 그래서 무엇이건 단 한 번도 자신의 것으로 진정으로 소유해 본 적이 없는 사람이 지금 그런 마음을 낼 수밖에 없음을 깊이깊이 이해하고, 그 마음을 보듬으며, 오히려 그 사람을 만나는 것보다도 더 따뜻하고 더 적극적으로 님 안에서 올라오는 그 상처와 결핍들을 만나십시오. 그 마음들은 악마가 아니라 상처받은 영혼이 내지르는 절규이기에, 그것은 정죄하거나 억압하거나 내쳐야 할 무엇이 아니라, 더 깊이 허용되고 더 마음껏 님 안에서 경험되어야 하며 더 온전하게 사랑받아야 하는 것입니다.

님이여.

어쩌면 님의 영혼은 그 사람을 기다린 것이 아니라, 오랫동안 묻혀 있던 님 안에서의 억압과 상처와 아픔들의 치유와 해방을 기다려 온 것인지도 모릅니다. 그러므로 그 사람만을 만날 것이 아니라, 그 사람만을 사랑하려 할 것이 아니라, 님 안에서 올라오는 그 상처와도 깊이 만나고 그 절규 또한 깊이 껴안으십시오. 지금 님의 마음의 힘겨움은 그런 님 자신은 만나지 않고 오직 그 사람만을 만나려고 하는 데에서 비롯된 것입니다.

사랑은 먼저 자기 자신을 만나는 데에 있습니다.
자기 자신을 만나지 않고 어떻게 남을 온전히 만날 수 있겠습니까.
자기 자신을 사랑하지 않고
어떻게 남을 온전히 사랑할 수 있겠습니까.
그러므로 님이여.
사랑이라는 이름으로 님에게 온,
님 자신을 만날 수 있고 님 자신을 사랑할 수 있는

지금 이 순간에 감사하며, 이 기회를 놓치지 마십시오.
사랑 안에서 자기 자신을 온전히 만나는 것이 또한
동시에 그 사람과의 사랑을 온전케 하는 길임을 깨닫고
'나'를 만남으로 동시에 '너'를 만나
두 사람의 사랑이 온전하게 꽃피어날 수 있기를 진심으로 바랍니다.
이것이 바로 사랑의 진정한 힘이요, 아름다움이랍니다.

3장
부부와 가족

아이에게 너무 잘하라고만 하기 이전에,
그래서 잘하는 아이만 사랑하려고 하기 이전에, 이런저런 모양으로
여전히 잘하고 있지 못한 님 자신을 먼저 용서하고 사랑해 주십시오.
님 자신의 부족과 허물을 진실로 시인하고 인정하며 그것을 따뜻이 품어 주고
사랑해 줄 수 있을 때, 아이의 부족과 허물 또한 따뜻이 바라봐 주면서
아이를 더 깊이 사랑할 수 있게 될 것입니다.

인간의 본질은 사랑입니다.

그렇기에 인간은 오직 사랑 안에서 따뜻하게 보살핌을 받아야 온전하게 자랄 수 있고, 자기 자신으로 우뚝 설 수 있는 길이 열리며, 사랑 안에 있어야 진실로 행복할 수 있습니다. 만약 어떤 연유로든 이 사랑이 결핍된다면 인간의 영혼은 가장 크게 상처를 입고, 길을 잃게 되며, 채워지지 않는 목마름을 안고 인생을 힘들게 살아갈 수밖에 없습니다. 이것은 곧 오직 사랑만이 인간의 모든 고통을 치유할 수 있다는 말이 되기도 합니다.

지금, 많은 사람들이 아파하고 있습니다.

어른들도 아파하고 있고 아이들도 아파하고 있으며 노인들도 아파하고 있습니다.

"살아 있다는 것은 곧 아프다는 것이다."

그렇게 말할 수밖에 없을 만큼…….

왜 이렇게 되었을까요?

그것은 오직 사랑의 결핍 때문입니다.

인간은 가족 속에서 태어나 가족과 함께 살다가 가족의 품 안에서 눈을 감습니다. 그렇기에 인간이 세상에 태어나 사랑을 경험할 수 있는 최초의 토양은 바로 가족이며, 인간으로서의 모든 행복을 맛보며 누릴 수 있는 터전 또한 바로 가족입니다. 가족 안에 사랑이 있고 따뜻한 신뢰와 존중이 흐른다면 인간은 그 속에서 자유와 행복을 경험하며 자신이 가진 모든 건강하고 아름다운 본질들을 마음껏 꽃피울 수 있게 됩니다. 사랑이 사랑의 사람을 낳고, 그 사람이 또한 사랑의 가족을 이루어 삶과 세상과 인간을 아름답게 만들어 가는 것이지요.

그런데 안타깝게도 인간은 태어나면서 가족으로부터 사랑이 아니라 상처를 받는 경우가 너무나 많습니다. 어릴 적 온전한 사랑을 받아본 적이 없는 아이가 그 깊고 깊은 영혼의 상처와 결핍이 치유되지 못한 채 결혼을 하고 아이를 낳아 어느 날 문득 부모가 되니, 어떻게 아이를 사랑할 줄을 몰라 자신도 모르는 사이에 자기 안에 있는 상처가 그대로 아이에게 대물림되는 것이지요.

부모에게서 따뜻한 사랑과 인정을 받지 못한 아이는 본능적으로 부모에게 거부당하고 내침을 당했다고 느끼게 됩니다. 그 결핍은 곧 아이에게 치명적인 상처가 되어 아이의 영혼의 성장을 가로막아 버리는데, 그때부터 아이의 내면에는 어떤 '근본 불안' 같은 것이 생겨, 부모를 비롯한 모든 사람의 눈치를 보며 자신의 감정과 생각을 표현하는 것조차 어색하고 힘들어하면서 스스로 주눅 들게 됩니다. 동시에 자기 자신에 대한 믿음과 자신감을 모두 잃어버리게 되고, 또다시 '거부당하는' 상처를 받지 않으려고 필사적으로 남들의 인정과 칭찬과 사랑을 얻기 위해 몸부림치며 매달리게 됩니다. 그것은 곧 자기 자신을 초라하고 못난 존재로 여겨 부끄럽고 수치스러워 하면서 스스로에 대한 무시와 멸시와 죄책감으로 이어져, 나이가 들고 어른이 되고 심지어 결혼을 하여 아이를 낳아 기르면서까지도 여전한 자기 부정 속에서 어둡고 긴 터널을 걸어가듯 삶을 힘들고 고통스럽게 살아가게 되는 것입니다. 결국 결핍이 결핍을 낳고 상처가 상처를 낳아 가슴 아프도록 되풀이되는 것이지요.

어떻게 하면 이 천형(天刑)과도 같은 고통의 고리를 끊을 수 있을까요? 어떻게 하면 태어난 보금자리에서부터 받을 수밖에 없었던 이 오래되고 깊은 상처와 결핍들을 남김없이 치유할 수 있을까요? 그리하여 모든 사람들의 가슴속에 켜켜이 쌓인 억압들이 풀어지고 마침내 자유하게 되어, 자신의 본질인 사랑의 사람으로 활짝 꽃피어나게 할 수 있을까요? 그 길은 어디에 있을까요?

그 길은 바로 여기, 지금 이 순간 속에 있으며 우리 자신 안에 있습니다. 지금 이 순간 우리 안에서 올라와 우리를 힘들게 하는 바로 그 상처와 결핍과 고통 속에 있습니다. 상처를 치유할 수 있는 유일한 길은 바로 그 상처 속에 있으며, 결핍을 채울 수 있는 단 한 길은 바로 그 결핍 안에 있기 때문입니다. 그러므로 상처를 껴안고 결핍을 경험할 때 영혼의 완전한 치유와 해방은 눈부신 선물처럼 우리에게 주어지게 되는 것입니다.

살아 있다는 것은 곧 아프다는 것이긴 하지만, 그래도 인생이 축복일 수 있는 것은, 그 완전한 치유와 해방의 '기회'가 매일 매일의 이 일상 속에서 끊임없이 우리에게 주어지고 있기 때문입니다. 강박이라는 이름으로, 불안이라는 이름으로, 우울이라는 이름으로, 외로움이라는 이름으로, 끊임없이 남들을 의식하는 모습으로, 긴장하고 경직되는 모습으로, 말을 더듬는 모습으로, 쩔쩔 매며 어쩔 줄 몰라 하는 모습으로, 두려워 벌벌 떠는 모습으로, 대인공포에 사로잡히는 모습으로 그 '기회'는 매 순간 우리에게 주어지고 있는 것입니다. 그 모든 상처와 결핍의 모습들을 거부하지 않고 저항하지 않으며 다만 있는 그대로 받아들이고 껴안기만 한다면 해방과 치유는 저절로 찾아와 우리를 따뜻이 감쌀 것입니다.

그렇게 우리의 영혼이 자유하게 되면 상처에 짓눌려 숨조차 쉬지 못하던 사랑이 비로소 우리 안에서 깨어나기 시작하고, 그와 더불어 봄날 온 땅이 파릇파릇한 생명의 새순들로 가득해지듯, 삶이 치유되고 가족이 치유되며 모든 인간관계가 치유되기 시작합니다. 아! 지금 이 순간 우리 안에서 올라오는 이 상처와 결핍을 거부하지 않고 받아들이는 것으로 우리는 이 모든 놀라운 기적들을 넉넉히 이루어 낼 수 있습니다.

오직 사랑만이

상처를 치유할 수 있습니다

너무 순한 남편 때문에 화가 납니다

안녕하세요? 선생님. 그동안 몸 건강히 잘 지내셨는지요?

저는 지금 임신 8개월째라 몸이 조금 무겁네요. 그래도 씩씩하게 잘 지냅니다. 가끔은 휘청거릴 때도 있고 불안을 느끼기도 하지만, 그것들은 그냥 왔다가 사라지곤 합니다. 그런데 저의 이런 모습들을 남편도 느꼈으면 하는 바람입니다. 지금부터 남편 이야기를 하겠습니다.

남편은 시골 농촌에서 3남 1녀의 맏이로 태어났습니다. 그런데 아버님의 고지식함과 완고함으로 인해 속앓이를 많이 했던 것 같습니다. 자세한 것은 잘 모르겠지만, 여하튼 아버님한테 많이 꾸중을 듣고 동생 앞에서도 많이 혼이 나고 했던 것 같습니다. 그런데 문제는 그렇게 형성된 자기만의 세상이 부정적이며, 자기가 하고 싶은 것을 못한 채 늘 다른 사람의 눈치를 보면서 지금도 살고 있다는 것입니다. 어느 때는 너무 화가 나고 너무 답답해서 미칠 것 같기도 합니다. 왜 저럴까! 하면서도 측은한 마음도 듭니다.

저번에는 시댁에 갔는데, 어머님께서 밥솥이 고장 났다고 해서 남편이 밥통을 꺼내 만지고 있었는데, 아버님께서 왜 그러냐고, 망가트리지 말고 그냥 두라고 하면서 호통을 치시더라구요. 가재는 게 편이라고, 저는 너무 화가 난 나머지 남편에게 크게 얘기하라고, 당신도 할 말이 있지 않느냐고, 왜 말을 못하느냐고 크게 소리쳤어요. 남편과 근처에 있던 도련님 역시 많이 놀라셨던 것 같습니다.

선생님, 이건 한 예지만, 이렇게 뚜껑 열리는 때가 더러 있습니다. 그때마다 저는 성질을 못 이겨 남편에게 화를 내 보지만, 변화되는 것은 없습니다. 저만 오히려 성질이 더 나빠집니다. 남편이 정말 활짝 웃는 그런 생활을 했으면 좋겠는데, 옆에서 보기가 너무 답답합니다. 어찌해야 좋을지, 저 사람 성격이 원래 저러니까 하면서 그냥 이대로 포기하며 살아야 하나, 아니면 끝까지 변화되게끔 해야 되나, 저 자신도 잘 모르겠습니다.

앞으로도 걱정입니다. 이제 머지않아 아기도 태어날 텐데, 지금은 그나마 제가 과외라도 해서 생활비를 어느 정도 충당하고 있지만, 아기가 태어나면 그것마저 없는데, 약간은 걱정입니다. 지금 남편은 학원에서 아이들 과학을 가르치는 강사입니다. 너무 착한 나머지 원장에게 이용만 당하고, 월급을 더 올려 달라는 소리도 못하고, 따지지도 못하고……. 제가 어떻게 남편을 도와줘야 할지 잘 모르겠습니다. _궁금

상처에 대하여

안녕하세요? 반갑습니다.

오랫동안 소식이 없으시더니, 새 생명을 키우고 계셨군요! 축하합니다. 궁금님이 지금 그렇게 씩씩하게 사시는 것처럼, 출산의 때가 되면 아이 또한 건강하게 순산하시기를 바랍니다.

남편 이야기를 들으니, 제 가슴 저 깊은 곳이 가만히 아려 옴을 느낍니다. 엄한 아버지 밑에서 자라면서 한 번도 따뜻이 안겨 보지 못하고, 인정받지 못하고, 보호받지 못하고, 사랑받지 못한…… 아, 그로

인해 남편이 받았을 깊디깊은 마음의 상처와 외로움과 그 한없는 주눅 듦이란……. 그것은 또한 저의 얘기이기도 합니다.

저의 아버지는 한 분이셨지만, 어머니는 네 분이셨습니다. 저는 네 번째 어머니에게서 태어난, 아들 다섯에 딸이 일곱인 아버지의 열두 명의 자식 중 막내였습니다. 아버지는 네 가정을 거느리시다 보니 아주 가끔씩만 저희 집에 오셨습니다. 아버지는 다섯 명의 아들들을 모두 법대에 보내 판사나 검사를 만들어 집안을 일으키려는 욕심을 갖고 계셨지만, 아버지의 그 꿈은 언제나 꺾여 버리고 말았습니다. 얼굴도 모르는 세 형님 중 한 분은 아버지의 뜻을 멀리한 채 시인의 길을 걸어가셨고, 다른 한 사람은 육이오 전쟁 때 납북되었으며, 또 한 분은 아버지가 싫어 아예 미국으로 이민을 가 버렸다고 들었습니다. 그리고 제 바로 위의 형님은 아버지에게 맺힌 한이 얼마나 많았는지, 제사조차 지내지 않고 모든 가족과의 인연을 끊어 버렸습니다. 그런 반면에 어릴 때부터 내성적이고 수줍음 많고 그저 착하기만 할 뿐이었던 저는 가끔씩 집에 오실 때마다 언제나 엄하게 야단치시기만 했던 아버지가 너무 무서워서 벌벌 떨며 어쩔 줄 몰라 했습니다.

저는 그렇게 아버지의 사랑과 따뜻함을 받지 못하며 자랐습니다. 가끔씩 오셨다가도 그저 잠깐 계시다가 또 홀연히 가셨기에 한 번도 아버지랑 같은 이불 밑에서 자 본 적이 없고, 한 번도 아버지랑 한 밥상에 앉아 따뜻이 밥을 먹어 본 적이 없으며, 한 번도 "아버지"라고 마음 편하게 불러 본 적이 없습니다. 아버지는 그저 두려운 존재일 뿐이었습니다. 어렸을 때의 그런 상처와 결핍감에서 비롯되었겠지만, 그 후 오랜 세월 동안 무척이나 제 가슴을 아프게 하고 또한 눈물겹도록 방황케 했던 것은, 사랑을 받아 본 적이 없는 저였기에 나중에 커서도 사랑할 줄도 사랑받을 줄도 몰랐다는 사실입니다. 모든 인간관계가 어색해져 버렸고, 그 속에서 도대체 무엇이 나의 감정이며 느낌이며 생각인지조차를 다 잃어버렸습니다. 그리하여 진정으로 무언가를 느낄 줄 아는 가슴은 없고 오직 머리만 남아 사랑마저, 감정마저, 자신의 진솔한 느낌마저 온통 머리로만 헤아리고 짐작하고 추측할 뿐이었습니다. 아, 그 불안을, 그 두려움을, 그 어찌할 바를 몰라 매 순간 쩔쩔매야 하는 아픔과 한없는 외로움을 아시는지요. 급기야 저는 내가 누구인지, 나의 인격이 무엇인지조차 모르게 되었고, 삶 속에서 그 어떤 것도 진실로 느낄 줄 모르는 냉혈한이 되어 버린 채 오랜 세월 살아왔습니다.

그런 저의 삶은 너무나 힘이 들었습니다. 무엇이 진짜 저의 감정이며 생각인지, 그때그때 행하고 있는 저의 말과 행동들이 제대로 하고 있는 것인지 아닌지, 이런저런 경우에 어떻게 처신하는 것이 옳은지, 제가 정말로 원하는 것이 무엇인지조차 모르며 살았으니, 그러면서도 끊임없이 남들을 의식하며 그들의 인정과 칭찬에 목말라 하며 오직 거기에만 집착하며 살았으니, 그 삶의 무거움이야 오죽했겠습니까.

제게 있어 가장 힘들었던 때는 교직에 있을 때가 아니었나 싶습니다. 제 나이 스물아홉과 서른 살 때였는데, 겉으론 학생들에게는 인기 많은 선생님이었고, 동료 교사들에게선 모범적인 교사로 인정과 칭찬과 기대를 많이 받았지만, 속으론 거의 바짝바짝 타들어 가는 마른 낙엽과도 같은 삶을 살았습니다. 이제 그 속 얘기를 한번 해보겠습니다.

그때 저는 아침에 눈을 뜨면 이 긴 하루를 또 어떻게 보내야 하나 싶어 그저 숨이 컥컥 막힐 뿐이었습니다. 만나야 할 사람들과 해야 할 일들과 감당해야 할 역할들은 끊임없이 주어지는데, 그 속에서 정작 저 자신은 도대체 무엇을 어떻게 해야 하는지를 몰랐으니, 그러면서도 언제나 남들의 인정과 칭찬을 받는 사람이 되려고 끊임없이 그들을 의식하며 살았으니, 매 순간의 그 팽팽한 긴장감과 숨 막히는 스트레스는 이루 말할 수가 없었던 것입니다. 그러니 그저 할 수만 있다면 하루하루의 그 모든 순간들을 피하고 싶었을밖에요.

그래서 눈을 뜨자마자 연거푸 담배를 몇 개비나 피워 댑니다. 심리적으로 출근마저 피하고 싶은 몸부림인 것이지요. 그러나 어쩔 수 없이 일어날 수밖에 없고, 저는 가방을 들고 집을 나섭니다. 그런데 이때, 혹여 제가 가르치고 있는 학생을 만나기라도 하면 큰일입니다. 왜냐하면 그 학생은 아침 등굣길에 만난 선생님이라 반가운 마음으로 인사를 하겠지만, 정작 저는 그 인사를 어떻게 받는 것이 진정 교사다운 모습인지를 모르겠으니, 학생과의 그 우연한 조우조차 피하고 싶었던 것이지요. 그래서 저는 언제나 남들이 잘 다니지 않는 골목길만을 택해 굽이굽이 다녔습니다.

그러나 그것도 잠시, 이윽고 확 트인 대로변으로 나오면 언제나 많은 학생들로 붐비는 버스 정류장을 만나게 됩니다. 아, 그 피할 수 없는 상황이란! 그러나 이때에도 저는 아이들과 조금 떨어진 곳에 홀로 서서 마침 버스 정류장 옆으로 흐르는 자그마한 개울물을 바라보는 척 합니다. 말하자면, 버스가 오기를 기다리는 그 짧은 순간이나마 그 어느 누구와의 힘겨운 맞닥뜨림도 피하고 싶었던 것이지요. 그러면서도 끊임없이 아이들을 의식하며 그들에게 멋있는 선생님으로 비치려고 고독한 폼을 잡던 그 모습이란! 그러다가 어느 순간 버스가 오면 이번엔 또 운전석 바로 뒤에 서서는 옆도 돌아보지 않고 무거운 가방도 엉덩이 쪽으로 돌려 든 채 내내 서서 갑니다. 왜냐하면 감히 옆을 돌아봤다가 나를 알아보는 학생이 인사를 하거나, 앉아 있는 사람이 가방을 들어주겠다며 손을 내밀거나, 혹여 자리라도 양보하려고 학생이 일어서기라도 하면 도무지 그러한 것들을 어떻게 받아들여야 하며 그 순간에 어떻게 대처를 해야 할지 몰라 아예 그 모든 곤란한 상황들을 피해 버리고 싶었던 것이지요. 그리하여 저는 참 많이도 남모르게 땀 뻘뻘 흘리며 출근했더랬습니다.

그렇게 버스가 학교 앞 정류장에 도착하면 교문까지 재빨리 걸어가서는 교문을 들어서자마자 대부분의 학생들과 선생님들이 다니는 넓게 잘 포장된 통로 길을 버리고 담벼락을 따라 운동장을 한 바퀴 빙 돌아서 교무실로 들어갑니다. 교문에서부터 교무실로 갈 때까지의 그 짧은 시간이나마 어느 누구와도 맞닥뜨리지 않는 평화를 맛보고 싶었던 것이지요. 아, 그 처절한 몸부림이란! 그리고 한 시간 수업을 하고 나면 이번엔 수업을 제대로 했는지 못 했는지를 확신할 수 없어 불안한 가슴을 안고 화장실에 들어가서는 목구멍에 피가 올라오도록 자학하며 담배를 피워 댔고, 수업이 없는 시간엔 교무실 제 자리에 붙박이처럼 꼼짝 않고 앉아 교재 연구를 하거나 책을 읽는 시늉으로 다른 사람들의 접근을 원천적으로 차단하며 살았습니다. 그렇게라도 하지 않으면 저는 살 수가 없었으니까요. 매사가 그런 식이었으니, 그 삶이란 게 얼마나 힘들었겠습니까. 오죽하면 교직에 있던 한 해 반 동안 단 한 순간도 편안히 돌아앉아 커피 한 잔 제대로 마시지 못했을까요. 그랬다가는 다른 선생님들이 저보고 커피나 마시려고 학교에 오는 사람이라고 비난할까 봐 두려웠던 것이지요. 급기야 나중엔 남들의 눈을 의식하지 않고서는 손가락 하나 스스로 까딱하지 못할 정도로 제 마음은 주눅 들고 완전히 굳어 버렸습니다.

그러던 어느 날 문득 저는 사표를 냈고, 지리산으로 들어갔습니다. 그런데 거기서 처음으로 저는 그렇게 힘들고 불쌍하고 슬프게 살아온 저 자신의 삶의 전부를 깊이 한 번 들여다보게 되었습니다. 아, 얼마나 울었던지요. 얼마나 통곡했던지요. 날이 훤히 밝아 올 때까지 저는 울고 또 울었습니다. 그리곤 그날로부터 조금씩 시간이 지나면서 그렇게나 갇혀 있던 저 자신으로부터 빠져나오기 시작했고, 그러면서 한 겹 한 겹 제 인생이 바뀌기 시작했습니다.

님이여.

그때 제 눈에 들어온 것은 상처투성이의 제 영혼이었습니다. 어릴 때 깊이 안겨 보지 못하고 사랑받지 못한 데서 비롯된 이 상처의 골은 스스로 사랑받고자 하고 주목받고자 하고 인정받고자 몸부림치면서 더욱더 깊어지고 한없이 뒤틀려, 나중엔 스스로도 감당할 수 없을 만큼 큰 힘으로 저의 전부를 집어삼켜 버렸습니다. 아, 그 속에서 저는 얼마나 파리하게 떨며 하얗게 질린 채 이윽고 내 영혼을 쉬게 해줄 안식처를 찾아 떠돌아 다녔던지요. 그러다가 문득 뜻하지 않은 순간에 저의 상처를 있는 그대로 한 번 들여다보게 되었고, 그로 인해 비로소 제 내면의 상처를 이해하고 납득하게 되었으며, 그때부터 저는 조금씩 치유되기 시작했던 것입니다.

아, 님이여.

그와 같이 우리 영혼의 상처는 스스로 그 상처를 깊이 들여다보고 따뜻이 감싸 안아 주게 될 때 비로소 치유될 수 있습니다. 그런데 님의 말씀을 들어 보면, 남편은 아직 자기 상처를 깊이 들여다보지 못한 채 여전히 그 상처의 골 속에서 아파하고 있는 것 같습니다. 아니, 어쩌면 자신이 상처받은 영혼이라는 사실조차 알지 못하고 있는지도 모릅니다.

그렇다면, 가장 가까이 있는 아내가 도와줘야 합니다. "지금도 자기가 하고 싶은 것을 못한 채 늘 다른 사람의 눈치를 보면서 살고 있는" 남편에 대해 "너무 화가 나고 또한 너무 답답해" 하거나 단순히 측은해만 할 것이 아니라, 먼저 그의 상처를 이해해야 합니다. 어려서부터 사랑받지 못하고 자기 자신으로서 존중받지 못해 생긴 영혼의 깊디깊은 상처를 이해와 사랑으로써 깊이 보듬지 않는다면 다시 무엇으로 그 한없는 상실감이 달래어질 수 있겠습니까.

보세요, 님은 시댁에 갔을 때의 일을 말씀하시면서, "가재는 게 편이라고, 저는 너무 화가 난 나머지 남편에게 크게 얘기하라고, 당신도 할 말이 있지 않느냐고, 왜 말을 못하느냐고 크게 소리쳤어요. 남편과 그 주위에 있던 도련님 역시 많이 놀라셨던 것 같습니다. 선생님, 이건 한 예지만 이렇게 뚜껑 열리는 때가 더러 있습니다."라고 말씀하시지만, 결과적으로 남편이 어릴 때 동생들 앞에서 아버지로부터 크게 혼이 났던 것과 똑같이 이번엔 아내로부터 또다시 동생들 앞에서 야단을 맞는 꼴이 되게 하지 않았습니까. 아, 그것은 남편을 두 번 거듭 죽이는 것과 같습니다. 그것은 남편의 상처를 이해하지 못했기 때문이지요.

님이여.

남편은 이미 깊이 상처받은 영혼입니다. 단 한 번도 자기 자신에 닿아 본 적이 없고, 단 한 번도 자기 자신이 되어 살아 본 적이 없는……. 그러므로 남편의 그런 상처를 먼저 깊이 이해하셔야 합니다. 깊은 이해는 저절로 모든 것을 품게 하고 사랑하게 합니다. 그리고 오직 사랑만이 상처를 치유할 수 있습니다.

남편에 대한 님의 그와 같은 이해와 사랑이 다행스럽게도 남편 스스로 자신 안에 있는 상처를 깊이 들여다볼 수 있게 하고 이해하게 할 수만 있다면, 그리하여 남편 또한 자기 자신과 자신의 오랜 상처를 있는 그대로 보듬으며 사랑할 수만 있다면, 아! 그것이야말로 존재와 존재의 만남과 어우러짐인 부부가 서로에게 줄 수 있는 가장 큰 축복이요, 감사이며, 곧 태어날 두 분의 아기에 대한 가장 큰 선물이며 은혜가 아닐는지요.

님이여.

이와 같은 축복과 은혜가 님의 가정에 항상 있게 되기를 진심으로 바랍니다.

가족과의 관계가 힘듭니다

어릴 때부터 항상 타인과의 관계가 원만하지 못했습니다. 쉽게 상처받고, 그래서 소극적으로 행동하고…… 이렇게 제 인생이 시작된 것 같습니다. 이런 제 개인적인 문제 말고도 제 주변 문제는 항상 저를 힘들게 합니다. 저와 관계된 문제보다도 가족과 가족 간의 문제들…… 오죽했으면, 제가 제 가족을 '신의 작품'이라고 표현할까요. 신이 개입하지 않고서는 이렇게 상극인 사람들이 가족으로 묶일 수 없다는 자조 섞인 표현이지요. 그래서 그런지 뭐랄까, 항상 불안한 마음입니다. 뭔가 만족하지 못하고, 타인과의 관계에서 제가 무시받는 듯한 느낌…… 이런 느낌 속에서 살아가고 있습니다. 한마디로 말하면, 평탄하지 못하고, (그래서겠지만) 만족하지 못하는 그런 삶이랄까요. 전보다는 많이 좋아진 것 같긴 한데, 아직도 멀었다는 생각입니다.

제가 욕심이 많아서 만족하지 못하는 것인지, 정말 제 주변 문제들이 평탄하지 못해서 만족하지 못하는 것인지조차 판단이 서질 않습니다. 선생님의 충고나 조언을 기다립니다. _불안한 마음

밖이 아니라 안으로 마음을 돌리면

스물두 살의 어떤 청년이 있었습니다. 이 청년도 님과 마찬가지로 대인관계가 힘들고, 삶에 자신감이 없고, 그런 자신을 몹시도 마음에

3. 부부와 가족 139

들어 하지 않았으며, 억압된 분노 같은 것이 늘 그 마음에 차 있었습니다. 그러던 어느 날, 저와 상담하고 싶다며 멀리서 찾아와서는 오래 억눌러 왔던 자신의 이야기들을 쏟아 놓는데, 모두가 부모에 대한 원망이었습니다.

심한 열등감에 사로잡혀 언제나 자신을 못난 존재라고 생각하며 늘 괴로워하는 아버지의 모습을 지켜보며 자랐고, 너무 강한 기운의 사람이라 적어도 자식에 관한 한 모든 일을 당신의 생각대로 단정하고 결정하고 무조건 강요하는 어머니의 억압 속에서 자랐기에, 지금의 자신도 그 두 분을 그대로 빼닮아 이토록 삶에 자신감이 없고 모든 사람을 눈치 보는 못난 존재가 되었다는 것입니다. 뿐만 아니라 어머니와 아버지가 거의 매일 서로 욕설을 퍼붓고 고함을 지르며 치고받고 싸우는 환경 속에서 자랐기 때문에 자신 안에는 스스로도 어찌할 수 없는 불안과 분노와 원망이 가득 차 있다는 것입니다. 그렇게 자신의 힘들었던 지난 삶들을 얘기하는 그 청년의 눈에서는 굵은 눈물이 뚝뚝 떨어지고 있었습니다.

그날 이후 그 청년과는 오랜 시간에 걸쳐 가끔씩 만나 힘들었던 마음의 이야기도 들어 주고, 이런저런 조언도 해주며, 때로는 홀로 서게 하기 위한 '실험'도 제안하며 함께 아픔을 나누어 오고 있습니다. 그러는 가운데 그 청년은 대학도 졸업하고 군대도 갔다 오고 좋은 직장에 취직도 하여 어엿한 사회인이 되었습니다만, 그럼에도 불구하고 그 청년에게서는 오래도록 떨어져 나가지 않아 참 안타깝게 여겨지던 것이 하나 있었습니다. 그것은 바로 자신의 마음이 조금만 힘들어지면 언제나 부모 탓을 하는 모습이었습니다.

"어릴 때부터 항상 타인과의 관계가 원만하지 못했습니다. 쉽게 상처받고, 그래서 소극적으로 행동하고…… 뭐랄까, 항상 불안한 마음입니다. 뭔가 만족하지 못하고, 타인과의 관계에서 제가 무시받는 듯한 느낌…… 이런 느낌 속에서 살아가고 있습니다. 한마디로 말하면, 평탄하지 못하고, (그래서겠지만) 만족하지 못하는 그런 삶이랄까요."라는 님의 말씀과 같이, 이 청년도 살아가다가 바로 그런 모습들이 자신 안에서 발견되기만 하면 몹시도 힘들어하면서 대뜸 어머니와 아버지를 원망하는 겁니다. 자신이 그렇게 된 것은 전적으로 그 두 분 때문이라는 것이지요. 그러면서 아예 부모님과는 연락을 끊고 살고 있고, 가끔씩 어머니나 아버지에게서 전화가 오면 번호를 확인하는 순간부터 끓어오르는 분노를 어쩌지 못해 하며 아예 전화를 받지 않는다는 겁니다. 그래서 하루는 제가 이렇게 말했습니다.

"안타깝구나……. 네가 이런 말을 이해할 수 있을지 모르겠다만, 네 삶과 네 마음과 네 존재는 전적으로 너의 문제이고 네 탓이지, 어느 누구의 잘못도 아니란다. 너는 언제나 네 문제를 바깥으로 투사하여 부모 탓을 하고 있다만, 그것은 아직 네가 네 인생의 주인이 될 만큼 성숙하지 못했기 때문이란다. 너는 네 안에서 자신 없고 불안하고 남의 눈치를 살피고 남들로부터 거부당하는 듯한 느낌을 받기만 하면 대뜸 아버지를 떠올리며 '아버지 때문에!'라고 생각하며 그런 자신을 부끄럽게 여기고 수치스러워하지만, 아니야, 그것은 전적으로 네 문제요, 네가 짊어져야 할 네 짐이야. 그런데도 아직 그것을 깨닫지 못하고 끊임없이 부모 탓만을 하고 있으니, 네 마음의 고통과 괴로움이 끝나지를 않는 거야."

조금씩 진지해지는 그의 표정을 읽으면서 계속 말했습니다.

"거부하고 저항하고 비난하며 달아나기만 하면 끝까지 쫓아와 나를 괴롭히는 것도, 마음을 돌이켜 그것을 받아들이고 허용하고 기꺼이 경험해 보면 오히려 그 속에서 영혼이 치유되고 자유하게 되며 진정한 성장이 있게 된단다. 네 안에서 시시로 때때로 올라오는 그 불안과 초라함과 무시받는 듯한 느낌 등을 있는 그대로 받아들여 보렴. 그리곤 그 속에 한번 있어 보렴. 그것들을 비난하며 벗어나려고만 하지 말고 말이다. 네가 힘들어하는 그것들은 사실은 네 영혼을 자유하게 해주고 싶어서, 부모로부터 받았던 상처를 깊이 치유해 주고 싶어서, 그리하여 더 이상 주눅 들지 않고 당당히 너 자신을 살게 하고 싶어서 올라오는 '하늘의 메시지' 같은 것이란다. 그런데도 네가 그것을 싫다고 부끄럽다고 하며 끊임없이 거부하고 저항하기 때문에 오히려 네 상처 속에서 그토록 오래도록 길을 잃고 있는 거란다. 이제는 받아들이렴, 지금의 너 자신을, 있는 그대로……. 그때 너는 비로소 네 자신의 삶의 주인으로서 우뚝 서게 될 것이란다……."

불안한 마음님.

우리를 힘들게 하고 괴롭게 하는 삶의 많은 무거움의 원인은 뜻밖에도 자기 자신 안에 있는 경우가 더 많습니다. 그런데 안타깝게도 우리는, 마치 눈의 시선이 언제나 바깥을 먼저 향하듯이, 자기 자신보다는 바깥의 어떤 사람이나 조건이나 상황을 먼저 탓하다 보니, 진정한 개선은 없고 도리어 고통과 상처와 또 다른 형태의 힘겨움만을 더하는 경우를 많이 봅니다.

지금 있는 그대로의 님 자신을 받아들이십시오. 타인과의 관계가 원만하지 못하고, 쉽게 상처 받고, 항상 불안하고, 평탄하지 못한 그것이 바로 님 자신입니다. 그것은 어느 누구의 탓도 아니며, 잘못된 것도 아니고, 그냥 님일 뿐입니다. 그렇듯 매 순간의 님을 있는 그대로 받아들일 때, 그런 자신을 진정으로 보듬고 사랑할 수 있을 때, 그 모든 아픔으로부터 놓여나는 '기적' 또한 님 자신의 것이 될 수 있습니다. 님의 삶의 진정한 평화와 만족은 그렇게 찾아오는 것입니다.

아이가 무척 산만하고 사회성이 부족합니다

안녕하세요?

자주 이곳에 들러 좋은 글 많이 보고 있습니다. 매일 저 자신에게 수없이 되풀이하는 질문이 하나 있는데, 선생님의 도움을 받고자 합니다.

저에게는 무척이나 산만하고 또래에 비해 정신 연령이 낮아 보이는, 그렇다고 뚜렷한 학습 장애가 있다든지 그렇지도 않은데, 매일 저와 싸우는 초등학교 남자 아이가 하나 있습니다. 태어날 때부터 좀 힘든 아이였는데, 시간이 흐르고 자라면 좀 좋아지겠지 하고 기다려 보아도 좋아질 기미는 보이지 않고, 아이는 수시로 문제를 일으키고, 아이 자신도 사회성이 부족한 탓에 다른 아이들로부터 상처를 받고, 또 엄마인 저로부터도 항상 잔소리와 꾸중의 연속입니다.

길고 괴로운 하루가 끝나고 잠들어 있는 아이의 천사 같은 모습을 보면, 이 아이를 전적으로 껴안지 못하고 있는 나 자신에게 무척 화가 나고 아이에게 죄책감도 느껴집니다. 제가 이 아이를 감당할 능력이 없는, 자격이 없는 부모인 것 같기도 합니다. 그러나 아침에 눈을 뜨면 또 똑같은 하루가 반복됩니다. 아이는 나를 온갖 사건 속으로 끌고 가는 것 같습니다. 하루가 끝날 때쯤이면 항상 혼자서 걸으면서 이 문제에 대해 생각해 보곤 하지만, 어떻게 해야 할지 잘 모르겠습니다. 조언을 부탁드립니다. _흰소

우리 안에 있는 과녁

안녕하세요?

질문을 주셔서 감사합니다.

온 마음을 다해 님의 질문에 답해 보겠습니다.

제가 오래 전에 본 영화 중에 〈리틀 붓다〉라는 영화가 있었습니다. 석가모니가 깨달음을 얻어 가는 과정을 그린 영화였는데, 저는 특히 그 영화의 맨 마지막 부분이 참 인상적이었던 기억이 납니다.

오랜 고행을 마친 석가모니가 마지막으로 보리수나무 아래에 정좌하고 앉아 있는 장면이었는데, 영화는 그때 그의 내면에서 일어났음 직한 온갖 생각들과 유혹들을 영상으로 보여 주었습니다. 때로는 미친 듯 불어오는 바람이 그의 주변을 온통 먹빛으로 만들기도 하고, 때로는 집채만 한 파도가 단숨에 그를 집어삼킬 듯이 달려들기도 합니다. 그러다가 어느 순간에는 또 눈부시게 아름다운 꽃길이 그의 앞에 펼쳐지는가 싶더니, 문득 수천수만의 군사들이 활시위를 당긴 채 대열을 지어 석가모니 앞으로 다가와서는 멀리서 그를 향해 수천수만 개의 불화살을 일시에 쏘아 댑니다. 아, 저는 바로 이 장면이 그토록 인상적이었는데, 그렇게 날아간 불화살은 석가모니의 몸에 꽂히기 바로 직전에 수천수만 송이의 꽃잎으로 변해 버립니다. 알 듯 모를 듯한 미소를 머금고 앉아 있는 석가모니 머리 위로, 날아온 화살들이 변해 흩날리는 수천수만 송이의 꽃잎들!

저는 그 장면을 보면서, 석가모니에게는 '꽂힐 과녁'이 없다는 것을 상징적으로 나타낸 것이라고 이해했습니다. 그의 내면에는 도무지 꽂힐 곳이 없었기에, 그 어떤 화살도 그에게는 화살이 아닌 꽃잎일 수 있었다는 것이지요.

저는 이 이야기를 통해 '우리 안에 있는 과녁' 얘기를 한번 해보고 싶습니다.

우리 안에는 삶의 어떤 순간, 어떤 화살에도 꽂힐 수밖에 없는 커다란 과녁이 하나 있습니다. 그런데 이 과녁은 우리 눈에 보이지 않기 때문에 자신 안에 그토록 큰 과녁이 있다는 것은 깨닫지 못한 채, 삶을 통하여 언제나 바깥에서 날아온 화살 탓만을 하게 된다는 것이지요. 만약 우리 안에 있는 이 과녁의 존재를 깨달아 그것을 치워 버릴 수만 있다면, 그리하여 우리 안에 있는 이 과녁이 사라질 수만 있다면, 삶의 순간순간에 날아와 꽂혀서는 언제나 우리를 아프게 하고 힘들게 하던 그 많은 화살들도 사실은 화살이 아니라 그때마다 우리를 새롭게 눈뜨게 하고 성장하게 하는 아름답고 눈부신 꽃잎일 수 있다는 것입니다.

무슨 말씀을 드리고 싶냐 하면, 우리 삶의 거의 대부분의 문제와 힘겨움은 바깥에서 날아온 '화살' 때문이 아니라, 사실은 바로 우리 안에 있는 이 '과녁' 때문이라는 것입니다. 과녁이 없었다면 아무런 문제가 되지 않고 그냥 지나가 버릴 화살들도 과녁이 있었기에 꽂힌 것인데도, 우리는 언제나 자신의 모든 힘겨움의 더 근본적인 원인인 이 내면의 과녁은 보지 못한 채 끊임없이 화살만을 탓한다는 것입니다.

님은 거의 날마다 엄마와 씨름하는 초등학생 아들 얘기를 하시면서 이렇게 말씀하십니다.

"저에게는 무척이나 산만하고 또래에 비해 정신 연령이 낮아 보이는……"

"시간이 흐르고 자라면 좀 좋아지겠지 하고 기다려 보아도 좋아질 기미는 보이지 않고……"

"아이는 수시로 문제를 일으키고……"

"아이 자신도 사회성이 부족한 탓에 다른 아이들로부터 상처를 받고……"

"또 엄마인 저로부터도 항상 잔소리와 꾸중의 연속입니다……."

외람된 말씀이지만, 제가 보기에는 아이보다도 엄마가 더 상처받은 영혼인 것 같습니다. 살아오면서 한 번도 있는 그대로의 자기 자신을 믿어 주거나 존중해 본 적이 없기에, 그 기쁨이나 힘을 맛보고 누려 본 적이 없기에, 그렇기는커녕 언제나 "이래야 한다, 저래야 한다."는 어떤 '기준'과 '잣대'로 불안하게 내몰리며 살았기에, 아이마저도 있는 그대로 보아 주지 못하고 언제나 어느 순간에나 어떤 기준과 잣대로써 재단하며 무한히 내몰기만 하는…… 그리하여 아이가 자기다움을 발견할 수 있는 기회와 여백을 주지 못한 채 오히려 빼앗기만 하는…… 아, 엄마의 상처가 아이에게 고스란히 대물림되는……!

님은 아이가 산만하다 하시지만, 아뇨, 아이는 결코 산만하지 않습니다. 아이는 단지 아이일 뿐이요, 그저 자기답게 끊임없이 움직이고 있을 뿐입니다. '조용하고 정숙하며 항상 단정한 아이여야 한다'는 엄마의 기준과 잣대가 아이를 그렇게 보게 하는 것은 아닌지요.

또 님은 "아이가 시간이 흐르고 자라면 좀 좋아지겠지 하고 기다려 보아도 좋아질 기미는 보이지 않고……"라고 말씀하시지만, '좋아진다'는 것은 어떤 것인가요? 그 또한 엄마와 우리 어른들의 기준과 잣대가 아닌가요? 그것이 정녕 '아이에게도' 좋은가요? 우리는 너무 쉽게 '아이를 위한다'는 명목으로 사실은 '우리 자신을 위해서' 말하고 행위해 버리는 것은 아닌지요.

"또래에 비해 정신 연령이 낮아 보이는……"

아, 제발 이런 말만은……! 아이가 정신 연령이 낮아 보이는 것보다 더 갑갑하고 불안해 보이는 것은 끊임없이 다른 아이와 비교하고 있는 엄마의 마음입니다. 조금도 아이를 기다려 줄 줄 모르는…….

"아이 자신도 사회성이 부족한 탓에 다른 아이들로부터 상처를 받고……"

사회성이란 인간관계를 나누는 힘과 능력을 말합니다. 그리고 아이의 사회성이 길러지는 최초의 토양은 바로 가정이요, 부모 형제와의 관계입니다. 그런데 엄마가 아이를 믿어 주지 못하고 언제나 어떤 기준과 잣대로써 아이의 '있는 그대로'를 저지하면서 '끌고 가려고만' 하는데, 어찌 아이가 자기 자신에 대한 믿음과 사회성의 힘을 키워 갈 수 있겠습니까. 그와 같이 아이의 상처는 다른 아이들에게 받기 이전에 이미 엄마에게서 먼저 받은 것입니다. 자기 자신에 대한 믿음을 갖지 못하고 언제나 '보이는 모습'에만 집착하며 살아온 엄마이기에 또 그렇게 아이에게도 쫓기듯 강요하는 것입니다. 엄마가 먼저 자기 안의 상처를 깊이 이해하고 그로부터 자유로울 때, 아이는 절로절로 자라며 그 누구로부터도 상처를 받지 않게 된답니다.

"아이는 수시로 문제를 일으키고……."

아뇨, 제게는 그것이 '문제'로 보이지 않고, 엄마의 억압에 눌리지 않으려는 아이만의 어떤 '힘'으로 느껴집니다. 아이 편에 서 주고, 아이를 믿어 주며, 그렇게 조금만 더 기다려 주면, 조금씩 자기 자신 위에 우뚝 서서 스스로를 살리고 또한 엄마와도 함께 넉넉히 자라 나가게 할 어떤 에너지 말입니다.

아, 님이여.

'아이는 다 맞고 엄마는 다 틀렸다'는 것을 얘기하려는 것이 아닙니다. 아이는 결코 소유물이 아니며, 그 자체로서 존중받아야 할 한 소중한 존재입니다. 그렇기에 아이는 자기 자신으로서 자기답게 커 나갈 권리가 있습니다. 부모는 아이를 끌고 가는 존재가 아니라, 아이와 함께 동행하고 아이와 함께 나란히 걸으면서, 아이가 자신의 길을 발견하고 자기다운 삶을 살아갈 수 있도록 도와주는 존재이며, 그런 과정 속에서 부모 또한 자기 자신과 삶에 대해서 새롭게 배우게 되는, 아! 가정이란 그와 같이 함께 배우고 함께 자라는, 삶이 우리에게 준 축복이요, 축제의 장이 될 수 있는 것입니다.

님이여.

조금만 더 천천히, 너무 아이의 앞에서 가르치려고만 하지 말고, 때로는 아이 뒤에 서 보기도 하고 때로는 나란히 걷기도 하면서, 요구하거나 강요하기 전에 아이의 있는 그대로를 찬찬히 관찰해 보기도 하면서, 아이만을 보는 두 눈을 거두어 때로는 자기 자신도 한 번 보면서, 그렇게 함께 갈 수는 없을까요? 어쩌면 아이는 엄마 안에 있는 상처투성이의 과녁을 또렷이 보게 하는 맑은 거울일지도 모릅니다. 그리하여 엄마이기 이전에 한 존재로서, 오랫동안 잃어버렸던 '나'에 대하여 다시 눈뜨게 하는 참 고마운 인연일지도 모릅니다.

  님이여.

  사랑하는 아이와의 힘겨운 씨름 속에서 이 모든 새로운 이해들이 님에게 찾아와서, 새살 돋듯 님이 살아나고, 아이 또한 봄 햇살처럼 활짝 피어날 수 있기를 진심으로 바랍니다. 고맙습니다.

아이에 대한 화를 누그러뜨리고 싶습니다

초등학교 1학년인 아이를 가르치다 가끔씩 화가 자제가 안 됩니다. 어제도 결국은 지우개가 날아갔지요. 이러다 아이랑 사이만 나빠지고 학습 의욕도 잃게 하는 건 아닌지 걱정이 됩니다. 그렇다고 너 알아서 하라고 내버려둬서 되는 나이도 아니고……. 전 왜 이렇게밖에 안 되는지, 객관적인 제 모습을 볼 때 참으로 부끄럽습니다. 급한 성질을 다스릴 수 있는 방법은 없을까요? 순간적이라서 자제가 힘듭니다. 도움 말씀 부탁드립니다. _라벤다

이해와 인정이 먼저입니다

안녕하세요?

질문을 주셔서 감사합니다.

그런데 이제 막 학부형이 된 많은 다른 부모들도 님과 비슷한 마음 앓이들을 하고 있답니다. 그러니 그런 자신을 너무 정죄하고 닦달하지 말고, 조금만 더 여유를 가지고 천천히 해보십시다. 님이 지금 겪고 있는 일은 학부형이라면 누구나 겪는 일이니까요.

다만 이제 갓 초등학교 1학년이 된 아이는 모든 일에 서툴고, 이해하지 못하는 것들도 많으며, 이런저런 경우에 있어서 잘하지 못하는 것들도 많다는 사실을 님이 먼저 좀 이해할 수 있었으면 합니다. 말하

자면, 아이에게 눈높이를 맞추는 것인데, 그러면 그때 비로소 아이가 아이로서 보이고, 님의 기대로 아이를 보지 않게 되어, 조금씩 조금씩 아이와 함께 호흡하고 함께 흐를 수 있는 여백과 여유 같은 것이 생길 것입니다. 그러면 그 여백과 여유를 통하여 엄마와 아이의 마음이 함께 흐르고 함께 살아나, 서로 간에 설명할 수 없는 신뢰 같은 것이 싹트게 될 것입니다. 그렇게 되면 그 다음부터는 아무런 문제가 없겠지요. 즉, 공부 이전에 '아이와의 마음의 교통'이 먼저라는 것입니다.

님은 또한 "전 왜 이렇게밖에 안 되는지. 객관적인 제 모습을 볼 때 참으로 부끄럽습니다. 급한 성질을 다스릴 수 있는 방법은 없을까요?"라고 하시며, "순간적인 화를 좀 누그러뜨리고 싶습니다."라고 말씀하셨습니다.

그러나 누그러뜨리려 하기 이전에 인정하고 시인하는 것이 먼저입니다. 다시 말해 님은 순간적으로 화를 자제하지 못하고 잘 내는 사람이며, 그로 인해 아이에게 상처를 주기도 한다는 사실을 스스로에게 먼저 인정하고 시인할 수 있어야 한다는 것입니다. 만약 님이 진실로 그렇게 할 수 있다면, 님의 마음에 어떤 질적인 변화가 일어나, 하루하루 시간이 지날수록 화는 저절로 일어나지 않거나 사라지거나 해서 더 이상 님과 아이를 힘들게 하지 않게 될 것입니다. 만약 그렇지 않고 지금처럼 순간적인 화를 자제하지 못하는 자신을 부끄러워하며 끊임없이 그것을 누그러뜨리려고 하거나 극복하려고만 한다면, 화는 더욱더 님 안을 돌아다니면서 시시로 때때로 님을 괴롭게 하고 힘들게 하면서 동시에 아이에게도 상처로 다가갈 것입니다.

엄밀히 말하면, 님 안에서의 자그마한 실수나 보잘것없음이나 초라함을 스스로 인정하거나 시인하거나 받아들이지 못하고 끊임없이 그것에 대하여 분노하고 부끄러워하는 바로 그 마음으로 인해 아이의 자그마한 실수나 부족함이나 허물에 대해서도 조금도 용납하지 못하게 되는 것입니다.

그러므로 아이에게 너무 잘하라고만 하기 이전에, 그래서 잘하는 아이만 사랑하려고 하기 이전에, 이런저런 모양으로 여전히 잘하고 있지 못한 님 자신을 먼저 용서하고 사랑해 주십시오. 님 자신의 부족과 허물을 진실로 시인하고 인정하며 그것을 따뜻이 품어 주고 사랑해 줄 수 있을 때, 아이의 부족과 허물 또한 따뜻이 바라봐 주면서 아이를 더 깊이 사랑할 수 있게 될 것입니다.

고맙습니다.

아이와의 깊고도 따뜻한 신뢰와 사랑이 샘솟기를 바라며…….

아내가 시댁을 멀리합니다

저는 7살짜리 아들을 둔 결혼 8년차 가장입니다. 요즘 들어 너무 힘들어 누군가에게 저의 어려움을 상담 받고 싶어 이렇게 조언을 부탁드립니다.

제가 부덕함인지, 저의 아내는 시부모 뵙기를 몸살이 날 정도로 싫어합니다. 저의 어머니는 간경화에 하반신을 쓸 수 없는 불편한 몸으로 누워 계시고, 아버지께서 병 수발을 하고 계십니다. 아버지께서는 건강하셨으나, 근래 다리를 심하게 다치셔서 거동이 불편하게 되신 지 한 달 반이 되어 갑니다. 시골에 두 분만 계시다 보니, 주로 동생 내외가 가까이 있어서 자주 방문을 하고, 저희는 멀다는 핑계로 한 달에 한 번 정도 방문을 드립니다.

결혼하고 나서부터 지금까지 아내가 먼저 시부모 뵈러 가자고 한 적이 없고, 명절이든 생신이든 내려가자고 얘기하면 그때부터 저기압이 형성되면서 어떻게 하면 내려가지 않을까 궁리에 궁리를 하고 있는 모습이 누가 봐도 눈에 띄고, 누가 아픈 것으로라도 핑계를 만들어야 하고…… 그래서 부부 싸움이 일어납니다. 그 이야기가 나온 이후부터 처의 두통과 모든 병이 발생됩니다.

도리는 아니지만, 병환 중만 아니라면 가끔 안부 전화만 해도 이렇게까지 힘들지는 않을 텐데, 당신 두 분 모두 병환 중이신데, 자식들이 병 수발을 해야 할 입장임에도 어떻게 하면 안 내려갈까 궁리하는 모습은 변함이 없습니다. 그래서 심한 말다툼이 있었고, 3주 정도 말도 하지 않고 있는 상태입니다. 그동안 여름휴가가 있어서 저는 시골에 내려가 있었습니다.

　오죽하면 처가에서 딸 교육 잘못 시켜 미안하다고 말씀하실 정도로 알 만한 사람은 다 알고 있는 상황까지 왔습니다. 제 나름대로는 처가에서 제일 잘한다는 소리를 들을 정도로 장인 장모께 편안함을 드리려고 노력을 하고 있습니다. 아내가 느낌이 있다면 제가 처가에 하는 반만이라도, 아니 1/3이라도 해줬으면 하는 기대도 있지만, 지금은 모든 것을 포기하게 만듭니다. 이 난국을 어떻게 슬기롭게 대처할 수 있을까요? _산과 바다

먼저 아내를 있는 그대로 바라봐 주세요

안녕하세요?
님의 힘든 마음을 말씀해 주셔서 감사합니다.
　간경화에 하반신을 쓸 수 없는 불편한 몸으로 누워 계신 어머니와, 다리를 심하게 다치셔서 거동이 불편한 몸으로 어머니 병 수발까지 하고 계신 아버지를 생각하는 님의 애틋한 마음이 절절히 다가옵니다. 고맙습니다.
　그러나 이렇게 말씀드리면 좀 매정하게 들릴지 모르지만, 부부 위에 그 어느 누구도 올려놓아선 안 됩니다. 그것이 부모든 자식이든 말입니다. 가장 먼저 생각해 주고 존중해 줘야 하는 것이 바로 아내의 마음이고 감정이며, 그 다음이 자식이고, 또 그 다음이 부모여야 합니

다. 얼핏 들으면 천하에 몹쓸 자식이고 불효자식의 말인 것 같지만, 아뇨, 이것이 정녕 한 가정을 온전히 지켜 내는 길이요, 지혜입니다.

님은 시댁에 가지 않으려는 아내를 탓하며 그때마다 분노하지만, 그러나 다른 한편으로 보면, "오죽하면 처가에서 딸 교육 잘못 시켜 미안하다고 말씀하실 정도로 알 만한 사람은 다 알고 있는 상황까지 왔습니다. 제 나름대로는 처가에서 제일 잘한다는 소리를 들을 정도로 장인 장모께 편안함을 드리려고 노력을 하고 있습니다. 아내가 느낌이 있다면 제가 처가에 하는 반만이라도, 아니 1/3만이라도 해 줬으면……" 하는 님의 말들 속에서 아내에 대한 무시와, 자기 자신에 대해선 후한 점수를 주고 있는 가부장적이고도 자기중심적인 모습을 볼 수 있습니다.

님이여.

정녕 님께서 처가에서 제일 잘한다는 소리를 들을 정도로 장인 장모께 편안함을 드리려고 노력을 하고 있다면, 그 마음으로 병환 중에 계신 부모님께도 님이 먼저 잘하십시오. 아내에게 잘하라고 요구하거나 기대하기 전에 님이 먼저 부모님을 위해 할 수 있는 일을 찾아서 해보십시오. 제가 이런 말씀을 드리는 이유는, 대개의 경우 부모님께 잘 해드리지 못하는 만큼 오히려 아내에게 잘하기를 요구하고 닦달하는 남편들이 많았기 때문입니다.

무엇보다도, 아내에게 요구하고 기대하는 그 마음을 온전히 내려놓아 보십시오. 님이 힘들고 괴로운 이유는 바로 그 '기대하는 마음' 때문입니다. 보다 근본적인 원인은 바로 님 안에 있다는 말이지요. 님이 진실로 그 마음을 내려놓을 수 있다면, 아내와는 상관없이 님 홀로라도 부모님께 잘할 수 있는 길과 마음과 여백들이 비로소 보이기 시작할 것이고, 그러면 아내에게 요구하고 기대하느라 소모되던 에너지가 온전히 님 자신에게로 돌이켜져서, 조금씩 조금씩 님이 홀로 할 수 있는 따뜻한 사랑과 효도를 부모님께 드리는 가운데 님 자신이 살아나고 가정이 살아나고 아내가 살아나고 부모님도 살리는 쪽으로 그 에너지가 쓰이게 될 것입니다.

그리고 님이여.

이미 그 마음이면 '나'의 요구와 기대로써 아내를 바라보는 것이 아니라, 아내를 아내로서 있는 그대로—두통이 일어날 정도의 '며느리로서의 무게'와 그 마음의 힘겨움까지도—바라보게 될 것이고, 그러면 그 마음에서 아내에 대한 진정한 존중과 연민과 겸손과 사랑의 마음이 싹터 올 것입니다.

그와 같이, 삶의 많은 문제들의 원인은 바로 자기 자신 속에 더 많이 도사리고 있는 경우가 많습니다. 그런데도 우리의 눈은 늘 바깥으로만 향해 있어서, 자신은 보지 못한 채 끊임없이 바깥만을 판단하고 정죄하곤 하지요.

삶을 바라보는 님의 눈이 바깥보다는 자기 자신을 더 많이 향해 있어서, 살아가는 날이 거듭될수록 진정한 이해와 성숙이 님 안에서 일어나게 되어, 더욱 더한 평화와 사랑이 님의 가정에도 넘쳐 나게 되기를 진심으로 바랍니다.

4장
삶과 세상

살아가면서 우리가 감당할 수 있는 능력과
한계를 벗어나는 어려움이나 힘겨움은 인생에 결코 주어지지 않으며,
우리 안에는 그 어떤 삶의 힘겨움이나 어려움도, 심지어 죽음까지도
감당해 낼 수 있는 힘과 에너지가 숨겨져 있습니다. 이 이중의 반석 위에
우리가 서 있는데 다시 무엇을 두려워하겠습니까?

오래 전 어느 모임에 초청되어 갔을 때 만난 어떤 분이 강연을 마치고 나오는 저를 붙들고는 이런 말씀을 했습니다.

"선생님, 저는 지금까지 오직 안전한 길만을 택해 살아왔습니다. 누구를 만나거나, 어떤 관계에 들어가거나, 어떤 상황에 처하거나, 무슨 일을 하건 간에 미리 주도면밀하게 살펴보고 생각해 본 다음 조금이라도 불안하거나 아니다 싶으면 아예 그쪽으로는 가지를 않고, 오직 안전하고 편한 쪽으로만 택하며 살아왔습니다……"

그래서 제가 물었습니다.

"그렇게 오직 안전만을 택하며 살아온 님의 삶은 정녕 안전해졌습니까?"

그러자 그는 그만 고개를 푹 숙이고는 한동안 말을 하지 못했습니다.

사실 그는 너무나 불안해 보였습니다.

저도 한때는 사는 것이 너무나 재미가 없었습니다. 삶은 곧 괴로움이었고, 무의미였으며, 지겨움이었고, 허무였습니다. 그래서 늘 그 속에서 허덕이면서도 뭔가 변치 않을 '의미'를 찾았고 자유를 구했으며 즐거움을 찾았고 재미를 구했습니다. 그런데 어느 날 문득 '찾고 구하는 마음'이 사라져 버리자 삶은 갑자기 의미 덩어리가 되어 버렸고, 즐겁고 행복해졌으며, 자유로웠고, 재미란 따로 있는 것이 아니라 나 자신이 바로 재미라는 것을 알게 되었습니다. 아무것도 하지 않아도 허무하지가 않았고, 무엇을 해도 허무하지가 않았습니다. 늘 불만족스럽던 마음이 알 수 없는 충만감으로 가득했고, 눈만 뜨면 무언가를 해야 한다고 들썩였던 마음이 마침내 침묵하고 고요해졌습니다.

마음이란 참 묘한 것입니다. '찾고 구하는 마음'으로는 아무것도 진정으로 가질 수도 없고 얻을 수도 없지만, 그 마음이 사라진 자리에서는 아무것도 부족한 것이 없는 지복(至福)을 누리게 되니 말입니다.

삶과 세상도 마찬가지입니다. 편하고 안전하려고만 하면 도무지 단 한 순간도 진정으로 편안한 순간을 맛볼 수가 없게 되지만, 그 마음을 내려놓고 자기 자신을 통째로 받아들이게 되면 어느 곳 어느 자리에 서든 두려움 없이 살게 됩니다. 자신을 자꾸 지키려고만 하고 잃어버리지 않으려고만 하면 삶과 세상은 그저 무겁고 힘든 무엇으로 다가오지만, 그 마음을 내려놓고 매 순간 있는 그대로 존재하기만 하면 삶은 온통 기적 덩어리요, 신비 덩어리입니다.

우리가 이 세상에 태어나 지금 이 순간 살아 있는 것은 이 기적을 맛보고 이 신비를 누리기 위해서입니다. 그 속에서 마음껏 자유하며 행복하며 사랑하기 위해서입니다. 마음을 열고 지금 이 순간 있는 그대로의 자신을 받아들이기만 하면, 그래서 매 순간의 자신을 통째로 만나고 통째로 경험하기만 하면 그 모든 축복은 넘치도록 우리에게 주어집니다. 그것은 본래 우리에게 주어져 있기 때문입니다.

우리가 이 아름다운 축복의 길로, 진정한 자유와 행복과 사랑의 길로 걸어 들어가 마음껏 먹고 마시며 누리며 나누는 것을 막을 수 있는 것은 아무것도 없습니다. 어느 누구도 감히 막을 수 없습니다. 다만 스스로가 그 길을 가로막지만 않으면 말입니다.

'지금'이라는 이름으로 그 길은 언제나 우리에게 주어지고 있습니다.

'기적'을 경험할 수 있는 기회는 언제나 우리에게 주어지고 있습니다. 그러니 살아 있다는 것은 얼마나 가슴 벅찬 일입니까.

삶의 모든 순간이

기회이며 희망입니다

사람은 왜 사나요?

안녕하세요? 지나가다가 가끔 들르는 행인입니다.

저는 "내가 왜 이 세상을 살아가고 있는 거지?" 하고 자주 자문해 봅니다. 아무리 생각해 봐도 알 수가 없습니다. 많은 사람들은 "태어났기 때문에 산다", "답은 없다", "자신의 가치관에 따라 이유는 달라진다."고들 합니다.

왜 내가 태어나서 이런저런 고통과 행복을 느끼면서 살아갈까요? 왜 그럴까요? 이유가 있을까요? 삶의 진정한 평화, 영원한 만족, 완전한 자유를 안다고 해서 나의 존재 이유에 대해 답을 구할 수 있을까요? 대부분의 사람들은 자신의 행복을 위해서 노력하며 살아갑니다. 정말로 "내가 왜 사는가?"에 대한 답은 알 수가 없는 겁니까?

한 가지 의문이 더 있는데요, 왜 죽는 것을 자기 마음대로 결정 못하게 되어 있을까요? 이것도 이유가 있을 것 같은데, 알 수가 없더군요. 정말로 궁금합니다. 괜찮으시다면, 선생님의 조언을 듣고 싶습니다. 감사합니다. _행인

나는 왜 사는가?

안녕하세요?
질문을 주셔서 감사합니다. 그런데……

4. 삶과 세상 165

왜 사느냐구요?
아주 어릴 적 국어 시간에 배운 어느 시(詩)에선
"왜 사느냐고 물으시면, 웃지요."라고 합디다만,
저의 경우엔……
사랑하기 위해서 산답니다.
사람을 사랑하고, 삶을 사랑하고, 세상을 사랑하고,
살아 있는 모든 것들을 사랑하고,
또한 저 자신을 사랑하고…….
세상에는 사랑할 것들이 참 많더이다.

왜 태어났느냐구요?
사랑하기 위해서 태어났답니다.
왜냐하면, 내가 곧 사랑이니까요.
사랑인 내가 나를 숨 쉬고 나를 경험하고 나를 나누기 위해서
태어났고,
지금 그렇게 사랑하며 살고 있답니다.
그래서 자유롭고 또한 행복하답니다.

왜 죽는 것을 마음대로 못 하느냐구요?
아뇨, 사랑 안에는 죽음이라는 것이 없답니다.
님이 사랑하게 되면,
아! 님이 님 자신을 사랑하고 님 자신을 알게 되면,
거기엔 온통 사랑뿐 다른 아무것도 존재하지 않음을 알게 된답니다.

그와 같이
사랑은 모든 것이며,
사랑하는 자는 삶의 모든 이유와 비밀들을 스스로 알게 된답니다.
진실로.

그런데 저는 어떻게 '사랑'을 알게 되었을까요? 저는 어렸을 때부터 사랑을 받지 못하며 컸고, 그래서 내 영혼 깊은 곳에서는 언제나 불안이 가득히 흘러, 그로 인하여 삶은 끊임없이 힘겹고 우왕좌왕하며 오래도록 방황을 거듭할 수밖에 없었습니다. 그런데 어떻게 그러한 삶에 종지부를 찍고, 사랑의 사람으로 충만히 거듭날 수 있었을까요?

어려서 사랑을 받아 본 적이 없는 사람은 나중에 커서도 사랑을 받을 줄도, 사랑을 줄 줄도 모릅니다. 왜냐하면 사랑을 경험한 적이 없는 그의 가슴은 언제나 메말라 있으니까요. 저도 그랬고, 그런 속에서 끊임없이 사랑을 갈구하며 타인으로부터의 인정과 칭찬에 목말라 하는 저 자신이 너무나 괴롭고 견딜 수가 없어 저는 마침내 사랑을 찾아, 제 가슴을 옥죄는 모든 구속과 굴레로부터의 자유를 찾아, 영혼의 참 평화를 찾아 길을 떠났습니다.

참 멀리도 갔고, 오랜 시간도 걸렸습니다. 그런데 제가 그토록 찾던 사랑은 누군가로부터 오는 것도 아니었고, 밖으로부터 주어지는 것도 아니며, 어떤 수고와 노력을 통해 얻을 수 있는 것도 아니었습니다. 어이없게도, 제가 이미 그것이었습니다. 내가 이미 사랑이었습니다. 저는 60조 개의 세포로 이루어진 존재가 아니라, 60조 개의 사랑 덩어리였습니다. 그랬기에 저는 이미 처음부터 부족하지 않았고, 결핍되어 있지 않았으며, 바깥으로부터 주어지는 어떤 사랑으로 제 가슴을 적셔야 할 만큼 메말라 있지도 않았습니다. 저는 이미 처음부터 충만했고 완전했던 것입니다. 이 얼마나 놀라운 일인가요! 그 진실을 알게 된 순간 제 안에는 한없는 평화가 흘렀고, 제 영혼은 자유로워졌으며, 아! 기적과도 같이 제게서 사랑이 나왔습니다.

사랑은……

아, 사랑은……

님이여.

님의 그 의문이 좀 더 깊어지고 무거워지고 진지해져서 님에게 고통과 힘겨움이 되기를 바랍니다. 무슨 일을 하든 님을 걸려 넘어지게 하는 아픈 돌부리가 되기를 바랍니다. 그러면 그 의문이 자연스럽게 님 자신을 향하게 할 것이고, 마침내 님 자신에게 닿게 하여, 님을 자유케 할 것입니다. 진실로.

권태로움에 빠져 있는 자신이 싫습니다

안녕하세요? 선생님.

여전히 이곳은 고향 같은 곳입니다. 힘들고 어려울 때 더욱더 그리워지는…….

요즘은 자주 슬퍼집니다. 이룬 것 없는 삶 속에서 마치 나무늘보처럼 권태로움에 빠져 있는 저를 보면 답답한 마음에 분노만 치밀어 오릅니다. 예전에는 목표와 결과가 분명해서 시간을 허비하고 있다는 생각이 들진 않았는데……. 진정 저 자신이 뭘 하고 싶은 건지 알 수가 없습니다. 그래서 멀쩡한 마음만 괴롭힙니다. 겨울에는 잎조차 낮게 운다더니……. 어서 봄이 왔으면 합니다. _징징이

생화와 조화

누구나 곧잘 경험하는 일입니다만, 요즘엔 워낙 조화(造花)를 잘 만들어 생화(生花)와 구분이 잘 안 되는 경우가 많지요. 얼마 전에도 어느 전시회장에 갔다가 전시회장 앞에 있는 한 무리의 예쁜 꽃들을 보고는 탄성을 지르며 가까이 다가가 향기를 맡아 본 적이 있습니다. 그런데 좀 이상한 느낌이 들어 손으로 만져 봤더니, 세상에! 기가 막히도록 똑같이 만든 조화였습니다.

사람들이 조화를 만들 때에는 꽃이 가장 예쁘고 화려하고 완전하

게 핀 순간을 포착하여 만들지요. 그래야만 사람들의 눈길을 끌 수 있고, 분위기를 화사하게 띄울 수 있으며, 나아가 아무리 시간이 흘러도 언제나 아름다운 그 모습만을 사람들에게 보일 수 있으니까요. 거기다 자그마한 물방울 같은 것도 만들어 잎과 꽃에 영롱히 붙여 놓으면 정말이지 금방 물을 뿌린 꽃밭에서 따다 놓은 생화처럼 눈부시기까지 하답니다.

그러나 분명한 것은, 조화에는 '생명'이 없다는 것입니다. 아무리 정교하게 만들어 놓아 영롱하고 눈부시기까지 해도 손으로 한번 슬쩍 만져보기만 해도 금세 서걱거리며 그 메마름이 드러나는, 물기 하나 없는 한낱 천 조각에 불과할 뿐이라는 것이지요. 그저 보기에만 좋은…….

반면 생화는 온갖 변화를 겪습니다. 보기에도 싱싱하고 힘 있게 자라나 예쁘고 아름다운 꽃을 한껏 피우다가도 한 순간 허망히 져 버리는가 하면, 때로 벌레가 먹어 잎이 흉해지기도 하고, 누렇게 변색되기도 하지요. 또한 물이 없어 땅이 메마르면 보기에도 안쓰러울 만큼 축 처지기도 하고, 그러다가 또 추운 겨울이 오면 마치 죽은 듯 우리 눈 앞에서 사라지기도 합니다. 그러나 그것은 이듬해 봄이면 어김없이 따스한 햇살 속으로 자신의 생명을 드러내 보이지요. 왜냐하면 그것은 살아 있기 때문입니다.

님은 "예전에는 목표와 결과가 분명해서 시간을 허비하고 있다는 생각이 들진 않았는데……"라고 하시다가도 "요즘은 자주 슬퍼집니다. 이룬 것 없는 삶 속에서 마치 나무늘보처럼 권태로움에 빠져 있는 저를 보면 답답한 마음에 분노만 치밀어 오릅니다."라고 말씀하십니다.

님이여.

아름답기만을 너무 바라지 마십시오. '목표와 결과가 분명해서 시간을 허비하고 있다는 생각이 들지 않는 순간'만을 너무 바라지 마십시오. 그 마음은, 아름답기는 하나 생명 없는 조화와도 같이, 결국에는 우리를 숨 막히게 할 뿐입니다.

살아 있는 생명이기에 때로는 나무늘보처럼 권태로움에 빠지기도 하는 것입니다. 그러므로 그런 자신에 대해 너무 답답해하거나 분노하지만 말고, 그냥 그 권태를 가만히 한번 싸안아 보십시오. 그리곤 그것과 하나가 되어 온전히 한번 권태로워 보십시오. 권태를 사랑해 보십시오. 권태로울 수 있다는 것도 살아 있기에 가능한, 참 아름다운 일 중에 하나입니다.

님이 진실로 그렇게 할 수 있다면 님의 삶 속에서 다시는 권태를 맛보지 않게 될 것입니다. 왜냐하면 그 권태 또한 님의 삶 가운데 하나로 깊이 받아들여졌기 때문입니다. 그것은 마치 생화가 피고 지고 또 시들고를 거듭하지만, 바로 그렇기 때문에 그 생명을 온전히 보존할 수 있는 것과 같이 말입니다.

님이여.

목표와 결과가 분명해서 시간을 허비하지 않는 것도 아름다운 일이지만, 권태로울 수 있다는 것도 아름다운 일입니다.

자신의 생명을 둘로 나누어 하나만 택하고 다른 하나는 버리려는 그 마음을 내려놓고, 매 순간 있는 그대로 존재할 때 님의 삶 속에는 진정한 힘과 평화가 가득하게 될 것입니다.

마음이 공허합니다

안녕하세요? 저는 29살의 막 결혼한 주부입니다. 아직은 주부의 자리를 느끼지 못하고 또 신혼이라 아무것도 모르지만, 일을 하지 않는다는 것이 못 견디게 공허하고 존재감을 잃는 것만 같습니다. 결혼하기 전에는 정말 열심히 일하며 바쁘게 살았거든요.

제가 욕심이 많은 것 같기도 하고……. 그렇다고 세속적으로 무엇을 가지려는 욕심은 아니랍니다. 제가 이대로 잠시 그냥 지낸다 해도 아무도 일을 하라고, 돈을 벌어 오라고 하는 사람은 없답니다. 하지만 이렇게 멍하니 있는 저 자신이 힘들고, 공허함만이 가득합니다.

무엇이 부족한 걸까요? 제 내면에 몇 프로 부족한 듯한 그것은 무엇일까요? 얼마 전까지만 해도 몇 프로였던 것 같은데, 그 모를 무엇인가가 이젠 온통 번져서 제 온 머리와 가슴을 뒤덮고 있네요. 열심히 살고 싶은데, 숨 막힐 정도로 열심히 달려가고 싶은데, 무엇이 이렇게 나를 묶어 놓은 걸까요. 너무 뒤죽박죽이라 알아보실지……. 상실감에 몇 자 적었습니다. _무한하늘

인생에 무의미한 순간은 없습니다

님의 글을 보는 순간 참으로 애틋하게 드리고 싶은 얘기가 가슴을 치고 올라왔습니다.

아, 님이여!

우리네 인생에 무의미한 순간이란 없답니다. 인생의 모든 순간순간은 오직 온 존재로 껴안아 경험하고 누릴 것들밖에 없답니다. 인생에는 양면이 있는데, 그러나 그 어느 한편도 버려지거나 온전히 자기 것으로 소유할 수가 없기에, 우리 안에서 일어나는 모든 것은 다만 있는 그대로 긍정되고 경험되어야 할 것들뿐이랍니다.

님은 말씀하십니다.

"일을 하지 않는다는 것이 못 견디게 공허하고 존재감을 잃는 것만 같습니다…… 이렇게 멍하니 있는 제 자신이 힘들고, 공허함만이 가득합니다. 열심히 살고 싶은데, 숨 막힐 정도로 열심히 달려가고 싶은데……."

아, 님이여!

우리가 살아 있음으로 인해 지금 이 순간 우리에게 다가오는 모든 것은 축복일 수 있습니다. 다만 그것이 '우리가 보기에' 축복은커녕 극복해야 하거나 버려야 할 무엇으로 보일 뿐이지요.

열심히 살던 님에게 결혼과 더불어 갑자기 멍하니 있게 되는 공허함이 찾아왔거든, 어떻게든 의미 있고 가치 있는 것들로 그 공허함을 채우려고만 하지 마시고, 조금만 천천히, 조금만 생각을 바꾸어, 그 공허함을 보다 섬세하게 경험하고 누려 보십시오. 만약 님이 조금만 생각을 바꾸어, 그 공허함을 거부하거나 저항하거나 못 견뎌 할 무엇으로 여기지 않고, 오히려 그 공허함 속으로 천천히 걸어 들어가 그것을 맛보고 경험하고자 한다면…… 아! 그 속에는 님이 그토록 열망하는 "열심히 살고, 숨 막힐 정도로 열심히 달려가는" 삶 속에서는 결코 발견할 수 없고 누려 볼 수 없는 수많은 섬세하고도 아름다운 배움들이 널려 있을 수 있답니다.

아, 우리는 왜 그렇게 삶의 하나는 버리려 하고 다른 하나만 취하려 하는지, 왜 그렇게 온몸으로 자신의 삶의 모든 것을 있는 그대로 껴안아 보려고 하지 않는지, 왜 그렇게 무조건적으로 '공허'는 버리려 하고 '열심'만 취하려 하는지! 왜 우리가 열망하고 추구하는 그곳에만 진주가 있다고 생각하는지! 우리가 부정하고 벗어나려고 하는 그 속에 있는 진정한 보물은 왜 보지 못하는지!

만약 님이 지금의 그 공허함을 다만 부정하거나 거부할 것이 아니라, 삶의 다시없는 귀한 손님이 오신 듯 긍정하고 깊이 받아들여 그것을 살아낼 수만 있다면, 그리하여 그 공허함이 스스로 제 길을 떠날 때까지 기다려 주고 진정으로 그와 함께 할 수만 있다면, 그때 비로소 님은 "……무엇이 부족한 걸까요? 제 내면에 몇 프로 부족한 듯한 그것은 무엇일까요? 얼마 전까지만 해도 몇 프로였던 것 같은데, 그 모를 무엇인가가 이젠 온통 번져서 제 온 머리와 가슴을 뒤덮고 있네요. 무엇이 이렇게 나를 묶어 놓은 걸까요?"라는 의문에 대해 스스로 답을 알게 될 것입니다. 님의 내면에서 일어나는 삶의 모든 것을 있는 그대로 껴안지 못하고, 하나는 버리고 다른 하나만 취하려는 그 마음이 님을 그렇게 묶고 있는 것입니다.

님은 "일을 하지 않는다는 것이 못 견디게 공허하고 존재감을 잃는 것만 같습니다."라고 말씀하시지만, 아뇨, 이건 일을 하고 안 하고의 문제가 아닙니다. 그것은 전적으로 마음의 문제입니다. 만약 님이 마침내 님의 열망대로 "열심히 살고, 또한 숨 막힐 정도로 열심히 달려가게" 되었다 하더라도, 그것이 공허함을 거부하고 저항하여 그것에서 벗어난 자리에서 유지되는 것이라면, 그 속에는 여전히 두려움과 불안이 도사리고 있습니다. 또다시 공허함이 님의 삶에 찾아오지 않을까 하는, 그렇게 되어서는 안 된다는 깊은 긴장과 두려움이 언제나 자리 잡고 있습니다. 그것은 차라리 '열심' 속에서 자신의 존재와 살아 있음을 확인하려는 처절한 몸부림이요, 집착일 수 있으며, 그래서 오히려 그것이 더욱 공허할 수 있습니다.

님이여.

하나의 '이해의 전환' 혹은 '관점의 전환'이 지금의 님의 삶을 있는 그대로 온전히 살릴 수 있습니다. 인생에 무의미한 것은 아무것도 없으며, 무의미한 순간 또한 없다는 그 이해가 '지금'을 달리 보게 할 것이요, 그러면 '미래'가 아니라 다만 '현재'에 님의 모든 것을 담을 수 있을 것입니다.

우리네 삶에는 다만 100%의 것들만 옵니다. 지금 님에게 찾아온 그 공허가 사실은 100%의 에너지 덩어리라는 말입니다. 그러므로 지금의 그 공허함을 100%로 살아 보십시오. 그러면 미래의 '열심'도 100%로 살게 되면서, 집착 없이 무게 없이 다만 아름답게 삶을 살 수 있을 것입니다. 진실로요!

아, 님의 삶이 비로소 온전해질 수 있는 지금의 이 기회를 놓치지 마십시오. 고맙습니다.

사회에서 인정받고 싶습니다

항상 좋은 글 감사드립니다. 늘 받아 가기만 합니다. "어떤 모양으로 피어나든 님 자신이 이 세상에서 가장 아름답습니다……." 정말 가슴에 와 닿고 좋은 말이라는 생각이 듭니다. 하지만 여러 사람들의 질문과 답변을 지켜보면서 이런 생각이 듭니다. 선생님께서는 잘나고 싶은 마음을 내려놓으라고 하시고, 그냥 지금 그대로 있으면 안 되겠느냐고, 그냥 있는 그대로 있을 수는 없느냐고 간절히 물어보십니다.

저는 잘난 사람이 되고 싶습니다. 그런데 그냥 있으라고 하십니다. 평범함이 싫습니다. 그런데 그냥 있으라고 합니다. 남보다 뒤떨어지면 도태되지 않을까 하는 생각이 들기도 합니다. 사회는 나의 잣대가 아니라 사회의 잣대로 나를 평가합니다. 그 잣대에 미치지 못하면 힘이 듭니다. 잘나고 싶다는 마음을 내려놓기는 참으로 어려운 일이라는 생각이 듭니다. 이런 생각을 가지고 있는 한 내려놓는 게 힘들겠지요? _여름

님 자신을 먼저 인정해 주십시오

남의 인정을 받으려 하기 전에, 먼저 님 자신을 인정해 주십시오.
님의 잘난 부분만을 님 자신이라고 인정할 것이 아니라, 님의 못나고 부족하고 초라한 면까지 님 자신이라고 기꺼이 인정해 보십시오.

왜냐하면 그런 면들 또한 분명히 님 자신이기 때문입니다. 그렇게 님의 전체를 있는 그대로 인정하고 받아들여 보면 뜻밖에도 님 안에 있던 온갖 형태의 두려움은 사라지고 왠지 모를 든든함 같은 것이 님의 마음을 가득 채움을 경험하게 될 것입니다.

그렇듯 있는 그대로의 자기 자신을 온전히 받아들이게 되면 늘 쫓기는 듯하던 마음은 온데간데없이 사라져 버리고 설명할 수 없는 어떤 힘 같은 것이 자신 속에 차오름을 느끼게 되는데, 그럼과 동시에 다른 사람들의 인정과 칭찬에는 그다지 목말라 하지 않게 됩니다. 삶의 진정한 힘은 바깥으로부터 주어지는 것이 아니라, 있는 그대로의 자신 속에 본래 있었음을 비로소 알게 되었기 때문입니다.

그와 같이, '영혼의 충만' 같은 것도 자신을 무언가로 가득히 채움으로써 오는 것이 아니라, 그냥 단순히 '나'를 '나'라고 인정하고 시인하는 데서 비롯되는 것입니다.

사람들은 잘 몰라요, 지금 여기 있는 그대로의 자기 자신이 얼마나 아름답고 풍성하며 가슴 뛰도록 넉넉한 존재인지를요. 얼마나 따뜻하며 나눌 것이 많은 완전한 존재인지를요. 왜 그런 자신을 잘 모를까요? 그것은 언제나 자신을 다른 사람과의 비교선상에 두고는 그들의 기준과 잣대에 맞추려고 애를 쓰면서 있는 그대로의 자신을 스스로가 무시하고 외면하기 때문입니다. 단 한 순간만이라도 그 마음을 돌이켜 매 순간 있는 그대로의 자기 자신으로 존재할 수만 있다면 그토록 꿈꾸어 왔던 삶에 대한 완전한 자신감과 행복을 넉넉히 맛볼 수 있게 될 텐데 말입니다.

"저는 잘난 사람이 되고 싶습니다."라고 운을 뗀 님은 이렇게 말씀하셨습니다.

"평범함이 싫습니다. 남보다 뒤떨어지면 도태되지 않을까 하는 생각이 들기도 합니다. 사회는 나의 잣대가 아니라 사회의 잣대로 나를 평가합니다. 그 잣대에 미치지 못하면 힘이 듭니다……."

그런데 님의 글을 읽으면서 '토끼와 거북이' 이야기가 생각났습니다.

달리기 시합을 하는 토끼와 거북이의 이야기 속에서 거북이는 누가 보더라도 명백히 질 수밖에 없는, 열등하고 잘나지 못했고 뒤처지는 존재였습니다. 그럼에도 불구하고 그는 시합에서 멋지게 승리하는 '잘난 존재'가 됩니다. 어떻게 그렇게 되었을까요? 그저 꾸준히 걸었기 때문일까요?

만약 거북이의 마음에 토끼와 '비교하는 마음'이 있었다면 그는 몇 발짝 떼다가는 말고 그저 주저앉아 한없이 한탄하며, 자신의 초라함과 못남과 열등함에 몸서리를 치면서 절망했을 것입니다. 그것은 자신을 판단하는 '잣대'를 토끼에게 두었기 때문입니다. 그런데 그에게는 '비교하는 마음'이 조금도 없었고, 다만 있는 그대로의 자기 자신으로 존재했을 뿐입니다. 그런 그에게는 어떤 힘 같은 것이 있었습니다. 그것은 비교하지 않고 있는 그대로의 자기 자신으로 존재할 때 뿜어져 나오는 어떤 위엄 혹은 기품 같은 것인데, 거북이는 토끼와의 출발선상에 서 있었던 것이 아니라 사실은 흔들리지 않는 그 내면의 자리에 서 있었던 것입니다. 그랬기에 거북이는 설혹 시합에서 지고 뒤처졌다고 하더라도 그것 때문에 자신을 '못난 존재'라고 생각하지도 않았을 것이고, 보란 듯이 승리의 깃발을 꽂으며 토끼보다 훨씬 앞섰다

하더라도 그 때문에 스스로를 '잘난 존재'라고 여기지도 않았을 것입니다. 그는 보다 근원적인 것에 뿌리를 내리고 있었던 것입니다.

님이여.

진정으로 '잘난 사람'이 되는 길은 남들의 인정과 평가에 있는 깃이 아니며, 그 어떤 외면적인 결과물에 있는 것도 아닙니다. 그것은 잠시 있다가 사라지는 안개와도 같은 것일 뿐입니다. 그 '길'은 오직 있는 그대로의 자기 자신으로 존재할 때 비로소 열리는 것입니다.

그러므로 '비교하는 마음' 속에서 언제나 불안해하며 사회에서 인정받는 사람이 되려고 마음 바빠 하지만 말고, 잠시만이라도 마음을 돌이켜 먼저 님 자신을 있는 그대로 인정해 보십시오. 그렇게 눈을 님 자신에게로 돌려 '지금'을 진정으로 받아들일 수 있다면 님의 삶에는 어떤 질적인 변화가 일어나, 님이 염려하는 '도태'는커녕 전혀 새로운 삶을 살게 될 것입니다.

삶의 열정이 없습니다

삶의 열정이 너무 없습니다.
밖에 나가기도 귀찮고 두렵네요.
또 큰일을 해보려고 하면 두려움이 앞섭니다.
어떻게 하면 좋을지요. _진리나그네

고통의 두 가지 종류

"인생은 고(苦)다!"

석가모니가 6년 설산 고행 끝에 보리수나무 아래에서 깨달음을 얻은 뒤 바라나시 녹야원으로 와서는 함께 수행했던 다섯 비구들에게 맨 처음 법(法)을 전하게 되는데, 이를 초전법륜(맨 처음 굴린 진리의 수레바퀴)이라고 하지요. 이때 석가모니가 전한 법이 바로 사성제(네 가지 성스러운 진리), 팔정도(깨달음에 이르게 하는 여덟 가지 바른 길)입니다. 그런데 그 사성제의 처음이 바로 '고성제'인데, 이는 곧 "인생은 고(苦)다!"라는 뜻입니다.

2,500여 년 전 인도 카필라 왕국의 왕자로 태어난 고타마 싯다르타(석가모니의 어릴 적 이름)는 인간이 행복할 수 있는 모든 조건들을 다 갖추었음에도 불구하고 생로병사(生老病死)라는 네 가지 근본적인 고통의 문제로 늘 괴로워하다가, 마침내 출가하여 6년간의 고행 끝에 부처(진

리를 깨달은 사람)가 됩니다. 말하자면, 싯다르타를 사로잡은 고통이 오히려 싯다르타를 완전한 자유로 인도한 것입니다.

산다는 것은 정말이지 힘들고 괴롭고 고통스럽기까지 한 순간들이 참 많지만, 그러나 우리가 살아 있기에 겪게 되는 그 고통에는 크게 두 가지 종류가 있습니다. 고통의 두 가지 빛깔이라고나 할까요.

하나는, 똑같은 고통(혹은 삶의 힘겨움)이라 하더라도 우리를 자유로 인도하는 고통이 있는 반면에, 다른 하나는 오히려 우리의 생명력마저 갉아먹는 고통이 있습니다. 즉, 똑같은 고통을 겪으면서도 바로 그 고통으로 인해 삶의 진정한 자유와 해방과 새로운 비약을 경험하게 되는 사람이 있는 반면에, 바로 그 고통 때문에 자기 자신뿐만 아니라 삶의 모든 힘과 기회마저 잃어버리는 사람이 있다는 것입니다. 어째서 그럴까요? 똑같은 고통과 힘겨움 속에서 어떻게 그렇게 전혀 다른 삶의 모습이 나타날 수 있을까요?

결국은 '마음'입니다. 마음이 죽지 않으면 고통이 곧 기회가 되지만, 마음이 먼저 죽으면 삶의 모든 기회가 그대로 고통이요, 절망이 되는 것입니다.

님은 제게 말씀하셨습니다.

"삶의 열정이 너무 없습니다. 밖에 나가기도 귀찮고 두렵네요. 또 큰일을 해보려고 하면 두려움이 앞섭니다."라구요. 님의 짧은 이 한마디 속에 님의 삶의 힘겨움이 그대로 드러나 있음이 느껴집니다.

그런데 님이여, 악순환은 악순환을 부를 뿐입니다. 그리고 무엇보다도, 우리네 인생은 아직 우리가 어떻게 할 수 있는 영역 안에 있습니다. 그리고 그것은 지금 당장 가능하구요. 한 마음을 일으켜 보세요. 그 악순환의 고리를 지금 당장 끊을 한 마음을요.

님은 지금 삶의 열정이 너무 없기 '때문에', 밖에 나가기도 귀찮기 '때문에', 두렵기 '때문에', 무언가 일을 해보려고 해도 두려움이 앞서기 '때문에' 여전히 아무것도 하지 않는 채 거기 그냥 주저앉아 계십니다. 다시 말하면, 자꾸만 자신 안의 그런 마음들에 스스로 주눅 들고 함몰되어 가는 것이지요.

님이여, 같은 빛깔의 에너지는 같은 빛깔의 에너지를 부릅니다. 그래서 악순환은 그저 똑같은 악순환만을 되풀이할 뿐인 것입니다. 이제 그 고리를 한번 끊어 보십시다. 제가 님에게 일으켜 보라 한 그 마음이란, '……에도 불구하고'의 마음입니다. 즉, 삶의 열정이 너무 없기 '때문에' 그냥 주저앉아 있을 것이 아니라, 열정이 없긴 하지만 '그럼에도 불구하고'의 마음을 한번 일으켜 보면, 참으로 묘하게도 무언가 할 수 있는 여백과 힘 같은 것이 조금씩 눈에 보이기 시작할 것입니다. 또한 밖에 나가기도 귀찮고 두렵기 '때문에' 그 마음을 따라 그냥 나가려 하지 않을 것이 아니라, 귀찮고 두려움 '에도 불구하고' 한번 발을 살며시 내디뎌 보면, 아! 님 안에서 죽었던 많은 마음들이 조금씩 살아나는 것을 느낄 수 있을 것입니다.

그렇다고 처음부터 너무 큰 것을 하려 하지 마시고, 작은 것에서부터 조금씩 조금씩 그때마다 '……에도 불구하고'의 마음을 한번 일으켜 보세요. 그러면 그 자그마한 '한 마음'이 참으로 묘하게도 님에게 자꾸만 새로운 마음들을 불러일으킬 것입니다. 그렇게 마음들이 살아나기 시작하면 이제 님도 함께 살아날 것입니다.

님이여.

'……때문에' 아무것도 하지 않은 채 귀찮아하고 두려워하며 그냥 앉아 있어도 괴롭고, '……에도 불구하고' 한번 발을 내디뎌 보아도 여전히 불안하고 힘든 건 우선은 마찬가지일는지 모르지만, 그러나 전자는 오래고도 질긴 헤어날 길 없는 어둠과 무기력 속으로 님을 끌고 들어가겠지만, 후자는 다만 시간이 좀 걸릴 뿐 오래지 않아 마침내 님을 자유로 인도해 갈 것입니다. 왜냐하면 '마음'이 살아났기 때문입니다.

님이 만약 지금 그 한 마음을 일으킬 수 있다면, 그 마음은 참으로 많은 예기치 않았던 선물들을 머지않아 님에게 가져다줄 것입니다. 그와 같이, 삶의 진정한 변화는 언제나 지금 내딛는 이 자그마한 한 걸음 속에 있답니다.

고맙습니다.

그냥 막 살면 되나요?

무엇도 바라지 않고 그냥 그때그때 살아가면 그것으로 오케이인가요? 그냥 바라면 바라는 대로, 괴로우면 괴로운 대로, 갈등이 생기면 갈등이 생기는 대로…… 무엇이 되려고 하는 이 마음만 접고 그냥 살면 되는 건지요?

무엇이 되려는 이 마음도 있는 그대로의 현재가 아닌가요? 무엇이 되려고 발버둥치는 이 모습이 있는 그대로의 모습이 아닌가요? 무엇이든지 현재의 있는 그대로의 모습이겠지요? 이래도 저래도 있는 그대로의 내 모습이라면 나는 왜 괴롭기만 한지……. 단 한 순간도 편한 맘이 안 생기고 괴로운 마음뿐이네요. 이것도 있는 그대로의 내 모습일 텐데, 언제나 이런 의문이 없어질는지……. _용호

마음의 고통과 괴로움의 진짜 원인

님은 질문의 첫 머리에서 이렇게 말씀하셨습니다.
"무엇도 바라지 않고 그냥 그때그때 살아가면 그것으로 오케이인가요?"
예, 그렇습니다. 진실로 그러합니다. 사람들과의 관계에서 문득 어색함이 밀려오면 그 순간 그냥 좀 어색하십시오. 어색하지 않기를 '바라지' 말구요. 자신에게 말을 더듬는 습관이 있거든 그냥 그때그때 말

을 할 때 편안히 더듬으십시오. 말을 더듬지 않고 잘하는 사람이 '되려고' 애쓰지 말구요. 또 문득 외로움이 찾아올 때는 그냥 좀 외로우십시오. 그 외로움을 한번 싸안아 보십시오. 누군가를 만나 그 외로움을 달래려 하거나 외롭지 않으려고 발버둥치지 말구요. 어떤 사람에 대한 미움이 솟구쳐 오르거든 그냥 그 미움을 있는 그대로 긍정하고 받아들여 보십시오. 미워하지 않고 사랑하며 포용하는 사람이 되려고 하지 말구요. 살다가 우유부단할 때가 있거든 그 순간 그냥 좀 쩔쩔매며 우유부단해 보십시오. 무엇이든 분명하게 선택할 줄 아는 사람이 되려고만 하지 말구요. 문득 보이는 자신이 참 보잘것없거든 그냥 좀 보잘것없으십시오. 언제나 잘나고 잘하고 인정받는 존재가 되려고만 하지 말구요.

그와 같이, 삶의 '진정한 오케이'는 지금 이 순간 있는 그대로의, 이 허물어진 듯해 보이고 부족한 듯해 보이는 이 모습 이대로입니다. 그 낱낱의 하나하나가 바로 진정한 자유요, 깨달음이며, 해탈이요, 참나입니다. 우리 자신이 이미 이대로 '오케이'라는 말입니다.

그런데도 우리는 그렇게 살지를 않아요. 단 한 순간도 있는 그대로의 자기 자신을 인정하거나 받아들이지를 않으면서 끊임없이 무언가가 되려고만 하지요. 그런데 바로 그 마음 때문에 삶의 모든 고통과 괴로움이 비롯되고 또한 무한히 증폭되는 줄은 꿈에도 몰라요.

어색함, 말더듬, 불안, 우울, 외로움, 미움, 우유부단, 게으름, 무기력, 초라함, 보잘것없음 등등은 결코 우리에게 고통을 줄 수 없어요. 왜냐하면 그 모든 것 하나하나가 바로 우리 자신이니까요. 오직 그것을 거부할 때에만 그것은 무한히 우리를 쫓아다니며 괴롭힌답니다.

그 '나'를 싸안고 매 순간 있는 그대로 받아들이기만 하면 우리는 참된 평화를 누릴 수 있어요.

"단 한 순간도 편한 맘이 안 생기고 괴로운 마음뿐이네요."라는 님의 말씀처럼, 우리의 인생이 괴롭고 힘들고 무한히 고통스러운 건 바로 그 '나'를 거부하고 저항하며 끊임없이 무언가가 되려고 하기 때문이에요. 그러므로 오직 그 마음만 내려놓고 매 순간 있는 그대로의 '나'로 존재하기만 하면 우리의 고통은 영원히 끝이 나요.

님은 또 이렇게도 말씀하셨네요.

"무엇이 되려는 이 마음도 있는 그대로의 현재가 아닌가요? 무엇이 되려고 발버둥치는 이 모습이 있는 그대로의 모습이 아닌가요? 무엇이든지 현재의 있는 그대로의 모습이겠지요?"라구요.

아뇨, '무엇이 되려는' 그 마음은 매 순간 있는 그대로를 인정하지 못하고 받아들이지 못하기에 생기는 마음이에요. 그렇기에 그것은 '있는 그대로'가 아니라 '저항'이요, '왜곡'인 것이지요. 있는 그대로의 자신이 싫기에 그것을 거부하고 다른 무엇이 되려는 마음이 드는 것은 어쩔 수 없는 일이지만, 그러나 그 마음을 따라가게 되면 괴로움은 끝나지를 않게 돼요. 왜냐하면 '있는 그대로'를 버리고 '저항'을 택했기 때문이며, 무엇이 됨으로써 얻으려고 하는 마음의 참된 평화는 사실은 매 순간 있는 그대로의 것 속에 있기 때문입니다.

그렇기에 만약 님이 단 한 순간만이라도 님 자신의 '있는 그대로'를 만나고 맞닥뜨린다면 그 즉시 님은 근본에서부터 어떤 질적인 변화가 일어나, 마침내 마음의 모든 의문은 끝이 나고 참 평화를 얻게 될 것입니다. 이것이 바로 '있는 그대로의 힘'이며, 또한 그것은 님이 본래

부터 갖고 있던 힘입니다.

  그러므로 님이여.

  진실로 한번 만나 보십시오, 자신의 있는 그대로의 모습을. 그리곤 그것이 바로 님 자신임을 진실로 인정하고 시인하고 받아들여 님 자신이 되어 보십시오. 그러면 그 즉시, 보잘것없고 초라하게 여기며 애써 외면하고 저항했던 님 안에서 영원한 평화를 맛보게 될 것입니다.

너무 무기력하고 게을러요

제가 너무 게을러서 괴롭습니다. 꼭 해야 할 일만 하며 살거나, 아니면 그 일조차 회피하면서 살아요. 눈 뜨고 있는 시간에는 쓸데없이 인터넷만 하는 날들이 허다하구요. 마음속에서는 숱하게 할 일을 되뇌지만, 막상 일 앞에 앉으면 너무 무기력하고 괴롭습니다. 삶이 소중하다는 생각은 들지만, 사는 건 너무 힘들어요. 만사가 다 귀찮고 우울해요. 이런 상태에서 산 지 벌써 몇 년 되었습니다. 열심히 행복하게 충만한 순간들을 살고 싶은데……. 어떻게 해야 되는 거죠? 좀 바보 같은 질문이지만, 어떻게든 도와주시면 고맙겠습니다. _답답이

정말로 열심히 행복하게 살고 싶습니까?

님은 제게 물으셨습니다.
"열심히 행복하게 충만한 순간들을 살고 싶은데…… 어떻게 해야 되는 거죠?"라구요.
저도 님에게 묻고 싶습니다.
"정말로 열심히 행복하게 충만한 순간들을 살고 싶습니까?"
예, 분명히 그 '길'은 있습니다. 그런데 많은 경우, 말은 그렇게 하면서도 '정말로' 열심히 행복하게 충만한 순간들을 살 수 있는 길을 제시하면, 우선은 귀 기울여 듣는 듯하지만 곧 얼마 지나지 않아, 그 간곡

하고도 애틋한 '길'의 제시조차 자신의 게으름의 영역 안으로 집어넣어서는 또다시 행위를 미루며 변명을 일삼는 경우를 많이 봅니다. 다시 말하면, 말은 그렇게 "열심히 행복하게 충만한 순간들을 살고 싶다."고 하지만, 사실은 그것을 원치 않으며, 다만 그 괴로움을 즐길 뿐이지요. 그런데 분명한 것은, 우리의 삶은 우리가 어떻게 할 수 있는 영역 안에 있다는 것입니다. 다만 한 마음을 내면 됩니다.

님에게 "정말로 열심히 행복하게 살고 싶습니까?"라고 되묻고 나니, 문득 다음의 이야기가 생각납니다.

한때 이혼을 눈앞에 둔 어떤 부부와 잠시 인연이 된 적이 있습니다. 그 부부를 염려하는 어느 분의 소개로 상담을 위해 두 사람을 만났을 때, 남편 되시는 분은 제게 이런 말을 했습니다. 자신은 남들에게 참 순수한 마음으로 대하려고 하는데, 남들이 그런 자신의 순수한 마음을 잘 몰라주더라, 그래서 이젠 부질없다 싶어서 그 마음을 접으려고 한다. 그리고 자신은 아내에게 참 잘해 주려고 하는데, 아내가 전혀 그런 자신의 마음을 몰라주더라…….

그래서 제가 말했습니다.

"사람은 본능적으로 자기 자신에 대해서는 후한 점수를 주게 되어 있습니다. 님은 남들에게 참 순수한 마음으로 대하는데 남들이 그 순수함을 몰라준다 하셨는데, 제가 다시 한 번 님에게 여쭙겠습니다. 님은 '정말로' 순수한 마음이었습니까? 그리고 님은 아내에게 잘해 주려고 하는데 아내가 그 마음을 몰라준다 하셨지만, 다시 한 번 물어볼게요, 님은 '정말로' 아내에게 잘해 주려는 마음이었습니까?"

그러자 그 남편은 갑자기 고개를 숙이고는 한동안 아무런 말이 없더니, 이윽고 고개를 들면서 이렇게 말했습니다.

"'정말로'라고 물으시면…… 제가…… 할 말이 없습니다."

아, 그 짧은 순간 그분은 '정말로' 자기 자신을 한 번 돌아봤던 것이지요. 그리고 그렇게 자신 속을 한 번 들여다보면서, 자신 안에는 진짜의 마음은 하나도 없고 오히려 오만과 거기에서 비롯된 온갖 판단만이 가득했다는 것을 비로소 깨닫게 된 것이지요. 그리곤 그날 이후로 두 사람은 신기하게도 사이가 좋아지고, 오래지 않아 서로를 진정으로 위하며 살아가는 부부가 되었다는 얘기를 나중에야 들었습니다. 그분은 그 짧은 순간이나마 자신을 '정말로' 돌아볼 줄 아는 순수한 사람이었던 것이지요.

님이여.

너무 게을러서 괴로운 님이여, 오랫동안의 무기력과 자기방기에 지친 님이여, 그래서 새롭게 살고픈 마음이 '정말로' 절실한 님이여, 바로 그러하기 때문에 진정 다시 살 님이여……!

님은 이렇게 말씀하십니다. "마음속에서는 숱하게 할 일을 되뇌지만, 막상 일 앞에 앉으면 너무 무기력하고 괴롭습니다."라고. 그런데 그것은 그럴 수밖에 없습니다. 왜냐하면 '문제'와 '괴로움'으로부터의 해방과 자유는 결코 마음속에서 숱하게 되뇌는 그런 다짐과 결심과 실천을 통해서 오는 것이 아니기 때문입니다. 존재의 진정한 해방은 그와 같은 '마음의 영역' 안에 있지 않습니다.

보세요, 게으른 것도 마음이요, 그것으로부터 벗어나고 싶어 결심하고 다짐하는 것도 마음인데, 어떻게 마음으로써 마음을 벗어날 수 있겠습니까. 마음으로는 결코 마음을 넘어설 수 없습니다. 그것은 마치 피를 피로 씻어서 희게 하려는 것과 같습니다. 그런데도 님은 지금까지 그 '마음의 영역' 안에서만 어떻게 해보려고 했기에, 괴로움만 더했지 해방은 없었던 것입니다. 그러니, 이젠 님이 어떻게 마음먹음으로써 삶을 바꿔 보려는 그 마음을 내려놓으세요. 그것은 결코 될 수 없는 일입니다.

또한 님은 "삶이 소중하다는 생각은 들지만, 사는 건 너무 힘들어요. 만사가 다 귀찮고 우울해요."라고 하면서도 "눈 뜨고 있는 시간에는 쓸데없이 인터넷만 하는 날들이 허다한" 걸 보면 만사가 다 귀찮은 것만은 아닙니다. 그렇지요? 특히 인터넷이나 텔레비전을 볼 때는 엄청난 에너지의 집중과 소모를 가져오지요. 다시 말하면, 님은 스스로 게으르다, 무기력하다 하면서도 그 게으름과 무기력을 달래기 위해서 엄청난 에너지와 시간들을 쏟아 붓고 있다는 것입니다.

무슨 말씀을 드리고 싶냐 하면, 님에게는 어떤 에너지가 있다는 것입니다. 따라서 님이 괴롭고 힘든 건 정말로 게으르거나 무기력하기 때문이 아니라, 그 어떤 것도 진정으로 선택하지 못하는 '둘로 나뉜 마음' 때문이라는 것입니다. 즉, 온전히 게으르거나 무기력하지도 못하고, 그렇다고 온전히 자신을 추슬러서 열심히 살지도 못하는……. 그런데 그런 자신으로부터의 해방은 결코 지금까지와 같은 방식으로는 안 된다는 것입니다. 그러므로 님이여, 이렇게 한번 해보십시오. 이것이 제가 님에게 간곡하게 말씀드리고 싶은 '길'입니다.

그것은 즉, 인생에 단 한 순간만이라도 자신의 게으름과 무기력을 정죄하지 말고 '온전히' 받아들여 있는 그대로 긍정해 보라는 것입니다. 인생에 단 한 번만이라도 게으름과 무기력과 무료함 이외에는 그 어떤 것도 선택하지 말고 온전히 그것만을 선택하여 그 속에 있어 보자는 것이지요. 그래서 단 한 번만이라도 '정말로' 게으르고 '정말로' 무기력해 보자는 것입니다. 그러기 위해 인터넷도 끄고, 텔레비전도 켜지 말며, 책도 읽지 말고, 그 밖에 자신의 게으름과 무료함을 달랠 그 어떤 행위도 하지 않은 채 '정말로' 무기력해 보자는 것입니다. 인생에 단 한 번만이라도 100%로 게으름을 선택해 보자는 것이지요.

아, 님이여. 진실로 이 한 마음을 내어보세요. "나는 100% 게으르고 100% 무기력해 보리라. 그래서 '정말로' 아무것도 하지 않아 보리라……!"

님이 진실로 이 한 마음을 낼 수 있다면, 정녕 그러실 수 있다면, 님 안에서는 어떤 설명할 수 없는 '비약'이 일어나 지금까지의 모든 마음의 힘겨움과 괴로움으로부터 완전히 벗어난 자유를 맛보게 될 것입니다. 그리곤 님이 그토록 바라던 '열심히 행복하게 충만한 순간들'을 살 수 있게 될 것입니다. 왜냐하면 진정한 자유는 오직 '지금' 속에만 있으며, '지금'을 있는 그대로 껴안을 때 오히려 '지금'으로부터 해방되는 비약을 경험할 수 있기 때문입니다. 그 외에는 달리 길이 없기 때문입니다. 결심하고 다짐하는 마음의 영역이 평면이라면 자유는 입체라고 말할 수 있는데, 평면이 입체가 되는 길은 어떤 질적인 변화를 통한 비약의 길밖에 없기 때문입니다. 그렇게 오직 '지금'을 껴안을 때에만 '길'이 열리기 때문입니다.

아, 님이여, 텔레비전이나 인터넷을 끼고 살면서 "나는 게으르고 무기력하다."라고 말하는 사람은 전부가 거짓말을 하고 있는 것입니다.

선택이 힘들어요

저는 이 문제로 고민하는 경우가 많습니다. 가장 주된 것은 이렇습니다. 아프리카의 난민들을 보면 천 원이라도 근검절약하여 기부하는 것이 전체를 위해 얼마나 큰 이득인지를 알게 합니다. 그래서 이것을 위해 절약을 하다 보면 인색하다는 평을 들을 때가 있는데, 이럴 때마다 어찌해야 할지 망설여질 때가 있습니다.

또 식이요법 중 밥 따로 물 따로 먹고 식후 2시간 전후로는 물을 마시지 않으며, 간식을 일체 금하고, 나아가 식사를 하루에 두 끼 이하로 줄이는 요법이 있는데, 이것은 절약도 될 뿐 아니라 몸의 건강도 찾을 수 있는 1석 2조라서 시행하려고 하는데, 이것 또한 남이 보기에 깐깐하다는 평을 들을 때가 있어서 어찌해야 할지 망설여질 때가 있더군요. 채식 단체들을 통해 이기적인 사육자들로 인하여 동물들이 겪는 고통을 보고 채식을 하려고 하는데, 이것도 사람들과 어울리다 보면 육식을 거부하는 게 순리일지 망설여질 때가 많네요. _에너지

선택하기를 서두르지 마세요

선택하기를 서두르지 마세요.
삶 속에서 언제나 분명한 선택만을 하며 살아야 하는 것은 아닙니다.
이런저런 내·외적인 공감 속에서 님이 무언가 하나를 선택해서 실

천하려 하는데, 다른 사람이 그것에 대해 다른 의견을 제시함으로써 님 안에서 어떤 혼란과 망설임이 오거든, 자꾸 그 가운데 어느 하나를 선택하려고만 하지 마시고, 그냥 그 '선택하지 못하는 혼란과 망설임' 속에 한번 있어 보십시오. 그 혼란과 망설임 또한 지극히 소중한 우리 삶의 한 에너지요, 더할 나위 없이 귀중한 삶의 한 순간이기 때문입니다.

왜 우리는 늘 '선택' 속에만 있으려 하고 '선택하지 못하는 혼란과 망설임' 속에는 조금도 있으려 하지 않는 것일까요. 어쩌면 우리를 진정으로 살게 할 어떤 힘 같은 것은 그 '선택하지 못하는 혼란과 망설임' 속에 있을는지도 모르는데 말입니다.

그러므로 무엇을 선택해야 할지를 몰라 망설여지는 순간이 오거든 그냥 그 '모름'과 '망설임' 속에 한번 있어 보십시오. 그 순간을 있는 그대로 받아들여 보십시오. 그렇게 문득 님이 무언가를 선택하기를 그칠 때, 선택 그 자체가 님 안에서 저절로 솟구쳐 오를 때가 있을 것입니다. 그러면 그것이 바로 님의 진정한 선택입니다.

새로운 환경에 대한 불안

평소 선생님 글을 읽으면 마음이 편안해지고 따뜻해지는 걸 느낍니다.

요즘 고민이 많고 불안한 마음 때문에 글을 올립니다. 직장 문제로 제 신상에 변화가 생길 것 같은데, 그게 너무 신경이 쓰이고 마음이 불안합니다. 대구에서 10년 이상 살았는데, 다른 곳으로 연고를 옮겨야 할지도 모르거든요. 새롭게 만나야 할 사람들과 일들, 그리고 새로운 환경들이 두렵고 걱정됩니다. 이 불안한 마음을 어떻게 달래야 할까요. _바람

삶은 부닥치는 자의 것입니다

무슨 일이든 마찬가지겠지만, 막상 부닥쳐 보면 별것 아니거나 아무것도 아닌 것을, 나아가 바로 그 일 때문에 우리의 인생에 큰 배움이 되어 질적으로 성장하거나 성숙할 수도 있는 것을, 부닥쳐 보기도 전에 미리 앞당겨 걱정을 하거나 그 일을 부정적으로 생각한 나머지 현재에마저 충실하지 못하고 불안해하는 경우를 우리네 인생에서는 허다하게 봅니다. 미래의 일은 그때 가서 부닥쳐 보면 알게 될 것입니다. 미리 걱정할 일이 아닙니다.

그리고 삶을 살아가면서 우리가 감당할 수 있는 능력과 한계를 벗어

나는 어려움이나 힘겨움은 인생에 결코 주어지지 않으며, 우리 안에는 그 어떤 삶의 힘겨움이나 어려움도, 심지어 죽음까지도 감당해 낼 수 있는 힘과 에너지가 숨겨져 있습니다. 이 이중의 반석 위에 우리가 서 있는데 다시 무엇을 두려워하겠습니까? 앉아서 걱정할 것이 아니라, 부닥쳐 보면 스스로 그 힘과 에너지를 느끼고 알게 될 것입니다.

그런 의미에서 보면, 우리가 인생을 살아갈 때 '……때문에'가 아니라 '……에도 불구하고'의 마음 자세로 살아간다면, 자기 자신과 살아있음에 대하여 더 많은 것을 더 깊이 배울 수 있게 되지 않나 싶습니다.

이를테면, 님은 직장 문제로 인한 자신의 신상 변화에 대해 말씀하시면서, "새롭게 만나야 할 사람들과 일, 그리고 새로운 환경들이 두렵고 불안하다."고 말씀하십니다. 이때, 직장의 연고지가 다른 곳으로 옮겨질지도 모른다는 불안 '때문에', 혹은 새롭게 만나야 할 사람들과 일 그리고 새로운 환경들이 두렵기 '때문에' 신상 변화에 심리적으로 저항하거나 꺼리거나 회피하려 할 것이 아니라, 그 모든 불안과 두려움'에도 불구하고', 다시 말하면, 그 모든 불안과 두려움들을 싸안으면서, 그것들을 있는 그대로 받아들이면서 그냥 주어지는 현실 속으로 뚜벅뚜벅 걸어 들어가 보십시오. 그러면 님은 어느새 님 자신 위에, 삶 위에 힘 있게 우뚝 서있는 자신을 발견하게 될 것입니다.

그와 같이, 삶이란 부닥치는 자에게는 한없이 그 길을 내주는, 더없이 온순한 무엇이랍니다.

능력이 부족하여 답답합니다

세상 누구에게도, 한 번도 진실하게 묻거나 상의해 보지 못한, 하지만 남이 들으면 그것도 고민이라고 심각하냐고 힐난함 직한 얘기랍니다.

저는 41살 된 직장인이며 두 아이를 둔 가장입니다. 이미 했어야 할 일도 많고, 또 해야 할 일도 많습니다. 헌데 제대로 이룬 게 하나도 없고, 아직 집도 한 칸 없고, 계획도 막연합니다. 능력 부족인 건 알지만, 앞날을 생각하면 더 답답하기만 합니다. 더욱 큰 문제는 거의 매일 그런 내면의 문제를 숨기고 사람들과 어울려 술 마시고 희희낙락 떠들고 논다는 겁니다. 어찌 보면 제정신이 아닌 거죠. 집사람이 앞으로의 대책이나 계획을 물어도 "걱정 마라. 내가 다 알아서 할 테니, 넌 걱정 마라." 하는 식입니다. 사실은 자존심 상하고, 창피하고, 불안하고, 더 걱정이 돼서 그런 거지요.

별 하찮고 우스운 질문도 다 있다 하실지 모르지만, 저 자신은 고민이 많습니다. 내일 일은 아무도 모른다는데 아무런 준비도 없고……. 바로 지금에 만족하자 생각하며, 가족 모두 건강하고 남한테 폐 끼치지 않고 사니 그나마 다행 아닌가 하고 자위도 해보지만, 현실은 그게 전부가 아닌 것 같아요. 주위 친구들이나 동료들 보면 다들 월등하고, 저만 뒤처져서 갈팡질팡하는 것 같습니다.

여기까지 쓰면서 그나마 누군가에게 떠들 수 있었다는 것만으로도 마음이 좀 후련하네요. _껍데기

비교하는 마음이 문제입니다

안녕하세요?

질문을 주셔서 감사합니다.

그런데 님의 마음을 가만히 읽어 보면, 언제나 비교하느라 마음이 바빠 정작 자기 자신을 위해서 살지 못하는 안타까운 모습들을 봅니다. 님의 글을 다시 한 번 보면,

"이미 했어야 할 일도 많고 또 해야 할 일도 많지만, 제대로 이룬 게 하나도 없고"

"앞날을 생각하면 더 답답하기만 합니다."

"내일 일은 아무도 모른다는데 아무런 준비도 없고……."

"바로 지금에 만족하자 생각하지만, 현실은 그게 전부가 아닌 것 같아요."

"주위 친구들이나 동료들 보면 다들 월등하고, 저만 뒤처져서 갈팡질팡하는 것 같습니다."

그렇듯 님은 언제나 과거와 비교하고, 미래와 비교하고, 남과 비교하고, 또 뭘 이루어 놓았나 그렇지 못했나와 비교하고……. 그렇게 언제나 비교하느라 마음 중심이 바쁘고 떠 있으니, 모든 것이 불안하고 그저 답답하기만 한 것이지요. 때로 "지금에 만족하자 생각하며, 가족 모두 건강하고 남한테 폐 끼치지 않고 사니 그나마 다행 아닌가 하고 자위도 해보지만" 그 마음도 금세 어디론가 사라져 버리곤 곧 다시 불안해지고……. 그래서 친구들과 어울려 술로 달래 보려 하거나, 그런

모양으로 자신을 슬그머니 방기도 해보지만, 그건 또 다른 모양으로 자신의 삶의 골만 깊게 할 뿐인 것이지요.

그런데 제가 보기에 님의 문제는, 제대로 이룬 게 하나도 없기 때문도 아니요, 집도 한 칸 없기 때문도 아니며, 능력 부족 때문도 아니요, 친구들이나 동료들보다 뒤처져서도 아닙니다. 만약 님이 자기 자신에게 닿아 있다면 그런 것들은 아무런 문제도 되지 않습니다. 그냥 시간을 두고 하나하나 부딪쳐 가며 헤쳐 나가기만 하면 되니까요.

그런데 님은 안타깝게도 님 자신에게 닿아 있지도, 뿌리를 내리지도, 자기 자신 위에 우뚝 서지도 못했기에 언제나 어느 순간에서나 본능적으로 비교하게 되는 근본 불안을 가슴 깊이 멍에처럼 갖게 된 것이고, 바로 그 때문에 님은 어느 자리 어떤 순간에서도 쉼이 없는 힘겨운 삶을 살게 된 것입니다. 심지어 "사람들과 어울려 술 마시고 희희낙락 떠들고 노는" 자리에서조차도 온전히 놀 줄을 모르는…….

님이 그렇게 된 데에는 여러 가지 원인이 있을 수 있겠지요. 이를테면, 어려서부터 따뜻하게 사랑받아 보지 못했다거나, 자기 자신으로서 깊이 인정받고 존중받아 본 적이 없었다거나 하는 등의……. 그래서 언제나 마음은 두리번거리게 되었고, 그런 속에서 자기 자신 안에서 진실로 솟구치는 '내면의 소리'를 들을 줄 아는 귀를 일찍부터 잃어버렸는지도 모릅니다. 저 자신이 그랬듯이요. 그러나 그것은 또한 어쩔 수 없는 일입니다. 이미 지나간 과거요. 그냥 그런 일이 님과 저에게 있었을 뿐인 것입니다.

결국 문제는 '지금'이요, '현재'입니다. 만약 님이 '지금'의 이 하루하루를 더 이상 남과 비교하거나 과거와 비교하거나 미래와 비교하느라 님의 에너지들을 허비하지 않을 수 있다면, 그래서 소중한 이 삶의 시간들을 진정 자기 자신과 '지금' 해야 할 일을 위해 온전히 쓸 수 있다면, 님이 그토록 "이루어 놓은 게 없다"며 회한에 찬 눈길로 바라보는 과거에 대해서도 마음의 무게들을 놓을 수 있게 될 것이며, 미래는 더 말할 나위가 없을 것입니다.

그와 같이, 비교하는 마음 안에서는 '지금'과 '자기 자신'이 언제나 부정적으로만 보여 무기력해질 수밖에 없겠지만, 비교하지 않고 오직 '지금'과 '자기 자신'만을 보는 사람은 언제나 긍정적으로 모든 것을 보게 되어, 아무리 어려운 상황과 형편이라 할지라도 거기에 물들지 않고 함몰되지 않는 전혀 새로운 힘을 자신 속에서 끊임없이 발견하게 될 것입니다. 만약 님이 그 힘에 닿기만 한다면, 님은 지금과 똑같은 상황과 형편 속에서도 전혀 다른 삶을 살 수 있게 될 것입니다. 그러니, 결국 님의 무엇이 문제이겠습니까?

육체적 질병에 대한 질문입니다

선생님, 여러 모로 항상 감사드립니다.

제 질문은 두 가지입니다.

'진실로 내 안에서 일어나는 모든 것이 바로 진리'라는 말씀의 뜻을 이해하지 못하고 있습니다. 좀 자세히 설명 부탁드립니다.

그리고 두 번째 질문은, 저는 10여 년 가까이 지병을 가지고 있는데, 제 나름의 수많은 방법을 동원해도 낫지 않아서 이제 자포자기 상태입니다. 그래도 제게는 아직 부양해야 할 어린 자식들과 노모, 아내가 있습니다. 어떻게 하면 건강을 회복할 수 있겠는지요. _야생마

님의 그 지병을 한번 사랑해 보세요

안녕하세요?

질문을 주셔서 감사합니다.

그런데 '진리'라고 말은 하지만, 이름하여 그렇다는 것이고, 그것의 참된 뜻은 "모든 것은 다만 있는 그대로일 뿐이다."라는 뜻입니다. 즉, 님이 지적하신 '진실로 내 안에서 일어나는 모든 것이 바로 진리'라는 말의 참뜻은, 우리 내면에서 일어나는 불안, 우울, 잡생각, 망상, 무기력, 분노, 미움, 말더듬, 경직, 긴장, 우유부단, 강박, 비열함, 야비함, 이기심, 교만, 기쁨, 환희, 즐거움, 상쾌함, 성실, 겸손, 자비심 등등

모든 번뇌와 오욕칠정이 다만 있는 그대로일 뿐이라는 말입니다.

그래서 우울이 오면 그냥 좀 우울해하고, 문득 불안이 찾아오면 그냥 좀 불안해하며, 사람과의 관계 속에서 어느 순간 경직과 긴장이 찾아오면 그것을 있는 그대로 받아들여 그냥 좀 경직되고 긴장하면서 사는 것을 말합니다. 또 살다가 무기력해지면 그냥 좀 무기력해하고, 우유부단하면 그냥 좀 우유부단하며, 속에서 어떤 비열함이 올라오면 그 비열함 또한 자신임을 인정하고 시인하는 것을 말합니다. 그러다가 어느 순간 또 기분이 좋아지면 그냥 기분 좋아하고, 어떤 기쁨과 즐거움이 찾아오면 그 순간 그렇게 기뻐하고 즐거워하면서 사는 것을 말합니다. 다시 말해, 매 순간 있는 그대로의 우리네 삶이 모두 다 진리라는 말입니다. 그래서 불교에서는 이를 두고 "중생의 삶 그대로가 곧 부처이며, 번뇌가 바로 보리."라는 말들을 하고 있는 것입니다.

그런데 우리는 그렇게 살지를 않아요. 우리 내면에서 일어나는 모든 것이 다 '나' 아님이 없건만, 그래서 어느 것도 취하고 버릴 것이 없건만, 우리는 우리 눈에 좋아 보이는 것은 끊임없이 취하려고 하고, 그렇지 않아 보이는 것은 끊임없이 버리려고만 하지요. 그런데 바로 그 가리고 택하는 마음 때문에 인생의 모든 고통과 고뇌와 메마름과 괴로움이 찾아온답니다. 따라서 그 한 마음만 내려지면 지금 이대로의 삶이 곧 부처의 삶이며 진리라는 것이지요.

님의 두 번째 질문에 대해서는 이렇게 말씀드리고 싶네요.

님의 그 지병을 한번 사랑해 보시라고요. 그것을 온전히 받아들여 보라고요. 왜냐하면 그 지병 또한 있는 그대로일 뿐이며, 진리이기 때문입니다.

그렇다고 그 지병을 껴안은 채 병원에도 가지 말고 어떤 치료도 하지 말라는 것이 아니라, 병을 치료하기 위한 최선의 노력은 다 하되, 다만 마음으로부터 그 지병을 원망하거나 한탄하거나 거부하거나 저항하는 그 마음을 내려놓아 보라는 말입니다. 대개의 경우 육체의 병보다도 그 것을 거부하고 원망하는 그 마음으로 인해 더욱 고통 받으며 오히려 병이 치유될 수 있는 길을 가로막는 경우가 많기 때문입니다.

그리하여 님이 진실로 그 지병을 있는 그대로 받아들여 사랑하게 될 때, 밖으로부터 투여되는 약과 안으로부터의 모든 저항을 그친 그 마음이 합하여 마침내 님의 지병은 눈 녹듯 녹아 없어질 것입니다.

님의 영혼과 육체가 모두 건강하여 행복한 가정을 꾸려 가시게 되기를 진심으로 기원합니다.

고통의 소멸에 대하여

온전히 있는 그대로의 나로 존재할 수 있게 되면 모든 고통이 소멸된다고 합니다. 그러나 심리적인 고통은 모두 소멸될 수 있겠지만 육체적인 고통까지 소멸되는 것은 아니라고 봅니다. 단지 고통이라는 개념만 소멸되어 고통에 대해 어느 정도 면역력이 생기는 것이 아닌가 합니다.

한편 고통이나 질병에 저항하지 않고 그것을 그냥 품는 것이 치료의 지름길이라고 하셨는데, 그 반대로 암시 요법을 통해 자신의 병이 나을 것임을 암시하고 치료된 상태에 대한 상상을 통하여 치유된 사례도 무수히 많으니, 내적으로는 고통이나 병을 수용하면서도 외적으로는 암시 등을 통해 극복하는 몸짓이 최상이 아닌가 하는 생각이 들었습니다. _작은질문

고통의 무게는 저항하는 마음이 만들어 내는 것

살아가면서 우리는 늘 이런저런 문제와 어려움과 고통들 속에서 살아가게 됩니다.

그런데 가만히 보면, 살아가면서 겪게 되는 이런저런 문제와 고통과 어려움들 때문이 아니라, 사실은 그것들을 있는 그대로 받아들이지 못하고 끊임없이 저항하고 거부하는 바로 그 마음 때문에 우리는

더욱 고통 받을 때가 많습니다. 다시 말해, 그냥 인정하고 받아들여 버리면 정작 아무것도 아니었음을 깨닫게 되거나, 오히려 그로 인해 무언가를 크게 배우게 될 수도 있는 것을, 그렇게 하지 못하고 또한 그렇게 하고 싶어 하지 않는 바로 그 마음 때문에 우리는 더욱 고통을 키우게 되는 경우가 많다는 것이지요.

그러므로 만약 우리를 힘들게 하는 '문제'들을 있는 그대로 받아들여 그것에 대한 모든 저항을 그친다면, 그 순간 우리 마음 안에는 어떤 질적인 변화가 일어나, 더 이상 문제가 문제로 보이지 않게 되는 묘한 힘 같은 것이 생깁니다. 그렇게 되면 이제 마음이 만들어 내는 모든 허구적인 고통이 사라지게 되어, 다만 문제 자체가 갖는 약간의 힘겨움과 고통만을 치러 내기만 하면 되기에, 우리의 삶은 한결 가볍고 자유로우며 설명할 수 없는 평화 같은 것을 깊이 맛볼 수 있게 됩니다.

이렇게 말하고 나니 문득, 얼마 전 부산에서 오신 도덕경 식구 한 분이 대구 모임에 오셔서 하신 말씀이 생각납니다.

"우리가 고민하고 괴로워하는 문제의 실제 무게는 1kg인데, 그런 문제가 없는 것만이 진정한 자신이요, 행복이라고 생각하고는 끊임없이 그것을 없애려고 하면서 거기에 매달리다 보니 그 무게가 우리에게는 10kg으로 느껴지게 된다. 그러나 그 10kg이라는 것은 문제 자체를 두려워하는 우리의 마음이 만들어 낸 허구다. 그런데도 우리는 그 허구적인 생각의 무게에 짓눌려 못 견뎌 하며 삶이 무겁다고, 힘들다고, 아프다고 징징거리고 있다."

"단지 내 생각 한 번 잘못 하는 바람에 나는 여태까지 우상 숭배를 하고 있었다. 태어날 때부터 완전하게 태어난 나—머리카락 하나부터 발끝까지, 웃음과 미움과 분노와 기쁨과 무기력과 불안을 포함해서 나의 모든 것이 완전한데—를 부정하고, 지금 있는 그대로 완전한 나를 버리고, 아니 믿지 못하고, 불안이 없는, 경직이 없는, 무기력이 없는 완전한 것이 따로 존재한다고 굳게 믿고 그걸 숭배하고 있었다. 그러나 나의 우상 숭배는 이제 끝이 났다……."

사실 고통이란 저항을 그친 마음 안에서는 아무런 문제가 되지 않습니다. 그것 또한 소중한 삶의 한 부분인 걸요. 다만 담담히 치러 내기만 하면 될 뿐인…….

죽음이 두렵습니다

선생님의 좋은 말씀 항상 귀동냥하며 읽고 있습니다. 선생님은 삶과 죽음이 둘이 아니고 하나라는 말씀을 하십니다. 그러나 저는 죽음이 정말로 겁이 납니다. 저의 가족, 친한 지인들도 하나 둘 모두 죽었고 저 자신도 곧 죽을 것을 생각하니, 저 자신이 어찌될지 불안하고……. 몸은 아프고 가진 돈도 넉넉지 못하니, 여기 있는 여러분들의 훌륭한 이야기들이 모두 남의 영화처럼, 현실성이 전혀 없는 소설처럼 느껴집니다.

선생님, 제가 곧 죽으면 어떻게 됩니까? 불안과 초조함에 밤을 지새우는 것이 두렵습니다. 우둔하다 질책하지 마시고, 정말 삶과 죽음이 무엇인지 알고 싶습니다. 저는 어려운 이야기들은 모르니, 곧 죽음을 맞이할 제가 어찌될지, 좋은 말씀 부탁드립니다. _천인

받아들일 때 두려움은 사라집니다

앞에서도 잠깐 말씀드렸습니다만, 한 나라의 왕자로 태어나 인간이 행복할 수 있는 모든 조건들을 완벽하게 갖추었던 석가모니가 그 모든 조건들에도 불구하고 생(生) · 노(老) · 병(病) · 사(死)에 대한 의문으로부터 시작된 마음의 고통과 괴로움을 견디다 못해 결국 출가를 하게 되지요. 그리곤 6년간을 설산에서 온갖 고행을 하며 수도를 한 끝에

마침내 득도하게 됩니다. 말하자면, 자신을 그토록 괴롭혔던 생로병사의 모든 문제들을 해결하고 부처가 된 것이지요.

그런데 생로병사의 문제를 해결하고 그 모든 것으로부터 벗어나 해탈했다던 그가 결국 생로병사로 인해 죽습니다. 말년의 그는 너무 늙어서 허리가 아프다며 설법을 제자에게 대신 하도록 하는가 하면, 교화 여행을 하는 중에 여러 차례 중병을 앓기도 하고, 그러다가 결국엔 심한 식중독에 걸려 죽습니다.

어느 날 "아, 나는 피로하구나. 이 두 사라나무 사이에 머리가 북쪽으로 향하게 자리를 깔도록 하라."라고 말하자, 스승의 죽음이 임박했음을 알게 된 제자들이 눈물을 흘리며 슬퍼합니다. 그러자 그는 "슬퍼하지 마라. 내가 언제나 말하지 않았느냐. 사랑하는 모든 것은 곧 헤어지지 않으면 안 되느니라. 제자들이여, 그대들에게 말하리라. 제행(諸行)은 필히 멸하여 없어지는 무상법(無常法)이니라. 그대들은 중단 없이 정진하라. 이것이 나의 마지막 말이니라."라고 말하고는 곧 눈을 감습니다.

그렇다면, 석가모니가 해결한 것은 무엇일까요? 생로병사의 고통으로부터 벗어나 부처가 되었다는 그가 생로병사로 인해 죽었는데, 그렇다면 그는 무얼 해결했다는 것일까요? 그리고 그 해결이 있기 전에는 언제나 생로병사로 인해 고통 받으며 괴로워했었는데, 그 해결이 있고 난 뒤에는 엄연한 생로병사의 고통 속에서도 늘 평화롭고 여여(如如)할 수 있었다니, 도대체 석가모니에게 찾아온 그 해결이란 무엇일까요?

그것은 마음입니다.

그는 마음에서 어떤 해결이 온 것입니다. 즉, 깨달음의 순간 그에게서는 이원성(二元性)에 바탕을 둔 마음이 사라져 버렸고, 동시에 그때까지 마음이 만들어 내던 모든 분별과 무게와 집착이 사라져 버린 것입니다. 그리하여 마치 거울처럼 모든 것을 다만 있는 그대로 볼 수 있게 된 것입니다. 그 눈으로 생로병사를 바라보니 그것은 두려움과 공포와 상실과 절망의 대상이 아니라, 단지 하나의 사실이요, 흐름일 뿐 아무것도 아니었습니다. 거기에는 지킬 '나'라는 것도 없었고, 죽을 '나'도 없었습니다. '삶'이라 할 것도 없었고, '죽음'이라 할 것도 없었습니다. 끊임없는 분별 속에서 언제나 취하고 버리고, 가리고 선택하는 가운데 온갖 모양들을 만들어 내던 마음이 사라져 버렸으니까요. 모든 것은 다만 있는 그대로일 뿐이었습니다. 그리곤 그는 이 진실 앞에서 마침내 고요해졌습니다. 이것이 바로 진정한 해결입니다.

님이여.

님이 불안하고 초조하고 겁이 나는 것은 죽는다는 사실 때문이 아닙니다. 있는 그대로의 진실을 보지 못하는 마음 때문입니다. 삶은 좋은 것이고 죽음은 나쁜 것이라는 분별 때문입니다.

죽음에 대한 마음의 저항을 내려놓고, 죽는다는 사실을 진실로 받아들여 보십시오. 님이 진실로 그러실 수 있다면, 바로 그 순간 님은 죽는다는 사실로부터 자유로운 지극한 평화를 맛볼 수 있게 될 것입니다. 죽음에 대한 두려움은 마음이 만들어 낸 허구요, 죽음은 두려워해야 할 그 무엇이 아니었음을 그때 비로소 알게 될 것입니다. 나아가 죽을 '나'라는 것도 본래 없었음을 또한 깨닫게 되어 마침내 죽음으로부터 해방을 맞을 것입니다.

만약 님이 지금 이 순간 죽음을 받아들인다면 이 모든 진실에 대해 비로소 눈을 뜨게 될 것입니다. 그것은 곧 지금 이 순간 속에서 영원한 자유를 얻게 된다는 것인데, 살아 있으면서 죽음을 넘어설 수 있다면 이보다 더 감격스러운 일이 또 어디 있겠습니까. 그리고 그 기회가 지금 님 앞에 있습니다.

삶과 죽음을 어떻게 보시는지요

구도의 길을 걸어왔고 진리를 깨우친 분으로서 우리의 삶과 죽음, 이승과 저승, 천당과 지옥, 연옥이란 걸 어떻게 생각하고 계신지, 선생님의 말씀을 듣고 싶습니다. _고선생

모든 의문에 대한 답은 '나'를 벗어나 있지 않습니다

작년 어느 날엔가 온 식구들이 둘러앉아 저녁을 먹는데, 초등학교 2학년에 다니는 제 딸아이가 눈을 반짝이며 난데없이 이렇게 물었습니다.

"아빠, 아빠는 죽으면 천국 갈 것 같애, 지옥 갈 것 같애?"

아마 제 엄마 손을 잡고 늘 교회에 다니다 보니 그런 말을 자주 들었을 터이고, 그날따라 문득 그 말이 생각나면서 아마 제가 걱정이 되었나 봅니다. 그래서 제가 말했습니다.

"응? 글쎄…… 그런데 아빠는 벌써 천국에 와 있는 걸?"

그러자 녀석은 얼굴을 반쯤 돌리면서 놀리듯 입을 삐죽거리며,

"에이, 거짓말……!"이라고 하는 겁니다.

어느 날 아침엔가는 또 이렇게 물었습니다.

"아빠, 아빠는 왜 밥 먹을 때 기도 안 해?"

"으응?"

그날따라 유난히도 배가 고파 밥상에 앉자마자 허겁지겁 밥을 먹고 있는데, 그런 나를 빤히 쳐다보며 딸아이가 문득 그렇게 묻는 겁니다. 그래서 제가 그랬지요.

"아빠가 생각하는 기도는 말이야, 눈을 감고 다소곳한 자세로 앉아 입 속으로 무어라 중얼거리며 기도하는 것만이 기도가 아니거든? 아침밥이 나왔을 때 맛있게 먹는 것이 바로 기도요, 숨 쉬는 것도 기도야. (이 대목에서 녀석은 벌써 입을 삐죽거리며 '아닌데……'라는 표정으로 저를 흘겨보고 있었습니다.) 또 말해 볼까? 길을 걸어가는 것도 기도요, 하루 일을 열심히 하는 것도 기도이며, 어떤 생각에 잠기는 것도 기도야. 뿐만 아니라 잠이 올 때 곤히 잠을 자는 것도 기도이며……. 그와 같이 아빠에겐 삶의 모든 것과 모든 순간이 다 기도야. 그래서 아빤 오히려 기도하지 않는 순간이 없는 걸?"

그러나 녀석은 어느새 제 말을 듣는 둥 마는 둥 하며 제 입에 들어갈 반찬만을 신경 쓰는 듯했습니다.

천국과 지옥은 시간적인 개념도 아니고, 공간적인 개념도 아닙니다. 그것은 다만 우리들의 마음 안에 있습니다. 저는 천국과 지옥을 모두 경험했습니다. 제게 있어서 천국과 지옥이란, '진정한 나'를 만나지 못했을 때, 그래서 언제나 목이 마르고 무엇을 해도 허허로웠으며 그랬기에 더욱 끝없는 추구에 매달릴 수밖에 없었을 때 그것이 바로 지옥이었고, '나'를 만나고 나니 그보다 더한 평화는 없었습니다. 따라서 '나'를 만나지 못한 지금 여기가 바로 지옥이며, '나'를 만난 지금 여기가 바로 천국이었습니다.

아, 그런데 나 자신을 만나고 났을 때 나는 없었으며, 없는 그것이 바로 나요, 또한 모든 것이었습니다. 없으니, 그 무엇으로도 나를 한계 지을 수가 없고, 또한 그러면서도 분명히 하나의 개체로서 지금 여기에 살아 있으니, 삶이 주는 그 모든 감사한 것들과 한계들을 낱낱이 경험하게 되고, 그러면서도 동시에 그 어떤 것에도 물들지 않는 자유와 평화를 누리게도 되니, 삶은 이대로가 기적이요, 신비가 아닐 수 없었습니다.

만약 님의 마음이 오직 '지금' '여기'에 있게 된다면, 지금이 곧 영원이요, 여기가 곧 모든 곳이니, 시간과 공간이 전제된 그와 같은 이원적인 질문은 떠오르지 않게 됩니다. 왜냐하면 실재는 그렇게 둘로 나뉘어 있지 않기 때문입니다.

님이여, 그와 같이, 모든 의문에 대한 답은 이미 내 안에 있어 나를 벗어나 있지 않습니다. 아니, 내가 곧 답입니다.

계속 살아야 할까요?

타는 갈증으로 속세와의 인연을 끊고 떠돌다가, 마음이 통하는 어떤 공동체와 인연이 되어 발기인 자격으로 함께 개척 정신으로 참여했습니다. 우여곡절 끝에 조금 자리를 잡아가고 있던 중 제 몸에 이상이 생겼습니다. 공동체 집을 짓다가 떨어진 충격과 신장 질환이 겹쳤습니다. 그래서 공동체 도반들에게 짐이 되기 싫어 공동체를 나왔고, 노숙자 생활을 거쳐 지금은 천주교에서 운영하는 평화의 집에서 그나마 편안하게 여생을 보내고 있습니다. 이곳에서도 저는 건강이 좋지 않아 하루 종일 쉬면서 자원 봉사자들의 보살핌을 받고 있는데, 솔직히 부끄럽고 창피합니다. 가족에게 돌아가고 싶은 마음도 있지만, 면목이 없어서 꿈도 못 꾸고, 마누라도 솔직히 말해 저를 타인처럼 생각하고 산다며, 10년 넘게 욕이나 하면서 살았는데, 정도 없고, 남보다 더 못하다고, 받아 줄 마음이 없다는 얘기를 전해 들었습니다.

전혀 예기치 못했던 일입니다. 제가 건강할 때는 마음도 평화롭고 겸허하게 주어진 상황에서 욕망도 털고, 소박한 마음으로 상생하며 잘살았다고, 앞으로도 잘살아 아름답고 평화로운 유종을 할 것이라고 추호의 의심도 하지 않았습니다. 그런데 건강이 저의 인생길을 바꿔 버렸습니다.

몸이 아픈 고통보다 부자유스러운 몸을 누군가에게 의탁해야 한다는 사실이 현재 저의 짐입니다. 언제나 죽음을 생각합니다. 이대로 밥을 굶어 지혜로운 동물처럼 스스로 굶어 죽고 싶습니다만, 이곳에서는 그것을 끔찍이 죄악시하며 계속 저를 보살펴 줍니다. 사실 저는 불교 집안에서 태어났고 불교 성향의 공동체에 있었는데, 아이러니컬하게도 유일신 종교에 와서 병든 몸을 의탁하고 있습니다.

　어떻게 살까요. 솔직히 저는 죽음을 더 많이 생각하고, 또 죽음에 아주 가까이 있다고 느낍니다. 이렇게라도 계속 살아야 할까요. 여러분이 이런 처지에 놓인다면 어떻게 하겠습니까……. _무루

삶의 모든 순간이 기회이며 희망입니다

　안녕하세요? 이렇게 글을 올려 주셔서 감사합니다.

　님의 오랜 방황과 고통과 절망의 이야기를 들으면서 가슴 한쪽이 몹시도 아파 옴을 느낍니다. 그러나 그 마음은 단지 님의 현재의 상황과 처지가 안타깝기 때문만은 아닙니다. 오히려 그보다는 님의 영혼이 질적으로 변화하여 마침내 오랜 굴레로부터 벗어나 자유할 수 있는 절호의 기회가 지금 님 앞에 와 있음에도 불구하고, 님은 전혀 그것을 깨닫지 못하고 있다는 사실 때문입니다.

　님이여.

　삶의 모든 순간이 기회이며 희망입니다. 눈앞에 보이는 것이 전부가 아닙니다.

　님은 "타는 갈증으로 속세와의 인연을 끊고 떠돌다……"라는 말로 운을 뗐습니다. 왜 그렇게 님은 속세와의 인연을 끊고 떠나야 했으며, 왜 그렇게 황망히 천지를 떠돌아야 했습니까. 또한 왜 그렇게 무

언가에 그토록 목말라 했습니까.

　우리 인간이 육신을 가지고 이 세상에 태어나는 것은 오직 하나, 자유하기 위해서입니다. 자유란 곧 우리 자신의 본질이요, 참모습이며, 우리가 영원토록 거할 본향이기에 우리는 태어날 때부터 그것을 그리워하며 찾게 되어 있습니다. 이것이 인간의 근본 목마름이며, 그렇기에 그 갈증이 채워지기 전에는 우리 영혼은 결코 쉴 수가 없는 것입니다.

　님의 타는 갈증도 결국은 그 자유를 향함인데, 그 마음 앞에서는 사실은 건강의 상실도, 자원 봉사자들의 보살핌을 받음도, 심지어 죽음까지도 아무런 문제가 되지 않습니다. 그렇지 않습니까? 그런데 어느새 님은 자꾸만 눈앞의 형편을 보게 되고 상황을 보게 되어, 건강을 잃음과 남에게 의탁함과 아내의 반응 등등 모든 것이 문제가 되고 걸림이 되고 무게가 되고 힘겨움이 되어 버린 것이지요. 즉, 지금까지 님에게 벌어진 모든 일은, 그리고 작금의 상황도, 어떤 의미로 보면 님의 '참나'가 님을 애틋하게 부르는 모습들일 뿐이요, 하나님이 진실로 님을 만나고 싶어 벌인 일들일 뿐인데, 어느새 님은 삶의 그 비밀한 뜻은 잃어버린 채 그 과정 속에서 나타난 상황과 형편의 모양—건강을 잃은 것, 남의 의탁을 받는 것, 돌아갈 집이 없다는 것 등등—에 마음이 함몰되어 스스로 짐스러워하고 스스로 비통해 하고 있는 것입니다.

　아닙니다, 님이여. 결국은 마음입니다. 마음이 죽지 않고 살아 있다면, 우리가 처한 모든 상황과 형편은 오직 우리의 영혼의 진정한 비약과 새로운 삶을 향한 기회들일 뿐이지, 그 외의 아무것도 아닙니다. 그런데도 님은 그 형편과 상황 앞에서 마음이 먼저 죽어 버려 끊임없이 그것만을 문제 삼고 있으니, 이 어찌 안타까운 일이 아니겠습니까. 진정한 자유는 상황과 형편의 변화에 있지 않은데도 말입니다.

그러나 님에게는 아직 기회가 있습니다. 아니, 있는 정도가 아니라, 님 자신이 온통 기회 덩어리입니다. 님은 스스로 "죽음에 아주 가까이 있다."고 말씀하셨지만, 제가 보기에는 그 '기회'에 아주 가까이 있다고 보입니다. 다만 상황과 형편에만 가 있는 님의 마음을 님 자신에게로 돌이킬 수만 있다면 말입니다.

아, 님이여. 눈에 보이는 것이 전부는 아닙니다. 삶에는 오직 기회만이 있으며, 그렇기에 우리네 삶은 언제나 희망적일 수 있습니다. 아, 님이 이 진실에 다시 눈뜰 수만 있다면……!

좀 더 구체적으로 이렇게도 말씀드려 보고 싶습니다.

서울에서 학원 강사를 하면서 열심히 살고 있던 40대 중반의 어떤 여자분이 있었습니다. 그런데 어느 날 갑자기 손이 마비되기 시작하더니 팔이 무거워지고 두 손으로 박수조차 칠 수 없게 되었습니다. 처음에는 "오십견이 빨리 왔구나."라고 생각하고는 대수롭지 않게 여겼는데, 증상이 점점 심해져서 병원을 찾았더니 루게릭병이라는 청천벽력 같은 진단을 받습니다. 루게릭병은 근육이 서서히 굳어져 팔다리를 쓰지 못하고, 혀가 굳어 언어능력을 상실하다가, 마지막에는 호흡곤란으로 사망하는 퇴행성 질환인데, 그즈음 그녀는 칠판에 글을 쓸 수도 책장을 넘길 수도 없었고, 길을 걷다가 작은 보도블록 모서리에 걸려 넘어지기라도 하면 일어서지 못했으며, 지하철 표를 손으로 빼지 못하고 입으로 빼내야만 했습니다.

"왜 나에게 이런 병이 온 것인가……?"

그 뒤로는 원통함과 분노, 그리고 치밀어 오르는 슬픔과 억울함으로 견딜 수 없는 고통의 나날들이 계속되었습니다.

"어느 해 겨울이었어요. 절망에 빠져 거리를 방황하다가 새벽녘에 들어오니, 딸아이가 눈물로 범벅이 된 얼굴을 비비며 말하더군요. '엄마, 난 엄마를 위해 대신 죽을 수 있어요.'라고. 정신이 번쩍 들었습니다. 내가 사랑하는 딸이 나를 위해 이렇게 기도하는데, 나는 그동안 무엇을 했나……? 딸의 사랑 앞에서 제 삶이 바뀌었습니다."

그때부터 그녀는 자신의 병을 온전히 받아들입니다. 반지하 주택의 현관문을 열면 보이는 오동나무와 라일락, 그리고 지는 해를 사랑하게 된 것도 그때부터입니다.

"예전에 보이지 않았던 세상이 '기막히게 아름답다'는 것을 깨달은 것도 그때부터였어요. 햇살 한 줄기, 살랑거리며 불어오는 바람 하나에도 울고 싶을 만큼 감사와 행복이 느껴졌어요. 분노와 억울함에 사로잡혀 있을 때는 그 따뜻함이 보이지 않았거든요…… 1년 전부터는 장애인 복지재단에서 목욕 서비스를 받고 있어요. 제 몸을 자원 봉사 주부와 학생들이 찾아와 씻겨 주는데……아, 이렇게 소리 없이 움직이는 것이 세상이었구나. 건강했을 때는 이런 분들이 있는 줄도 몰랐는데……."

그러나 그러는 동안에도 그녀의 몸은 점점 굳어 갑니다. 처음에는 손과 팔이 굳더니 이제는 목과 다리마저 움직일 수 없게 되어 버렸습니다. 하지만 이 병에 걸리면 대부분의 환자에게 찾아오는 언어 장애가 그녀에겐 아직 오지 않았습니다.

"제게 아직 언어가 남아 있는 것만 해도 축복입니다. 세상 사람들을 위해 제가 전해 줄 이야기가 있는 것이겠지요. 고난은 단순히 고난이 아닙니다. 이 병으로 인해 이웃들에게 도움이 될 수 있었고, 따뜻한 세상도 경험했습니다."

그래서 그녀는 아직 남아 있는 혀로 책을 쓰기 시작합니다.

"원인도 알 수 없는 이 병을 앓고 있는 환자와 보호자들의 아픔을 덜어 주고 싶었어요. 제가 이야기를 구술하면 자원 봉사자들이 컴퓨터 자판에 옮겨 적었어요. 수능 시험을 막 끝낸 한 여고생과 제 고교 동창생이 그 역할을 맡았죠. 이들은 추운 겨울날에도 찾아와 저를 위해 일해 줬어요."

그 병으로 인해 그녀는 새로운 꿈을 하나 갖게 된 것이지요. 그것은 루게릭병 환자들을 위한 쉼터와 요양원을 짓는 것입니다. 그녀는 지금 그 꿈을 향해 감사와 기쁨으로 달려가고 있습니다.

님이여.
인생에 절망이란 존재하지 않습니다.
'지금'을 받아들인다면 우리는 언제든 비약할 수 있기 때문입니다.
삶의 모든 순간이 기회이며 희망입니다.

모든 것을 잃었습니다

저는 올해 29살인데, 저도 선생님처럼 진리를 찾아서 많이 방황했고 지금도 그러고 있습니다. 그런 와중에서 하나님은 무소부재한 분이시고 또 그것이 나의 실체라는 생각을 했습니다. 그래서 지금 나에게 일어나는 모든 일이 하나님이 하시는 일이라고 생각되었습니다. 그런데 그게 그냥 머리의 이해인가 봐요. 저는 제게 일어나는 일들이 쉽게 이해되지 않고 받아들여지지 않고, 그냥 제 처지가 슬프기만 합니다. "나는 누구인가?" "내가 이 생애에 해야 할 일은 무엇인가?"를 찾아서 수많은 단체와 사람들을 찾아 헤매었는데…… 지금 저를 보니, 몸은 지쳐서 여기저기 아프고, 다니던 회사도 그만두었습니다. 지금도 가슴 있는 곳이 막힌 듯하고, 기쁨도 슬픔도 잘 느껴지지 않고, 그냥 사막 한가운데 있는 것처럼 그렇게 갈증이 납니다. 몸에 기운도 하나도 없고요.

그러던 와중에 저를 무척 사랑하던 분이 제 곁을 떠났습니다. 이것이 제겐 이해가 잘 안 됩니다. 왜 저를 떠나갔는지, 왜 인생은 사랑하는 사람과 함께 할 수 없는 것인지……. 이 두 가지는 제가 지금 쉬이 가슴으로 받아들이지 못하는 내용입니다.

선생님, 무엇보다도 왜 인생은 사랑하는 사람과 함께 할 수 없는 걸까요. 그것을 어떻게 받아들여야 할까요. 제가 원하는 사람과 함께 있을 수 없는 것은 제가 부족하기 때문이라고 생각이 됩니다. 그래서 저는 저를 더 멋있는 사람으로, 저를 더 많이 가진 사람으로 만들고 싶습니다. 사랑하는 사람이 또 저를 떠나갈까 봐요. 그것을 어떻게 받아들여야 할까요. 제가 마음이 아프고, 보고 싶은데 볼 수 없는 그것을 제가 어떻게 받아들여야 할까요. _바다

하나님은 당신을 참 사랑하시나 봅니다

하나님은 당신을 참 사랑하시나 봅니다.

왜냐하면 그분은 인간에게 고통과 고난을 통하여 일하시는 가운데 하늘의 깊은 은혜를 입히시는 분이기 때문입니다.

그런데 님은 모든 것을—건강도, 직장도, 무언가를 진정으로 느낄 줄 아는 가슴도, 사랑하는 사람도—다 잃어버렸다고 말씀하시면서도 "제가 원하는 사람과 함께 있을 수 없는 것은 제가 부족하기 때문이라고 생각합니다. 그래서 저는 저를 더 멋있는 사람으로, 저를 더 많이 가진 사람으로 만들고 싶습니다."라고 하시는 걸 보면, 아직 그 마음은 모든 것을 잃어버린 자의 위치에 가 있지 않음을 봅니다.

아뇨, 그렇게 하지 마십시오. 그 마음을 내려놓고, 그냥 그 잃어버림 속에 있으십시오. 그 속에서 지금의 그 모든 고통과 힘겨움들을 그냥 받으십시오. 또다시 무언가로 자신을 채우기 위해서 황량한 마음 길을 따라나서지 마시구요. 어쩌면 지금이 님의 삶이 진정으로 비약할 수 있는 가장 소중한 기회일는지도 모릅니다.

하나님은 언제나 진리를 찾는 인간으로 하여금 모든 방법과 길과 힘을 잃어버리게 만듭니다. 왜냐하면 영원히 사라지지 않는 그 무엇

은 인간의 수고와 노력을 통하여 얻을 수 있는 것이 아님을 하나님은 너무나 잘 알고 계시기 때문입니다. 그런데 지금, 님은 모든 것을 다 잃어버렸습니다. 그러니 그냥 그 잃어버림 속에 있으십시오.

한 마리 기어 다니는 애벌레가 창공을 날아다니는 나비가 되어 가는 과정을 아름답고 눈부시게 그린 《꽃들에게 희망을》이라는 책이 있습니다. 그 책 속에서 한 마리 애벌레는 단순히 먹고 사는 것 이상의 '그 무엇'을 찾아 온 세상을 돌아다녔지만, 그가 진정으로 찾고 싶고 되고 싶었던 '나비'는 정작 자기 자신 안에 있었습니다. 오랜 시간이 흘러서야 그 사실을 깨달은 애벌레가 마침내 나비가 되려고 마음먹었을 때, 놀랍게도 그 마지막 과정은 고치 속에 들어가는 것이었습니다.

고치란 지금까지 애벌레가 누렸던 그 모든 움직임과 활동과 삶의 정지, 그 완전한 잃어버림을 상징하는 어둡고 갑갑한 방과도 같은 것입니다. 그러나 고치 속에 들어간 애벌레는 마침내 기어 다니던 존재에서 날아다니는 존재로 비약합니다.

그런 의미에서 본다면, 지금 님에게 주어진 박탈과 상실과 고통은 어쩌면 하늘의 축복인지도 모릅니다. 님이 아무리 수고하고 애써도 결코 얻을 수도 지킬 수도 없는 '그 무엇'을 거저 주고자 하는, 그리하여 마침내 님의 그 오랜 갈증을 온전히 끝내 주고자 하는…….

아, 님이여.

하늘이 님에게 준 그 고치 속에 온전히 있어 보십시오.

그리하여 하늘의 깊은 은혜가 님에게 가득히 임하기를……!

세상의 파국을 막고 싶습니다

끝없는 수련을 통해서 진리의 빛을 찾으신 그 의지가 감탄스럽습니다. 혜안을 가지신 분의 눈으로 보는 것을 듣고 싶습니다.

저는 작금의 세계 상황 속에서 인간들이 자본과 권력만을 좇아서 자기를 잃고 살아가는 그 모습이 너무나 안타깝습니다. 물론 저 자신도 제대로 자각하지 못한 사람으로서 다른 사람 생각하는 것도 어폐가 있지만, 그래도 별 필요도 없는 주변적인 것들을 주머니에 채우기 위해서 본질적인 것들을 내던져 버리는 사람들의 삶이 너무도 가련할 뿐입니다. 더군다나 그러한 물신화된 사회 구조는 없는 자와 약한 자를 더욱 궁지에 몰아넣기 때문에 더욱 답답합니다.

나름대로 사회복지를 전공해서 밥벌이도 포기하고 5년째 혼자 시민사회활동을 하고 있는데요. 아무리 노력해도 사람들에게 자신이 놓여 있는 현실을 보여 줄 수 없군요. 어떻게 하면 사람들에게 그 문제의식을 갖게 할 수 있을까요. 그리고 나서서 세상이 파국으로 치닫는 것을 막아야 하는 것이 각자의 소임임을 알릴 수 있을까요. 수도 없이 돌아다니면서 활동을 해 왔지만, 감이 안 오는군요. _지구

마음을 비우십시오

나름대로 뜻을 가지고 시민사회활동을 하면서 살아 있음의 소임을

다하려는 님의 모습에 진심으로 경의를 표합니다. 마치 같은 길을 가는 동료를 만난 듯 반갑고 또한 기쁩니다. 그런데 님의 질문을 받고 보니, 아직도 제 가슴속에 서늘히 남아 있는 기억 한 편이 문득 떠오릅니다.

저도 세상과 사람들을 구제하기 위해 제가 할 수 있는 소임을 찾아 다녔습니다. 정말이지 세상은 이래서는 안 될 것 같았고, 모두가 그저 눈앞의 것들만을 좇다가 공멸의 길로 가는 줄도 모르고 있는 그 무지한 발걸음들이 제겐 너무나도 안타깝게 보였습니다.

그러던 어느 날 무슨 볼일이 있어서 시내 중심가엘 나가게 되었는데, 그때 제 눈에 들어온 그 모습은 그야말로 환락의 도시 그 자체였습니다. 수많은 사람들이 웃고 떠들며 지나가고 있었고, 수많은 네온사인과 애드벌룬들이 눈이 어지럽도록 번쩍이며 빙글빙글 돌아가고 있었는데, 제 눈에는 그 모든 것들이 그저 유황불로 멸망하기 직전의 소돔과 고모라로밖에 보이지 않았습니다. 아, 세상이 이래서는 안 된다, 이래서는 안 된다…….

그런데요, 그렇게 나 자신과 세상을 고뇌하며 몇 년간을 떠돌아다니다가, 마침내 제게 어떤 궁극적인 변화가 오고, 그래서 더없는 마음의 평화와 (님의 표현을 빌리면) '혜안(慧眼)'을 갖게 되었을 때, 어느 날 우연히 또다시 시내 중심가엘 나가게 되었습니다. 그때도 수많은 사람들이 여전히 웃고 떠들며 지나가고 있었고, 수많은 네온사인과 애드벌룬들도 여전히 눈이 어지럽도록 번쩍이며 돌아가고 있었지만, 아! 그 모든 것들이 제 눈에는 그저 생동감 넘치는 모습으로밖에 보이지 않았습니다. 또한 사람들은 그냥 가고 오고 있었고, 애드벌룬도 그냥 번쩍이며 돌아가고 있었습니다. 그리고 저 또한 그 모든 것들을 그냥 있는 그대로 보고 있었구요!

그때 저는 알았습니다. 아, 모든 것은 내 마음이 지었었구나! 저들은 그저 저들일 뿐이요, 다만 있는 그대로일 뿐인 것을, 내가 물신이다, 소돔과 고모라다, 자본과 권력만을 좇아서 자기를 잃고 살아가는 모습들이다, 별 필요도 없는 주변적인 것들을 주머니에 채우기 위해서 본질적인 것들을 내던져 버리는 사람들이다, 파국을 막아야 한다…… 운운하며 잣대를 들이대고 있었구나! 그러면서 또 한편 마음 깊은 곳에서는 소임 운운하며 사람들을 일깨우려는 자신을 은근슬쩍 높여 놓고 있었구나! 하는 것을요.

무슨 말씀을 드리고 싶냐 하면, 그냥 일하라는 것입니다. 꽃향기는 결코 벌을 찾아가지 않습니다. 그냥 피어 있을 뿐인데, 벌은 제 스스로 찾아와 수많은 열매(생명)들을 잉태하지요. 꽃은 그들에게 역할과 소임을 강조하지도 않고, 문제의식을 깨닫게 하려 하지도 않습니다. 그냥 피어 있을 뿐이지요. 그랬을 뿐인데 세상은 향기와 생명으로 가득하게 되는 것이지요.

"아무리 노력해도 사람들에게 자신이 놓여 있는 현실을 보여 줄 수 없군요. 어떻게 사람들에게 그 문제의식을 깨닫게 할 수 있을까요. 그리고 나서서 세상이 파국으로 치닫는 것을 막아야 하는 것이 각자의 소임임을 알릴 수 있을까요."라는 님의 말 속에 이미 "수도 없이 돌아다니면서 활동을 해왔지만, 감이 안 오는군요."라고 말할 수밖에 없는 많은 것들이 들어 있습니다.

먼저 님 자신이 '존재'할 수 있어야 합니다. 님 자신으로서 그냥 피어 있을 수 있어야 합니다. 진정한 힘은 인도하는 데에 있는 것이 아니라, 존재하는 데에 있습니다. 그러므로 보여 주려 하거나 깨닫게 하려 하거나 알리려 하기 전에 먼저 그냥 묵묵히 님의 길을 가십시오. 님이 해야만 한다고 생각하는 그 일을 그냥 하십시오. 조금만 더 마음을 비우고 그냥 존재하십시오. 진정 일하는 자는 나의 일을 한다는 마음도 없습니다. 그리하여 님 안에서 먼저 온전히 꽃필 때 그 향기는 절로 세상을 바꿀 힘이 되어 향기롭게 멀리멀리 뻗어 나갈 것입니다.

5장
마음의 장애들

그렇게 다만 매 순간 있는 그대로의 '지금'을 받아들이고
'지금'에 존재할 수만 있다면 변화와 치유는 저절로 찾아와 님의 삶과 마음을
어느새 감사와 평화로 가득 채울 것입니다.
이것이 바로 우리 마음에서 비롯되는 모든 심리적인 문제들을
완전히 해결할 수 있는 가장 근본적인 해결책이랍니다.

평평한 땅 위에 비가 조금 내리면 땅은 생명인 그 빗물을 다 흡수해 버립니다. 그런데 조금 많은 비가 계속해서 내리면 빗물은 다 흡수되지 못하고 땅 위를 흐르게 되고, 그러면서 땅에는 조금씩 골이 파이기 시작합니다. 그렇게 한 번 골이 파이고 난 뒤에는 비만 오면 땅 위의 물은 그 골로 모여 흐르게 되어 점점 더 깊이 파이게 되고, 나중에는 걷잡을 수 없는 물길이 생겨 버리고 맙니다.

우리의 '마음'이라는 땅에도 감정, 느낌, 생각이라는 생명의 비가 때마다 내리고 있습니다. 때로는 깊게 때로는 얕게, 때로는 조용하게 때로는 시끄럽게, 때로는 부드럽게 때로는 소용돌이치면서 생명의 비는 우리의 '마음'이라는 땅을 가득히 적시며 흐릅니다. 그 어느 것도 생명 아님이 없기에 어떤 모양으로 내리고 흐르든 그것은 다만 우리 마음을 풍요롭게 하고 자유롭게 하면서 온갖 생명의 꽃들을 활짝 꽃피어 나게 할 뿐입니다.

그런데 어떤 억압과 상처로 인해 그 생명의 물이 온전히 흐르지 못하고 한쪽으로만 계속해서 쏠려 흐르게 되면 얼마 지나지 않아 거기엔 깊은 골이 생겨 버리고, 급기야 시간이 흐르면서 다른 곳으로도 흘러야 할 물들조차 빨려들듯 그 골을 향하게 되면 우리 '마음'이라는 땅은 어느새 생명 하나 자랄 수 없는 척박한 땅이 되어 버리고 맙니다.

그렇게 한쪽으로만 치우쳐 흘러 자신의 생명의 골을 점점 더 깊게 파들어가는 것을 '마음의 장애'라고 할 수 있습니다. 대개의 경우 부모의 따뜻한 사랑과 보살핌 속에서 자연스럽게 표출되거나 표현되어야 할 아이의 욕구나 감정이 여러 가지 요인에 의해 억압되거나 거부당하고 막혀 버릴 때, 그리고 그런 박탈의 경험이 반복적으로 되풀이될 때 아이의 마음 안에는 불안과 두려움과 결핍이라는 깊은 골이 생기게 되는데, 그렇게 한 번 생겨 버린 마음의 골은 하나의 '장애'처럼 작용하여, 이후 아이가 어른으로 성장해 가면서 경험하게 되는 모든 외부적인 자극과 상황에 대해서도 언제나 불안과 두려움이라는 동일한 형태로 반응을 하게 되는 것입니다. 그렇게 골은 너무나 오랜 시간에 걸쳐 반복적으로 진행되면서 나중에는 스스로도 어찌할 수 없을 만큼 깊은 물길이 되어 버리고 맙니다. 그리곤 온전히 거기에 갇혀 언제나 휩쓸려 들어가기만 할 뿐 도무지 빠져나오지를 못하게 되는 것입니다.

그런데, 마음이란 무엇일까요?

어쩌면 보다 근본적인 이런 물음을 통하여 '마음의 장애'를 해결할 수 있는 길을 발견하게 되는지도 모릅니다.

아주 오랜 옛날 중국의 남북조 시대에 살았던 혜가(慧可)스님도 늘 마음이 편안하지가 않았다고 합니다. 누구를 만나든 만나지 않든 또 어디에 있든 늘 마음이 힘들고 괴로워 견딜 수가 없어서 마침내 달마

대사를 찾아갑니다. 그리곤 절박하게 묻기를,

"스님, 제 마음이 불안으로 가득 차 있습니다. 이 불안을 어떻게 하면 좋겠습니까?"

달마대사는 깊고 따뜻한 눈길을 그에게 보내며 이렇게 말합니다.

"그래? 그렇다면 어디 그 마음을 나에게 가져와 보거라. 내가 편안하게 해주마."

잠시의 침묵이 흘렀고, 짧은 순간이나마 마음의 눈을 자기 자신에게로 향했던 혜가스님은 이윽고 이렇게 말합니다.

"마음을 찾을 수가 없습니다……"

"그러면 됐다. 이제 마음이 편안하냐?"

달마는 빙그레 웃었고, 혜가는 달마의 가르침을 알아듣고는 넙죽 절을 합니다. 그리곤 그의 제자가 되어 중국 선종의 2대 조사(祖師)가 됩니다.

마음이란 무엇일까요?

사실 마음이란 혜가스님의 경우에서 보듯, '마음'이라고 할 만한 무엇이 본래 없는 것입니다. 여기 있다 저기 있다고도 할 수 없는 것이어서 찾을 수가 없는 것이지요. 그냥 인연 따라 상황 따라 그때마다 이런저런 감정, 느낌, 생각이라는 형태로 나타났다가 사라지는 것일 뿐입니다. 마치 하늘에서 이런 모양 저런 모양의 구름들이 때마다 생겨났다가 사라지곤 하는 것처럼 말입니다. 그렇듯 마음이란 본래 실체가 없는 것입니다.

실체가 없기에 마음이라는 것은 그림자처럼, 안개처럼, 이슬이나 거품처럼, 그리고 한여름 번쩍 하고는 곧 사라져 버리는 번개처럼, 잡을 수도 없고 얻을 수도 없으며 버릴 수도 없고 구할 수도 없고 쌓아 둘 수도 없고 일정하게 유지할 수도 없는 것입니다. 그렇기에 그 일어나는 마음을 막을 수도 없고, 사라져 가는 마음을 붙잡아 둘 수도 없는 것입니다.

어느 누가 길을 가다가 자신의 머리 위로 지나가는 구름이 마음에 안 든다고 뛰어 올라 그 구름을 치워 버릴 수 있으며, 어느 누가 마알간 하늘이 보기 싫다고 자신의 마음에 드는 예쁜 구름을 끌어다가 자신의 머리 위에 갖다 놓을 수 있겠습니까. 우리의 마음이라는 것도 꼭 이와 같은 것입니다. 마음이라는 하늘에 때마다 일어나서는 잠시 머물다가 사라질 뿐인 감정, 느낌, 생각이라는 구름들을 도대체 어떻게 우리 마음대로 있게 하거나 없게 할 수 있겠습니까.

그와 같이, '마음의 장애'라고 말하지만 사실은 '어떻게 할 수 없는' 마음을 늘 '어떻게 하려고' 하기 때문에 고통과 괴로움이 따라오는 것입니다. 만약 '어떻게 하려는' 마음을 내려놓기만 한다면 '마음의 장애'란 본래 없었다는 것을 깨닫게 될 것입니다. 혜가스님이 불안으로 가득 찬 자신의 마음을 늘 '어떻게 하려고' 했기 때문에 오랫동안 고통과 괴로움을 받았지만, 달마스님을 만나 문답하는 가운데 마음이란 어떻게 할 수 있는 것이 아니라 그저 잠시 인연 따라 일어났다가 사라질 뿐인, 실체가 없는 것이라는 사실을 문득 깨닫고는 바로 그 '어떻게 하려는' 마음이 사라지면서 지극한 평화를 얻게 되었듯이 말입니다.

지나간 과거는 어쩔 수 없는 것입니다. 우리가 기억하든 기억하지 못하든 어린 나이에 부모로부터 따뜻한 사랑과 보살핌을 받지 못해서, 혹은 이런저런 억압과 박탈의 환경 속에서 우리 마음에 아무리 깊은 상처와 결핍의 골이 생겼다 하더라도 그것은 어쩔 수 없었던 일이며, 또 우리가 그 고통으로부터 벗어나 진정 자기 자신답게 살면서 인생을 자유롭고 행복하게 살아가는 데에 과거는 아무런 걸림돌이 되지 않습니다. 혜가스님이 과거와는 아무런 상관없이 마음의 완전한 해방을 얻었듯이 말입니다.

중요한 것은 오직 '지금'입니다. 지금 이 순간 우리 안에서 시시로 때때로 올라와 우리를 힘들게 하는 상처와 결핍의 모습들, 이를테면 주눅, 눈치, 의식, 강박, 말더듬, 긴장, 경직, 불안, 무력감, 우울, 외로움, 대인공포 등등을 그때마다 '어떻게 하려고' 하지 말고, 그 모든 것들을 다만 있는 그대로 받아들여 보십시오. 그 일어남을 우리가 막을 수 없었듯이 '어떻게 함'을 통하여 그것들을 사라지게 할 수도 없기 때문입니다. 제 스스로 일어난 그것은 '어떻게 하려고'만 하지 않으면 우리 마음이라는 하늘에 잠시 머물다가 제 스스로 사라져 갑니다.

진실로 이 사실을 이해하고 '어떻게 하려는' 마음을 내려놓고 매 순간의 '지금'을 있는 그대로 받아들일 수만 있다면 과거로부터 켜켜이 쌓인 모든 마음의 상처와 결핍은 비로소 치유되기 시작할 것입니다. 진정한 치유란 '함'을 통해서가 아니라 '받아들임'을 통해서 저절로 일어나기 때문이며, 미래가 아니라 오직 '지금' 속에서만 가능하기 때문입니다.

그렇듯 '지금'은 우리에게 언제나 '선물'입니다. 매일 매 순간 주어지는 '지금'을 다만 있는 그대로 받아들이기만 하면 과거와 미래의 모든 상처와 결핍까지도 온전히 치유할 수 있기 때문입니다.

우리를 자유케 하는 것은

저항이 아니라 사랑입니다

남에게 잘 보이고 싶은 마음의 병

선생님의 가르침에서 많은 것을 배워 항상 감사하는 마음이 가득합니다. 그런데 한 가지 의문점이 있어서 질문을 드립니다.

선생님께서는 말하자면 "우리의 마음속에서 나오는 모든 것은 잘못된 것이 없고 나쁜 것이 없다. 자기 내면의 모습은 현재 있는 그대로 천사이다. 그러나 현재의 자신을 있는 그대로 시인하거나 인정하지 않고 뭔가 다른 존재가 되고 싶어 하는 그 마음은 왜곡이므로 잘못된 것이다. 그러한 현재의 자기 마음이 잘못이라는 그 마음 하나 때문에 그렇게 결과적으로 고통 받고 있는 것이다."라고 말씀하십니다.

그러면 남들에게 잘 보이고 싶은 마음과, 또 그러한 마음 때문에 생긴 강박이나 노이로제는 자신의 현재를 인정하고 시인하지 않으려는 마음 때문에 생긴 것이므로 왜곡이고 잘못된 마음인가요? 아니면 우리 마음속에서 나오는 모든 것은 나쁜 것이 없다는 그 범주에 속하는, 잘못이 없는 마음인가요? 또 이렇게 남에게 잘 보이려는 마음 때문에 생기는 여러 가지 심리적인 문제를 해결하기 위해서는 어떻게 해야 하는 건가요? _간절한 마음

다만 '지금'을 받아들일 수 있다면

인생에서 가장 소중한 순간은 언제나 '지금'입니다. 우리는 오직 매

순간의 '지금' 속에서만 존재할 수 있으며, 인생의 모든 희로애락이 일어나거나 사라지는 것 또한 오직 '지금' 속에서만 가능한 일이기 때문입니다. 그렇기에 매 순간의 '지금'을 받아들이고 '지금'에 존재하는 것, 그것이 우리가 살아서 해야 할 일의 전부라고 말할 수 있습니다. 그때 우리는 비로소 진정으로 자유롭고 행복할 수 있습니다. 실재하는 것은 오직 '지금'밖에 없으니까요.

그런데 안타깝게도 우리의 마음은 언제나 '지금'을 잘 받아들이지 않습니다. '지금'은 뭔가 부족하고, 초라하고, 못나 보이고, 잘못된 것 같고, 이건 아닌데 싶고, 그래서 그냥 가만히 있어선 안 될 것 같고, 무언가로든 채우거나 바꿔야만 할 것 같고, 나아가 할 수만 있다면 지금과 같은 존재가 아닌 다른 존재가 되고 싶고, 벗어나고 싶고, 달아나고 싶고, 부정하고 싶고…… 그렇듯 우리는 언제나 '지금'을 잘 받아들이지 않습니다.

지금 있는 그대로의 자신을 받아들였다가는 남들에게 실망을 줄 것 같고 거부당하거나 외면당할 것만 같아서 두려운 것이지요. 그래서 그런 자신을 받아들이기보다는 스스로가 먼저 거부하고 외면하면서, 어떻게든 남들의 인정과 사랑을 받는 사람이 되고 싶어 합니다. 남들의 인정과 사랑을 받는 사람이 되어야 비로소 자신의 존재가 멋지게 확인되고, 그럼으로써 진정으로 행복해질 수 있다고 믿기 때문입니다. 그래서 끊임없이 남들에게 잘 보이고 싶어 하는 마음이 일어나는 것입니다.

그러나 그것은 결코 채워질 수 없는 마음입니다. 채워지기는커녕 오히려 우리의 영혼을 더욱 목마르게 하고 힘들게만 할 뿐입니다. 진정한 충만과 만족은 밖으로부터 오는 것이 아니라 자신 안에서 솟구치는 것이기 때문입니다.

어떻게 하면 이 충만을 맛볼 수 있고, 그럼으로써 스스로 만족하고 행복해져서 남들에게 잘 보이고 싶어 하는 마음이 영원히 우리 안에서 사라지게 할 수 있을까요? 그것은 뜻밖에도 우리가 그토록 버리고 싶어 하고 벗어나고 싶어 하는 '지금'을 받아들일 때 비로소 그 길이 열리기 시작합니다. 왜냐하면 삶의 모든 진정한 변화는 오직 '지금' 속에서만 가능하기 때문입니다.

지금의 부족을 받아들일 때 뜻밖에도 거기에 매이지 않는 마음의 힘과 평화를 깊이 맛볼 수 있게 되고, 약함을 받아들여 진실로 약해질 수 있을 때 비로소 진정으로 강해질 수 있으며, 자신의 교만을 시인할 때 진실로 겸손해질 수 있습니다. 초라한 자신을 껴안을 때 충만이 무엇인가를 깨닫게 되며, 마음에 들지 않는 자신을 내치지 않을 때 영원히 마음에 드는 자신으로 살아갈 수 있습니다. 강박을 받아들일 때 자유를 선물로 받게 되며, 삶의 순간순간 찾아오는 불안과 우울과 외로움을 거부하지 않고 선선히 그들에게 마음자리를 내어줄 때 거기에 물들지 않는 기쁨과 감사를 누릴 수 있습니다.

그렇듯 매 순간 있는 그대로의 자신을 받아들여 자기 자신으로 존재할 때 마음의 모든 문제들은 뿌리에서부터 해결이 되고 치유가 되기 시작합니다. 다시 말해, 우리 자신을 자유와 행복으로 인도하는 진정한 열쇠는 바로 지금 이 순간 우리 안에 있으며, 우리 자신이 이미 '그것'이라는 말입니다. 그런데도 그런 자신을 스스로가 못 견뎌 하며 거부하고 외면하고 부정해 왔기에 삶과 마음의 많은 문들이 꼭꼭 닫혀 버렸고, 감당할 수 없을 만큼 무거워져 버렸던 것입니다.

이제는 돌이켜야 합니다. 남들의 인정과 사랑을 구걸하던 마음을 돌이켜 자기 자신을 먼저 사랑하고 존중해 주며, 보다 완전하고 충만한 존재를 꿈꾸며 부러워하고 닮으려 하던 마음을 돌이켜 있는 그대로의 자신을 믿어 주고 그 편에 서 주며, 미래로만 가 있던 마음을 돌이켜 '지금'으로 돌아와야 합니다. 모든 참다운 것은 지금 있는 그대로의 우리 자신 안에 있기 때문입니다. 우리 자신이 우주의 '중심'이기 때문입니다.

님은 말씀하셨습니다.

"남들에게 잘 보이고 싶은 마음과, 또 그러한 마음 때문에 생긴 강박이나 노이로제는 자신의 현재를 인정하고 시인하지 않으려는 마음 때문에 생긴 것이므로 왜곡이고 잘못된 마음인가요?"

아뇨, 그것은 잘못된 마음이 아니라 사랑하고 보듬어 줘야 하는 마음입니다. 자신의 현재를 있는 그대로 인정하고 받아들이지 않으려는 마음 때문에 생긴 것이긴 하지만, 어릴 적부터 따뜻하고 진정어린 인정과 존중과 사랑을 받거나 깊이 경험해 본 적이 없는 데서 비롯된 마음의 상처와 결핍으로 인해 끊임없이 사랑받고 인정받고 싶어서 일어나는 마음인데, 어찌 그 마음을 잘못되었다 왜곡이다 말할 수 있겠습니까. 그것은 일어날 수밖에 없는 자연스러운 마음입니다. 그러므로 그런 마음이 일어나는 매 순간의 '지금'의 자신 또한 있는 그대로 받아들이고 따뜻이 보듬어 주십시오.

또 님은 말씀하셨습니다.

"이렇게 남에게 잘 보이려는 마음 때문에 생기는 여러 가지 심리적인 문제를 해결하기 위해서는 어떻게 해야 하는 건가요?"

그 해결책 또한 매 순간의 '지금'을 긍정하고 받아들이는 데에서 분명하게 찾을 수 있습니다. 우선 자신의 마음이 언제나 남에게 잘 보이려고 하는 쪽으로 초점이 맞추어져 있었다는 사실을 '자각'하는 것이 중요합니다. 말하자면, 마음의 눈이 자기 자신을 향해 있기보다는 언제나 남들에게 먼저 가 있어서, 자기 자신으로 살기보다는 남들의 기준에 맞추고 그들의 마음에 먼저 드는 사람이 되려고 애쓰는 데에 더 많은 에너지들을 쏟으며 살아왔다는 사실을 자각해야 한다는 것인데, 이러한 자각은 자신의 삶의 주인자리를 되찾게 하는 데에 근본적이고도 지속적인 힘이 됩니다.

이 자각이 있게 되면 매 순간 남에게 잘 보이려고 이런저런 말과 몸짓들을 하고 있는 자신이 보다 선명하게 보이고 느껴지기 시작할 것입니다. 그러면서 동시에 마음의 고통과 괴로움도 더욱 크게 다가올 것입니다. 왜냐하면 그 자각을 통하여 이제 더 이상 남들에게 구걸하며 잘 보이고자 하는 몸짓을 그치고 싶은 진정어린 마음이 일어났는데도, 마음과는 달리 어느새 똑같은 몸짓들을 하고 있는 자신을 자주 목격하게 될 것이기 때문입니다. 마음에도 '관성의 법칙'이라는 것이 작용하는 것이지요.

그러면 이때, 님이 해야 할 일은 아무것도 없습니다. 다만 매 순간의 '지금'을 인정하고 받아들이기만 하면 됩니다. 매 순간의 '지금'에 존재하기만 하면 된다는 말이지요. 즉, 님의 자각에도 불구하고 관성의 법칙은 작용하여 여전히 남들에게 잘 보이고자 하는 마음과 몸짓들이 일어날 수밖에 없다는 사실을 인정하고 시인하여, 또다시 그렇게 행동하고 있는 그때그때의 자신을—강박이나 노이로제까지도—따뜻한 눈길로 보아 주며 있는 그대로 받아들이는 것이 첫 번째이고, 그 순간마다 동시에 일어나는 마음의 고통과 괴로움 또한 거부하지 않고 받아들여 그냥 고통 받는 것이 두 번째입니다. 단지 그것뿐입니다.

그렇게 다만 매 순간 있는 그대로의 '지금'을 받아들이고 '지금'에 존재할 수만 있다면 변화와 치유는 저절로 찾아와 님의 삶과 마음을 어느새 감사와 평화로 가득 채울 것입니다. 이것이 바로 우리 마음에서 비롯되는 모든 심리적인 문제들을 완전히 해결할 수 있는 가장 근본적인 해결책이랍니다.

강박 때문에 삶이 버겁습니다

안녕하세요? 저는 이천에 사는 주부입니다.

저는 가슴에 돌덩어리가 있는 것처럼 무겁고 갑갑합니다. 지금 생각해 보면 고등학교 1학년 때부터 그랬던 것 같습니다.

그날따라 공부가 안 되어 집에 가서 마침 음악 프로가 나오는 텔레비전을 보는데, 아마 빠른 템포의 곡이었나 봅니다. 그 음악이 기억에서 맴돌면서 공부하는 데도 집중을 못하고, 계속 그 음악만 머릿속에서 뱅뱅 도는 것입니다. 그날 이후부터 고질적으로 음악만 들으면 그 음악이 계속해서 머릿속에 남아 저를 괴롭혔습니다. 그 증세가 너무 심해져서 급기야는 몸도 안 좋아져 약을 계속 복용하면서 공부해야 했습니다. 집중을 못해 공부하는 것이 힘든데도 미련하게 책상 앞에 앉아 책과 전쟁을 해야만 했습니다. 제게는 너무나도 힘든 나날들이었습니다. 그때는 공부하는 것 외에는 다른 길이 없었으니까요.

그때부터 제 가슴은 돌덩이를 안고 살게 되었습니다. 그렇게 대학 4년까지 가슴에 돌덩이를 안고 살았습니다. 대학 때가 되면 조금 나아지겠지 했는데, 사범대를 들어가는 바람에 또 순위 고사 준비로 4년 내내 공부를 해야만 했습니다. 너무나도 재미없는 그 공부를…….

그래서 시작한 것이 국선도, 단전호흡이었습니다. 처음에는 몸 때문에 갔던 것이 마음의 여유까지 얻게 되어 저에게는 참 좋은 인연이 되었던 것 같습니다. 그러나 이것 역시 저에게 완전한 답은 아니었습니다. 시험, 집중을 요하는 일, 이른 시일 안에 해야 하는 일 등 또 옛날과 같은 상황에 놓이게 되면, 이전에 저를 힘들게 했던 그놈이 서서히 고개를 들어 저를 괴롭히는 것입니다. 나는 하고 싶지 않은데, 계속해서 제 생각으로 자꾸 떠오릅니다. 제가 의지가 약해서 그런가요?

그러나 선생님, 도대체 왜 이런 일이 계속 반복해서 저를 힘들게 할까요? 나의 그것이 서서히 발동하여 책을 볼 때면 그놈이 불쑥불쑥 고개를 내밉니다. 선생님, 정말 이것이 언제나 끝이 날까요? 제가 파 놓은 함정에 제가 빠지고 있다는 생각이 들면서, 이제는 여기에서 벗어나고 싶습니다. 스스로 괴롭히는 이 짓 좀 그만두고 싶습니다. 선생님, 옛날에 일어났던 일들을 잊을 수는 없나요? _주부

우리를 자유케 하는 것은 저항이 아니라 사랑입니다

삶이 힘겨워지고 가슴에 어찌할 길 없는 돌덩이 하나 생겨 버리게 된 님의 아픈 얘기를 들으면서, 제가 요즘 만나는 사람들 가운데에도 그와 같은 안타까운 사연들을 가진 사람들이 참 많다는 생각이 새삼 들었습니다.

최근에 저와 인연된, 나이 마흔을 훌쩍 넘긴 어떤 노총각은 중학교 1학년 때인가 2학년 때 함께 웃고 뛰놀던 같은 반 친구가 어느 날 서로 얘기를 나누던 중에 무심코 던진 한마디에 인생 전체가 주눅 들고 왜곡되어 버립니다.

"야, 네 입에서 냄새가 난다."

친구로부터 이 말을 들은 그날 그 순간부터 이 사람은 언제나 어느

누구와도 일정한 거리를 두려고 애썼고, 사람들과 얘기를 나눌 땐 늘 손으로 입을 가린 채 말을 했으며, 그 두려움은 세월이 흐름에 따라 점점 더 커지고 강화되어 급기야 대인기피와 대인공포로 발전해, 지금도 주위 사람들로부터 조금 모자란 사람으로 취급당하는 힘겨운 삶을 살고 있습니다.

또 이런 일도 있습니다. 인터넷을 통해 어떻게 저를 알게 된 스물네 살의 한 청년은 어느 날 꼭 좀 만나서 드릴 말씀이 있다며 제게 전화를 했습니다. 그래서 약속을 해서 시내 어느 전통찻집에선가 만났는데, 그는 고등학교 2학년 때 학교에서 쉬는 시간에 자신이 앉아 있는 자리 뒤쪽에 모여 얘기 나누는 친구들의 말을 우연히 듣게 된 것을 계기로 자신의 모든 것을 잃어버립니다.

"얘들아, 쟤 몸에서 이상한 냄새가 난다……."

그때부터 이 청년은 누군가가 자신의 등 뒤에 있기만 하면 불안해지기 시작했고, 도무지 그것이 신경이 쓰여서 아무것도 할 수 없었으며, 졸업 후 직장 생활도 제대로 할 수 없을 만큼 오랜 세월 너무나 힘들게 살았던 듯, 저를 만났을 때의 그의 얼굴은 거의 새까맣게 타들어가고 있었습니다. 아, 얼마나 힘들었으면……!

그렇게 어느 날 갑자기 삶이 힘들어져 버린 안타까운 경우는 너무나 많아 이루 말로 다 할 수 없습니다. 언젠가 제가 만났던, 나이 마흔이 넘어서까지 혼자 살며 언제나 꼿꼿하고 반듯하게, 그러면서도 마치 세상을 달관한 듯한 얼굴로 늘 사람들을 대하던 어떤 사람도 어느 날 아주 우연한 기회에, 오랜 세월 동안 켜켜이 쌓여 온 자신 안의 깊디깊은 외로움을 문득 들여다보고는 하염없이 통곡했다고 합니다. 사연인즉, 이분 또한 여중생이던 어느 날 가까이 지내던 친구들이랑 여느 때처럼 깔깔거리며 늦게까지 놀다 헤어지곤 다음 날 아침 다시 학교에서 만났는데, 그 중의 한 친구가 몹시도 푸석한 얼굴로 다가와서는 울부짖듯 이렇게 말하더랍니다.

"얘, 너는 어제 왜 내게 그런 말을 했니? 네가 한 그 말 때문에 난 밤새도록 잠도 못자고 얼마나 괴로웠는지 아니?"

사실 그분은 전날 자신이 무슨 말을 했는지도 까마득히 잊어버리고 있었고 그냥 재밌게 놀았던 기억밖에 없었지만, 친구로부터 그 말을 듣는 순간 소스라치게 놀라며 "아, 내가 무심코 한 말도 남에겐 저렇게 상처가 될 수 있구나! 앞으론 정말 조심해야겠다."라는 생각이 비수처럼 가슴에 꽂히더랍니다. 친구의 그 울부짖음은 그렇듯 그분 자신에게도 깊은 상처가 되어, 그날 이후 마흔이 넘는 지금까지 언제나 남들에게 조금의 상처도 주지 않으려고 '적당한 거리'를 두며 살아오게 되었는데, 그랬기에 정말이지 어느 누구에게도 상처 주지 않고 자신도 상처 받지 않으면서 살아왔는지는 모르지만, 그러나 동시에 어느 누구에게도 진정으로 다가가지 않고 어느 누구의 접근도 허용하지 않는, 혼자만의 외롭고 슬픈 삶을 살아오게 된 것입니다.

님이여.

제가 말씀드린 이분들뿐만 아니라 다른 많은 사람들도 이런저런 연유로 마음속에 깊은 상처와 두려움들을 갖게 되었고, 그로 인해 오랜 세월 동안 너무나 괴롭고 힘든 삶을 살아올 수밖에 없었기에, 그로부터 벗어나 자유롭게 살고 싶어 애쓰며 몸부림치는 경우를 많이 보아왔습니다만, 그러나 많은 사람들이 자신의 문제로부터 쉽게 빠져나오지 못하는 이유는 바로 '저항'하는 마음 때문입니다. 자신을 힘들게 하고 괴롭게 하는 바로 그 문제로부터 얼른 벗어나고 싶은 마음 때문에 끊임없이 그 문제에 저항하는 것이지요. 그러나 저항은 또 다른 저항을 불러올 뿐입니다. 마치 고무줄을 쥔 한쪽 손은 가만히 둔 채 다른 손으로만 그 끝을 잡아당겨도 힘은 똑같이 양손에 가해지듯이, 나를 힘들게 하는 그 문제에 저항하면 할수록 그 문제 또한 똑같은 힘으로 나에게 저항하기 때문입니다.

주부님도 어느 날 갑자기 삶이 힘들어져 버린 아픈 기억을 말씀하시면서, "제가 의지가 약해서 그런가요? 그러나 선생님, 도대체 왜 이런 일이 계속 반복해서 저를 힘들게 할까요? 나의 그것이 서서히 발동하여 책을 볼 때면 그놈이 불쑥불쑥 고개를 내밉니다. 선생님, 정말 이것이 언제나 끝이 날까요? 제가 파 놓은 함정에 제가 빠지고 있다는 생각이 들면서 이제는 여기에서 벗어나고 싶습니다. 스스로 괴롭히는 이 짓 좀 그만두고 싶습니다. 선생님, 옛날에 일어났던 일들을 잊을 수는 없나요?"라고 말씀하십니다.

보세요, 님의 마음 안에는 깊디깊은 '저항'이 있습니다. 그리고 그 끊임없는 저항의 연장선상에서 해방을 맞고 싶어 하십니다. 아뇨, 우리를 진실로 자유케 하는 것은 저항이 아니라 사랑입니다.

그러면 사랑은 무엇인가요?

그러면 선생님, 저항이 아니라 사랑하는 것은 무엇인가요? 그런 저를 이해하고 받아들이는 건가요? 잘 이해가 가지 않아 이렇게 다시 한 번 답변 부탁드립니다. _주부

저항을 그치는 것, 그것이 바로 사랑입니다

저항을 그치는 것, 그것이 바로 사랑입니다.
님은 책을 읽을 때나 집중을 요하는 일을 하려고 할 때 옛날에 님을 힘들게 했던 그놈이 다시 고개를 들면서 님을 괴롭힌다고 말씀하시면서, "내 의지가 약한 걸까? 왜 이런 힘겨움이 나에게 반복적으로 찾아올까? 언제쯤 이 고통이 끝이 날까?"라고 하셨습니다. 그 마음을 가만히 들여다보면, 거기엔 끊임없는 '저항'이 있습니다.
하기야 바로 그놈 때문에 삶의 모든 것이 꼬이고 헝클어지기 시작해 엉망이 되어 버렸고, 그때 이후 너무나 오랜 세월 동안을 힘들게 살아왔기에 지금도 그놈이 불쑥불쑥 고개를 내밀 징조가 보이기만 하면 본능적으로 두려워하며 저항하게 되는 건 너무나 당연하다고 생각합니다. 그러나 저항은 우리의 괴로움을 더할 뿐입니다. 그것은 마치 블랙홀과 같아서 우리를 빨아들이기만 할 뿐 출구를 보여 주지 않습니다.

그러므로 이렇게 한번 해보십시오.

한마디로 말해 '저항'을 그치는 것인데, 지금까지 님이 해오던 방식과는 반대로 하는 겁니다. 즉, 책을 읽거나 집중을 요하는 일을 할 때 다시 그놈이 고개를 내밀거든, 지금까지는 독서와 집중을 위해 그놈을 몰아내고 없애려고 애쓰면서 끊임없이 그놈과 싸웠다면, 지금부터는 독서와 집중을 버리고 그놈에게 온통 자리를 내어주면서 그놈이 마음껏 님을 차지하도록 내버려두는 겁니다. 님은 지금껏 그놈과 싸우면서 얼마나 그놈을 미워하고 질시했으며, 또한 얼마나 그놈을 주눅 들게 하고 숨도 쉬지 못하도록 억압했습니까. 그러므로 그놈도 님에 대하여 맺힌 한이 많을 것입니다. 그래서 이번 기회에 그놈의 한을 마음껏 풀어 주자는 것입니다.

"오냐, 네 마음대로 해라. 나를 집어삼키든 나를 죽이든 네 마음대로 해라. 지금 이 순간부터 나는 너와 싸우지 않겠다. 내가 이렇게 함으로써 지난날 너로 인하여 힘들었던 모든 순간들보다 더 큰 고통이 나를 덮쳐 올지라도 나는 다시는 너를 향해 칼을 들지 않겠다. 너를 향해 들었던 모든 마음의 무기들을 나는 지금 이 순간 다 내려놓는다. 그리고⋯⋯ 미안하다. 이날 이때까지 너를 미워하고 원망하며 한없이 주눅 들게 한 나를 용서해 다오. 내가 잘 알지 못하여, 너를 죽이는 것만이 나를 살리는 길이라고 굳게 믿어 온 나를 용서해 다오. 이제는 너를 받아들이마. 네가 곧 나였던 것을, 너 또한 내 안의 소중한 많은 나 가운데 하나였다는 것을 내가 지금껏 몰랐단다. 미안하다⋯⋯."라고 말하면서 말입니다.

님이 진실로 이렇게 할 수 있다면, 단 한 순간만이라도 이런 마음일 수 있다면, 님을 그토록 힘들게 했던 그도 또한 영원히 님을 놓아줄 것입니다.

  예, 우리를 자유케 하는 것은 저항이 아니라 사랑입니다. 그리고 저항을 그치는 것, 그것이 바로 사랑입니다.

  님에게 영원한 해방과 행복이 함께 하기를…….

사람들 앞에 서기가 두렵습니다

안녕하세요? 저는 지금 43살이고, 아내와 두 아이가 있는 실직 가장입니다. 몇 번의 좋은 취업도 나의 문제들 때문에 모두 도망치듯이 사퇴하고, 지금은 1년가량 실직 가장이라는 아주 힘들고 고통스러운 상황을 겪었습니다. 제 문제들을 요약하자면,

첫째, 회의석상이나 발표 때가 되면 가슴이 터질 것 같고, 두근거리고, 얼굴도 화끈거리며 식은땀까지 나기 때문에 그 자리에 있기가 너무너무 힘들고, 회의가 끝난 뒤에는 사장님 이하 간부들의 실망스런 눈빛들……. 지금도 그 생각을 하니 가슴이 아파 옵니다.

둘째, 부하 직원들을 통솔하고 이끌어 가야 하지만 부하 직원들과의 의사소통이 잘 이루어지지 않습니다. 회의도 하고 칭찬도 하고 지적도 하고 해야 하는데, 그 상황이 되면 또 가슴이 터질 듯이 두근거리고 말도 떨려서 도저히 통솔할 수가 없습니다.

이번에 어렵게 재취업을 했습니다. 이제는 정말 버텨야 하는데…… 정말 저 어떻게 해야 합니까? _호준

인생에 단 한 번만이라도
이런 마음을 가져 볼 수는 없나요?

우리네 인생이 더없이 힘들고 고통스럽고 괴로워지는 가장 큰 이유

가운데 하나는 바로 '모든 일을 다 잘하려는' 마음 때문입니다. 이것을 '완벽주의'라고도 하는데, 바로 그 마음 때문에, '매사에 다 잘하려는' 바로 그 한 생각 때문에 우리는 잘하기는커녕 오히려 우주보다도 더 무거운 마음의 짐들을 지고서 매 순간 숨도 제대로 쉬지 못하며 힘들게 살아가게 되는 것입니다. 아, 그 짐의 무거움이란 이루 말로 다 형언할 수가 없지요!

얼마 전에 서울에서 온, 16년 동안이나 강박증에 갇혀서 온갖 모양으로 시달려 온 한 사람을 만났습니다. 오죽했으면 생면부지의 저를 만나기 위해 그 먼 길을 한걸음에 달려왔을까요. 그 사람과 몇 시간에 걸쳐 상담하는 중에 이런 대화가 오고 간 적이 있습니다.

"님은 강박에 갇혀 살아온 16년 동안의 힘겨웠던 삶을 말씀하셨지만, 그 시간들을 한마디로 말하면 오직 '강박으로부터 벗어나기 위한 몸부림의 연속'이라고 말할 수 있지 않습니까?"

"예, 그렇습니다. 저는 제 삶의 어느 순간 갑자기 찾아온 그 강박으로 인해 제 인생의 전부가 엉망이 되어 버렸고, 그래서 오직 그것으로부터 벗어나고만 싶었습니다. 그래서 할 수만 있다면 얼른 그것으로부터 벗어나 원래의 내 모습을 되찾고 싶었고, 내가 꿈꿨던 인생을 살고 싶었습니다. 그리고 그러기 위한 모든 노력들을 다 해왔습니다……."

"그런데 강박으로부터 벗어나기 위한 그 16년 동안의 처절했던 노력이 단 한 톨이라도 님에게 자유를 주던가요?"

"아뇨, 그렇기는커녕 이제는 오히려 온갖 사소한 것들에도 강박 증세가 심하게 나타나, 더욱 옴짝달싹 못하게 되어 버렸습니다……."

"그렇지요? 그 너무나 분명한 사실을 깊이 자각한다면, 다시 말해 '강박으로부터 벗어나고자 했던' 16년 동안의 온갖 노력이 조금도 자신을 강박으로부터 벗어나게 해주지 못했을 뿐만 아니라 오히려 더욱더 그 속에 갇히게 했다는 사실을 깊이 이해한다면, 다시 일상 속에서 강박 증세가 나타날 때 지금까지 본능적으로 해왔던 것처럼 또다시 그 '강박으로부터 벗어나고자 하는' 일방적인 몸부림을 계속 하겠습니까? 아니, 16년 동안의 이 명백한 실패 앞에서 또다시 똑같은 몸부림을 해요? 이미 '안 된다'는 결론이 님의 삶을 통하여 명명백백하게 나와 있는데도요? 그 사실 하나만이라도 님의 가슴속에서 깊이 자각되고 또 살아 있게 된다면, 님의 삶 속에서 또다시 온갖 종류의 강박 증세가 나타난다 하더라도 다시는 '강박으로부터 벗어나고자 하는' 습관적인 몸부림을 더 이상은 하지 않게 될 것입니다. 왜냐하면 골백번을 더 하더라도 그것은 이미 '안 되는 길'임이 드러났으니까요. 이 사실 하나만이라도 제대로 이해한다면 강박으로부터 벗어나려는 모든 몸짓은 스스로 멈출 것이고, 그러면 이제 그 강박에 저항하지 않는 무위(無爲) 혹은 그 멈춤 속에서 어떤 설명할 수 없는 새로운 이해와 힘이 조금씩 님의 가슴을 채우게 될 것이며, 그러면 얼마 시간이 흐르지 않아 문득문득 이미 강박에 매여 있지 않은 자신을 발견하게 되면서 스스로도 놀라게 될 것입니다……."

그런데 너무나도 감사했던 것은, 저의 이 애틋한 얘기를 들으면서 그는 그 순간 모든 것을 이해하게 되었다는 것입니다. 그래서 제가 말을 다 마치자마자 그는 곧 "이제 알겠습니다. 제 삶의 모든 것을 이해했습니다. 제가 무엇을 해야 하는지도 알았습니다."라는 짧은 한마디를 내뱉고는 환한 얼굴로 자리에서 일어서서는 거듭 거듭 고맙다는 인사를 하며, 타는 입술로 왔던 그 먼 길을 되돌아갔습니다.

호준님.

제가 보기에 님은 너무 잘하려고만 하십니다. 회의석상에서 발표도 멋들어지게 잘하고, 사장님 이하 간부들에게도 주목받는 사람이 되고, 부하 직원들에게도 품이 넓고 존경스러운 상사로서 통솔도 잘하고 의사소통도 잘하고 회의도 잘 이끌고 칭찬과 지적도 적재적소에 잘하고……. 그런데 바로 그 '잘하려는' 마음 때문에 회의석상이나 발표 때가 되면 가슴이 터질 것 같고, 두근거리고, 얼굴도 화끈거리며, 말도 떠듬거리고, 식은땀까지 나는 등등의 고통을 겪게 되는 것입니다.

또 바로 그 '잘하려는' 마음 때문에 호준님은 잘하기는커녕 오히려 "몇 번의 좋은 취업도 나의 문제들 때문에 모두 도망치듯이 사퇴하고, 지금 실직 가장이라는 아주 힘들고 고통스러운 상황에 직면해 있습니다."라고 말씀하고 계시지 않습니까? 마치 강박으로부터 벗어나려는 그 마음 때문에 오히려 16년 동안이나 더욱더 숨 막히도록 강박에 사로잡혀 갔던 그분처럼요. 그런데도 님은 계속 '잘하려고만' 하시겠습니까? 님의 그 명백한 힘겨움과 고통 앞에서도요?

호준님.

인생에 단 한 번만이라도 '잘하려는' 마음을 내려놓고, 망가지고 무너지고 엉망이 되어 보려는 마음을 한번 가져 볼 수는 없을까요? 회의석상에서나 발표를 앞두고 있을 때 "내, 오늘 이 사람들 앞에서 마음껏 한번 망가져 보리라! 마음껏 무너져 보리라!"는 마음을 한번 가져 보시라는 겁니다. 가슴이 터질 것 같고, 두근거리고, 얼굴도 화끈거리며, 식은땀까지 나는 바로 그 순간에도 스스로 마음먹기를, "그래, 오늘은 내가 망가지는 날이지! 그래, 마음껏 한번 망가져 보자!"라는 생각을 거듭하는 겁니다. 그리고 발표를 위해 일어서는 순간이나 강단 앞으로 걸어 나갈 때에도 "그래, 까짓것, 이 기회에 한번 마음껏 무너져 보자고!"라는 마음으로 사람들 앞에 서시라는 겁니다. 오직 '망가지기 위해서' 그 모든 순간들을 받아들여 보라는 것입니다.

아, 님이 진정으로 이 한 마음을 낼 수 있다면!

단 한 순간만이라도!

그러면 님은 스스로 자신의 그 오랜 구속과 굴레로부터 뚜벅뚜벅 걸어 나오게 될 것입니다. 정말로 무너져 보면 조금도 무너져 있지 않은 자신을 발견하게 될 것이기 때문입니다. 사실 인생에 잃어버릴 것은 아무것도 없답니다.

호준님 화이팅!!!

저도 마음으로 많이 응원하겠습니다.

대인공포 때문에 친구의 결혼식에 가지 못했습니다

저의 절친한 친구가 결혼을 했습니다. 하지만 저는 참석하지 못했습니다. 오늘이 그 녀석의 결혼식 날이었는데, 일부러 가지 않았습니다. 다른 친구에게 전화가 왔습니다. 너 왜 안 왔냐고……. 아, 슬퍼집니다. 제가 결혼식에 참석하지 못한 이유는 저에게 있으니까요. 분명 그 자리에는 초·중·고등학교 동창들이 많이 모일 텐데, 저를 아는 여러 사람들이 모두 모이는 것을 두려워한 것입니다. 왜냐하면 저에게는 대인공포라는 장벽이 있으니까요. 그러니 예전과 다른 저의 모습을 보여 줄 수가 없었습니다.

여러 가지 생각들이 교차합니다. 미안하다고 전화할까? 아니면 이 상황 속에 있어 볼까? 진정한 해결책이 나올까? 그래도 미안하니까 선물이라도 보내 줄까? 아니면 편지를 쓸까? 이해해 줄까? 그래도 유치원 때부터 함께 자라 온 둘도 없는 친군데……. 아니야, 나는 지금 그런 거 신경 쓸 때가 아니지…… 그깟 놈 없어도 돼…… 너무 머리가 아프니까 이젠 친구가 아니라고 생각할까…… 그럼, 나는 친구도 없고 외톨이가 되는데……? 선생님, 이런 상황 속에서 저는 어떻게 해야 합니까? _친구야

그럴 수밖에 없었던 자신을 먼저 따뜻이 품어 주십시오

 대인공포라는 장벽 때문에 절친한 친구의 결혼식에 가지 못한 님의 아픔과 고민과 두려움을 이해합니다. 님의 글을 읽으면서 제 가슴도 참 많이 아팠습니다. 아, 얼마나 그 마음이 힘들었을까……. 님의 그런 마음 앞에서 무슨 말을 할 수 있겠습니까만, 그래도 조금이나마 그 아픔과 힘겨움을 나누고 싶습니다.
 님이여.
 어떤 이유에서건 그 자리에 가지 못한 님 자신을 먼저 용납하고 받아들여 따뜻이 품어 주시기를 바랍니다. 그래, 괜찮아, 그럴 수도 있어…… 가슴 아프고 미안한 일이지만, 그래도 지금의 나로서는 어쩔 수 없는 일이었어…… 정말이야…… 나도 정말 가고 싶었어. 가서 진심으로 축하해 주고 싶었어. 이게 내 진심이야. 하지만…… 그래, 나도 마음으로는 최선을 다 했어…… 이게 지금 내가 할 수 있는 최선의 선택이었어…… 그래, 괜찮아…… 하고 말입니다.
 님은 "여러 가지 생각들이 교차합니다. 미안하다고 전화할까? 아니면 이 상황 속에 있어 볼까? 진정한 해결책이 나올까? 그래도 미안하니까 선물이라도 보내 줄까? 아니면 편지를 쓸까? 이해해 줄까? 그래도 유치원 때부터 함께 자라 온 둘도 없는 친군데……. 아니야, 나는 지금 그런 거 신경 쓸 때가 아니지…… 그깟 놈 없어도 돼……너무 머리가 아프니까 이젠 친구가 아니라고 생각할까…… 그럼 나는 친구도 없고 외톨이가 되는데……?"라고 말씀하시지만, 아뇨, 그 모든 생각과 선택들에 앞서서, 가지 못한 자신을 진실로 용납하고 받아들이는 것이 먼저입니다.

보세요, 님의 그 모든 말씀들은 가지 못한 자신을 인정하고 받아들이는 마음이 아니라, '가지 못한 자신'과 '가지 못했다는 사실'을 못 견뎌 하며 끊임없이 스스로를 정죄하고 자책하며 비난하는 모습이 아닙니까? 그래서는 님이 생각하는 그 어떠한 선택도 진정한 해결책이 되지 못합니다. 왜냐하면 님의 첫 번째의 선택—결혼식에 가지 않은 것—조차 님 스스로가 인정하고 있지 않으니까요.

그러므로, 잠깐만요, 잠깐만 심호흡을 한 번 하시고, 님이 결혼식에 가지 못한 사실을 먼저 마음으로 인정해 보십시오. 그리곤 가만히 그 사실을 받아들여 보세요. 님의 선택을 존중해 주라는 말입니다. 그건 지금의 님으로서는 어쩔 수 없는 일이었고, 그래서 가지 않은 것뿐입니다. 그냥 단순히 그랬을 뿐이에요. 괜찮아요.

그렇게 님이 먼저 님 자신에 대한 비난을 그치고 있는 그대로 받아들여 줄 때, 그리고 그럴 수밖에 없었던 자신의 아픔과 함께 해줄 때, 다른 모든 친구들도 님의 마음을 이해하며 님의 선택을 있는 그대로 받아들여 줄 것입니다.

아, 님 안의 모든 억압들이 사라지고, 평화와 안식이 함께 하기를……!

시선공포, 저만 그런 걸까요?

선생님! 안녕하세요. 혼자 고민하다 도저히 답이 안 나와서……. 처음에는 그냥 대인공포증을 의식하며 생활하고 있었는데, 어느 날 직장 선배와 눈이 마주치니 못 보겠더라구요. 그 당시 저는 그것을 심각하게 받아들여서 고치려는 생각에 몰두하고, 시선 처리를 어떻게 할까 고민을 했는데, 이제는 그런 생각들을 떨쳐 버리고 싶은데 떨어지질 않고 더 생각나고, 생각할수록 더 의식됩니다. 이럴 때는 생각을 안 할 수 없을까요? 아니면 생각이 나도 다스릴 수 있는 방법이 있을지?

이러다가 폐인 되겠어요. 사회생활은 어떻게 할지……. _질문

시선공포를 사랑해 주세요

제가 만난 사람들 중에는 참으로 가슴 아픈 사연들을 가진 사람들이 많은데, 그 가운데에는 님의 경우처럼, 중학교 1학년 발랄한 여학생 때 갑자기 찾아온 시선공포 때문에 그 이후의 모든 삶이 무한히 힘들어져 버린 사람이 있었습니다.

그날도 그는 여느 때처럼 그저 까르르 웃고 떠들며 친구랑 얘기하고 있었는데, 어느 한 순간 갑자기 "아, 다른 사람이랑 얘기하면서 서로 눈을 빤히 쳐다보는 게 어쩐지 좀 어색하다……"라는 생각이 선명히 뇌리를 스쳐, 자신도 모르게 그만 눈을 아래로 내리깔았답니다. 그

런데 그 순간 이후부터는 어느 누구와도 쉽게 눈을 마주칠 수가 없었고, 시간이 지나면서 그것은 점점 더 심해지고 두려움도 커져 나중엔 극심한 대인기피와 대인공포로까지 발전하게 되면서, 급기야 제가 그를 만났을 즈음엔 고시원의 좁은 방 안에 틀어박힌 채 오랜 세월 동안 숨도 제대로 쉬지 못하며 살아오고 있었습니다.

아, 얼마나 가슴이 아팠던지! 그 밖에도 참으로 많은 유사한 경우들을 만났습니다만, 그 모든 사람들의 공통점이 더욱 저를 가슴 아프게 했습니다. 즉, 그들은 무한히 착하다는 것입니다. 마음도 한없이 여려 남에게는 눈곱만큼의 피해도 주고 싶어 하지 않는 사람들이라는 것입니다. 그래서 자신이 어색할 때 남도 그런 자신의 모습을 보고 어색해 하거나 힘들어 할까 봐 이리저리 마음 쓰며 피해 다니거나 괴로워하고, 또한 아예 그런 순간들을 만들지 않기 위해 애쓰며 혼자만의 아픈 고독 속으로 들어가고……

아, 님이여.

님의 시선공포를 좀 사랑해 주면 안 되나요. 남과 만났을 때 시선을 어디다 둘지 몰라 안절부절못하는 자신을 좀 용납하고 용서하며 따뜻이 대해 주면 안 되나요. 지금 님의 마음 상태로는 그것이 어쩔 수 없는 일임을 이해하고, 그런 자신을 있는 그대로 좀 받아들여 주면 안 되나요. 시선 처리를 언제나 어색하지 않게 잘해야 하나요. 언제나 그 순간을 님이 책임져야 하나요. 고치려고만 하지 말고, 그냥 지금 있는 그대로의 님의 모습을 좀 사랑해 주면 안 되나요. 언제나 그렇게 자신을 정죄하고 비난하며 한없이 몰아붙여야만 하나요.

아닙니다, 님이여.

먼저 자신의 그 부족과 결핍을 받아들이고 사랑해 주십시오. 지금 있는 그대로의 그 모습을 용납하고 따뜻이 보듬어 주십시오. 님이 단 한 번만이라도 지금의 님 자신 편이 되어 주십시오. 정녕 사랑받아야 하는 것은 시선 처리를 잘하는 님이 아니라, 시선을 어디에 두어야 할지 몰라 하는 지금의 님이기 때문입니다.

그렇게 님이 님 자신을 있는 그대로 받아들여 사랑해 줄 때, 시선은 아무 노력을 하지 않고도 저절로 편안히 제 향할 곳을 향할 것입니다. 진실로…….

고맙습니다.

님에게 평화가 임하기를!

도망치지 않고 멈추기가 어렵습니다

다만 멈추기가 왜 이렇게 안 되는지 모르겠습니다. 똑같은 질문을 반복해서 하는군요. 그렇지만 그 속에 망가진 채로 그대로 있기가 왜 이렇게 힘이 드는지 모르겠네요. 생각은 쉼이 없습니다. 쉼 없이 판단하고 "잘하고 싶다."라는 생각을 또 하고 있네요. 잘했다고 생각되면 기분이 좋아지고, 그렇지 않을 때면 기분이 가라앉고……. 어찌하면 그런 상태 속에 그냥 있어 볼 수 있는지……. 너무도 괴롭네요. 혹시 연습을 통해서 괜찮아질 수 있을까요?

영화 속 이야긴데요. 배우가 되고 싶은 여학생이 있는데, 대인공포증이 심해 남 앞에 서는 걸 두려워해서 오디션 볼 때마다 제 실력을 발휘하지 못하고 낙방을 하는 거예요. 그러다 용기를 내어 시내버스 안에서 사람들에게 양해를 구하고 오디션 봐야 할 그 대목을 연기하더라구요. 그러더니 힘을 얻고는 감독을 찾아가 그 배역을 다시 따 내는 모습을 보았습니다. 그 여학생처럼 연습을 통해서 대인공포증을 극복하는 것은 어떻게 보시는지요? 그러니까 저도 자꾸자꾸 그런 상황들을 피하려 하지 말고 오히려 더 연습하고 말을 해야 하는 걸까요? _미옥

중요한 것은 이해의 전환입니다

첫술에 배부르지 않습니다. 너무나 오랜 세월 동안 자신이 힘들어

하는 문제로부터 어떻게든 벗어나려고 도망만 다녀왔기에, '달아나지 않고 그냥 그 속에 있기'가 정말로 어려울 것입니다. 마음을 다잡아 한번 부닥쳐 보리라 다짐도 해보고 결심도 해보지만, 막상 그런 순간이 오면 어느새 한참이나 두려워 떨며 달아나고 있는 자신을 자주자주 목격할 것입니다.

이해합니다. 님의 그런 마음을 충분히 이해합니다. 그러나 중요한 것은, 얼마나 실패하지 않고 성공적으로 매 순간 맞닥뜨렸느냐 하는 데에 있지 않습니다. 중요한 것은 "내 영혼의 해방과 자유는 '멈춤'에 있다."는 님의 '이해의 전환' 혹은 '관점의 전환'에 있습니다. 지금껏 님은 님의 자유와 해방을 '문제를 극복하고 이겨내는 데'에 두고 있었습니다. 그래서 모든 노력 또한 그쪽으로만 경주되고 있었구요. 그러나 거기에는 끝이 없습니다. 자유도 없고요. 그런데 이제는 "아니다. 나의 해방과 자유는 문제를 벗어나는 데에 있는 것이 아니라, 문제 자체에 있다. 그러므로 이제 벗어나려는 그 마음을 내려놓아 보자."는 쪽으로 생각이 바뀌었습니다. 그렇지 않습니까?

생각은 곧 에너지인데, 님이 진실로 이렇게 생각을 바꾸셨다면, 그래서 그러한 이해의 전환 혹은 관점의 전환이 님에게 왔다면, 이제는 시간문제입니다. 아무리 실패를 거듭하더라도 그 실패 또한 매 순간 있는 그대로 인정하고 받아들일 것이기에, 그리고 "다만 멈추기가 왜 이렇게 안 되는지 모르겠습니다."라는 말씀을 하게 되더라도 지금은 그럴 수밖에 없다는 사실 또한 깊이 이해하고 있어서 그로 인한 마음의 고통과 괴로움 또한 있는 그대로 받아들일 준비가 되어 있기에, 오래지 않아 님은 마음의 평화를 맛보게 될 것입니다.

너무 염려하지 마십시오. 조금만 더 그 '관점의 전환' 속에 있다 보면 조금씩 조금씩 새로운 힘들을 얻게 될 것입니다. 그러면 점점 더 많은 이해가 님에게 올 것이고, 님의 해방의 순간도 그만큼 더 빨라질 것입니다.

그리고 한 가지 더 말씀드리면, 님은 "생각은 쉼이 없습니다. 쉼 없이 판단하고 '잘하고 싶다'는 생각을 또 하고 있네요."라고 하셨지만, 그런 생각들이 올라오는 것은 어쩔 수 없는 일입니다. 어쩔 수 없는 일을 님이 어찌하려고 하지 마시고, 다만 그런 생각이 들 때마다 "아니지, 오늘은 내가 조금 더 망가져 보리라."라고 하면서, '잘하려는' 그 생각을 따라가지만 않으면 됩니다. 그 '멈춤' 속에서 평화는 저절로 님을 찾아올 것입니다.

님은 또 영화 이야기를 하시면서 '연습'에 대하여 말씀하셨습니다만, 그 여학생은 '연습'한 것이 아니라 "더 이상 달아날 수는 없다. 언제까지 대인공포를 핑계 대며 주저앉기만 할 건가. 이제는 맞닥뜨려 보자!"라는 '마음의 전환'을 그 순간 자신 안에서 경험한 것입니다. 그런 '마음의 전환'이 없이 단지 연습에만 매달리는 것은 한계가 있습니다. 왜냐하면 그것 또한 자신의 문제로부터 벗어나고 달아나려는 마음에서 출발하니까요. 그렇기에 연습은 약간의 효과는 있을지 모르지만, 자유를 가져다주지는 못한답니다.

님에게 진실로 이런 '이해의 전환' 혹은 '관점의 전환'이 왔다면, 그것이 님을 조금씩 영혼의 자유로 인도해 갈 것입니다.

말더듬 때문에 고민입니다

안녕하세요? 저는 30대 중반인데, 살아오는 내내 한 가지 고민 때문에 너무나 힘겹습니다. 말더듬 때문입니다.

말을 잘하고자 하는 욕구가 무척이나 강합니다. 그 욕구가 강할수록 절망도 더 커지고……. 악순환이 되풀이되는 듯합니다. 꼼꼼한 성격이라 일처리나 대인관계에 있어서 실수를 스스로 용납하지 않고, 남 앞에서 더듬는 모습을 보이느니 차라리 말을 안 하는 편입니다. 그럴수록 마음에 남는 게 많아지는 것 같고요. 앞일을 살펴서 말을 해야 할 상황이 올 것 같으면 미리 피해 버리고……. 이렇게 살아가는 게 힘겹고, 이젠 그만두고 싶습니다. 어떻게 해야 하겠습니까? _하늘

정말 낫고 싶습니까?

정말 낫고 싶습니까?
예, 나을 수 있습니다.
님이 진실로 낫고 싶다면 '나을 수 있는 길'로 돌아설 것이기 때문입니다.

우리네 인생에는 많은 '길'이 있습니다. 그 가운데 하나가 바로 치유의 길입니다. 그리고 그 길은 분명히 있습니다. 그러나 길은 있지만, 님이 그 길로 들어서지 않는다면 그것은 님에게 아무것도 아닐 것입

니다. 다행히 그 길은 너무나 쉽습니다. 지금 당장 걸어가 볼 수 있으니까요!

님의 얘기를 들으면서, 성경에 나오는 38년 된 병자 이야기가 생각났습니다. 마침 님도 30대 중반이시라니, 어쩌면 비슷한 아픔일지도 몰라 저의 마음은 더욱 간절해지고 애틋해집니다.

성경 요한복음 5장에 보면 베데스다 연못에 관한 이야기가 나옵니다. 그 연못은 예루살렘에 있는 양문(¥門) 곁에 있는데, 거기 행각(行閣) 다섯이 있고, 많은 병자, 소경, 절뚝발이, 혈기 마른 사람들이 그 행각 안에 누워 물이 동(動)하기를 기다리고 있었습니다. 왜냐하면 그 연못에는 가끔 천사가 내려와 물을 동하게 하는데, 물이 동한 후에 맨 먼저 들어가는 사람은 어떤 병이든지 다 깨끗이 나았기 때문입니다. 그러므로 얼마나 많은 병자들이 낫고 싶어서 그 연못으로 몰려왔을까요.

그런데 거기 한 구석진 곳에 38년 된 병자가 있었습니다. 38년 되었다는 것은 38년 동안이나 거듭거듭 자기 병을 고쳐 보려고 애를 쓰며 물이 동하기를 기다려 왔다는 것이지요. 그런데 먹지도 않고 자지도 않으며 간절히 물이 동하기를 기다렸다가 물이 동하자마자 급히 뛰어들어 가 봤지만 어느새 다른 사람이 먼저 들어가 버려, 그는 낫고 자기는 여전하여 힘없이 돌아서기를 38년 동안이나 거듭했다는 것입니다. 그렇게 실패를 거듭할수록 그는 얼마나 애틋하게 가장 먼저 연못에 들어갈 방법들을 찾고 또 찾았겠으며, 낫고 싶은 그 마음은 또 얼마나 더 간절해졌을까요! 하늘님처럼요!

그러나 그러는 동안에 그의 병은 점점 더 깊어져 갔고, 그렇게 38년이 흐른 어느 날 그는 마침내 스스로의 힘으로는 맨 먼저 연못에 들어

간다는 것이 불가능한 일이 되어 버렸음을 깨닫게 됩니다. 그렇게 세월이 흐르는 동안에 그의 병이 너무 깊어져 버려 이제는 자신의 힘과 방법과 노력으로는 더 이상 병을 낫게 할 수가 없게 되어 버린 것이지요.

그 사실을 깨닫는 순간 그는 38년 동안 단 한 순간도 놓지 않았던, 자신의 수고와 노력과 애씀을 통하여 병을 낫게 하려던 그 마음을 놓아 버렸고, 동시에 살기 위한 모든 몸부림도 그의 마음 중심에서부터 끊어져 버립니다. 그렇게 모든 가능성은 그의 앞에서 완전히 닫혀 버렸습니다.

"아, 나는 이제 안 되는구나……!"

이제 그의 앞에는 오직 죽음밖에 보이지 않았습니다.

그러나 바로 그때, 예수가 그의 앞에 나타납니다. 그리곤 이렇게 말합니다.

"네가 낫고자 하느냐?"

그러나 나을 수 있는 가능성이 자신의 눈앞에서 다 닫혀 버렸기에 그는 힘없이 말합니다.

"낫고 싶지만, 물이 동할 때에 나를 못에 넣어 줄 사람이 없어 내가 가는 동안에 다른 사람이 먼저 내려가나이다."

그때 예수는 말합니다.

"일어나 네 자리를 들고 걸어가라."

그런데 바로 다음 순간, 그 병자는 38년 동안이나 누워 있던 자신의 오랜 침상을 들고 스스로 일어나 걸어갑니다. 마침내 그의 병이 나은 것입니다!

님이여.

이것은 예수의 얘기도 아니고, 기적에 관한 이야기도 아닙니다. 바로 우리의 병이 어떻게 낫는지를 극명하게 보여 주는, 우리 마음에 관한 이야기입니다.

"살아오는 내내 한 가지 고민 때문에 너무나 힘겹습니다. 말더듬 때문입니다…… 말을 잘하고자 하는 욕구가 무척이나 강합니다. 대인관계에 있어서 실수를 스스로 용납하지 않고……남 앞에서 더듬는 모습을 보이느니 차라리 말을 안 하는 편입니다…… 앞일을 살펴서 말을 해야 할 상황이 올 것 같으면 미리 피하고……"라는 님의 글을 읽으면서 제 가슴은 참 많이도 아팠습니다. 그것은 님이 말을 더듬는다는 사실 때문이 아니라, 아직도 님의 마음은 너무나 강하게 말더듬을 저주하고 비난하면서 오직 그것으로부터 벗어나는 것만이 진정 자신답게 사는 길이라고 굳게 믿고 있기 때문입니다. 그런 님의 마음을 보면, 가장 먼저 베데스다 연못에 들어가는 길만이 낫는 길이라고 굳게 믿고 있었던 38년 된 병자의 모습이 보입니다. 아뇨, 그럴수록 병은 더욱 깊어 가고 님의 고통만 더할 뿐입니다. 38년 된 병자가 그랬듯이요. 그것은 정녕 '낫는 길'이 아닙니다.

님은 스스로를 말더듬이라고 하십니다만, 제가 보기에 님은 단 한 순간도 진정으로 말더듬이가 되어 본 적이 없는 것 같습니다. 왜냐하면, 말을 더듬는 모습이 자신에게서 조금이라도 보이려고만 하면 님은 벌써 소스라치게 놀라면서 그것을 한없이 부끄러워하고 수치스럽게 여기며 숨기려 하고, 그것으로부터 달아나려 하고, 또한 그것을 미워하고 비난하면서 끊임없이 벗어나려고만 했지, 단 한 순간도 말더듬을 있는 그대로 받아들이거나 그 속에 있어 본 적이 없기 때문입니다. 단 한 순간도 받아들이지 않고 언제나 부정하며 벗어나려고만 했던 사람이 어떻게 말더듬을 알겠으며, 어떻게 말더듬이라 할 수 있겠습니까.

그러므로 하늘님, 이제는 단 한 번만이라도 그 마음을 내려놓고, 진정으로 말더듬이가 되어 보십시오. 말을 잘하려는 쪽으로만 기울였던 30년 동안의 노력과 몸부림을 이제는 멈추고, 말을 더듬는 '지금'의 자신을 있는 그대로 받아들여 보십시오. 나으려고만 하다가 오히려 병이 무한히 깊어져만 갔던 38년 된 병자가 그 마음을 내려놓게 된 순간 자신의 침상을 들고 일어나 걸어갈 만큼 완전히 병으로부터 벗어나게 되었듯이, 님이 말을 더듬지 않고 잘하기만 하려는 그 마음을 단 한 순간만이라도 진실로 내려놓을 수만 있다면 님은 즉시로 말더듬으로부터 벗어난 자유를 맛보게 될 것입니다.

진정으로 낫는 길은 우리의 끊임없는 노력과 수고를 통하여 미래의 어느 순간에 오는 것이 아니라, 오히려 그 마음을 내려놓고 '지금'을 있는 그대로 받아들일 때 즉시로 맛보게 되는 무엇이기 때문입니다. 이것이 바로 진정한 치유의 길입니다. 그리고 그 '길'이 지금 님 앞에 펼쳐져 있습니다. 이제 그 길로 님이 들어서기만 하면 됩니다.

님이 힘들어하는 그 말더듬을 거부하지 않고 있는 그대로 받아들임을 통하여 삶의 이 위대한 진실을 경험할 수 있게 되기를 진심으로 바랍니다.

얼굴이 붉어져 당황스럽습니다

살면서 또 물음이 올라오는군요. 마음이 잡을 수도 잡힐 수도 없음을 잘 압니다. 그러나 아는 것과 실제로 행함은 다르다는 걸 새삼 느끼는 요즘이네요. 그러니깐, 마음은 그렇게 지나가는 것이니 집착할 필요가 없다는 걸 알면서도, 당장에 내 반응들이, 그것도 원치 않는 반응들이 나타날 때면 그건 내 마음이 하는 일이니 집착하지 말아야지 하면서도, 나타나는 반응이 통제가 되지 않고 올라올 때면 너무도 당황스럽고 상대방에게 미안하여 어찌해야 좋을지, 좋은 방법이 있으면 너무나 알고 싶은 마음에 글을 씁니다. 저는 이 문제로 10여 년 가까이 고민을 해오고 있습니다.

나름대로 마음이 하는 일임을 알아차려서 그 마음조차도 내려놓고, 올라오면 올라오는 대로 놓아두려고 노력도 해보고 나름대로는 애쓰고 있습니다만, 괜찮다가도, 어떤 때는 전혀 괜찮지 못하여 정도가 심해진 듯하고, 현상은 그대로이나 그걸 보는 내 마음이 더 약해져서 그럴 수도 있겠지만, 여하튼 이런 현상이 나타나는 이유가 무언지, 또 이겨낼 수 있는 방법이 궁금해서 여쭙습니다.

이 현상이란 10여 년 전으로 거슬러 올라가는데요, 어느 날 문득 다니던 직장에서 평소엔 아무렇지도 않았던 사람인데, 무슨 일 때문이었는지는 정확하게 기억이 나지 않지만, 갑자기 대하는 게 어려워지고, 마주 대하고 얘기할 때면 얼굴이 붉어져서, 한 번 그러다 말겠지 했는데, 다른 사람에겐 아무렇지도 않은 얼굴이 그 사람에게만 유독 버릇처럼 얼굴이 붉어지기 시작하더니, 그곳을 그만두고 다른 곳을 다니게 되었는데, 처음은 편하게 지내던 사람도 나중에는 또다시 얼굴이 붉어지곤 하는 겁니다. 여자든 남자든 어른이든 연하의 사람이든 상관없이 불특정 다수에게 저도 알지 못하는 사이에, 처음엔 더할 나위 없이 문제없이 지내다가 조금 가까워지고 더 친해지려고 할 때면 오히려 얼굴이 붉어지고, 그래서 미안하고 당황하고 민망하여 더 멀어지게 되고, 신경을 더 쓰게 되는데도 오히려 행동은, 얼굴이 붉어질까 염려되어 아예 무시를 해버리는 일이 자주 일어나곤 합니다.

 마음은 더 가까이 지내고 싶고 친해지고 싶은데도, 왜 몸의 반응은 원치 않는 쪽으로 일어나는지 도무지 알 수가 없고 이해가 되질 않네요. 내가 나를 판단하고 상대방과 나를 비교하여 스스로 열등의식을 느껴서 그런 것인지, 아니면 다른 이유 때문인지 도무지 알 수가 없습니다. 한동안은 내가 세워 놓은 관념 때문에 더 심해진다고 생각되어 올라오는 대로 내버려두려고 했을 때는 어느 정도 도움을 받았습니다만, 마음은 내려놓으려고 노력을 하여 괜찮아진다고 해도 다시 그 사람들을 만나면 똑같은 반응이 나타나니, 이 괴로움을 어찌하면 좋을까요? 반응이 이렇다 보니 관계를 맺는 것부터가 염려스럽고 두려워지기도 합니다. 두서없는 글쓰기로 전달이 잘 되었는지 염려스럽네요. 선생님의 말씀을 듣고 싶습니다. _봄

삶을 가로막는 앎

안녕하세요? 반갑습니다.

앎에는 두 가지가 있습니다. 그 하나는 앎이 곧 삶이 되어 앎과 삶이 하나인 앎이 있고, 다른 하나는 앎이 오히려 진정한 앎을 방해하여 바로 그 때문에 삶과의 분리가 오고 그래서 더욱 삶을 힘들게 하는 앎이 있습니다.

전자는 매 순간 깨어 있기에 늘 새로운 발견과 기쁨과 희열, 영혼의 참된 성장, 일렁이는 자유, 설명할 길 없는 평화가 그 속에 깃들게 되지만, 후자는 앎 자체가 이미 화석화된 것이기에, 생명 없는 그것이 생명을 가두어 버리는데도, 그것을 알지 못한 채 오히려 그 앎만이 자신을 구원해 줄 참 생명이요, 따라서 삶의 진정한 자유는 바로 그 앎의 부단한 실천에서 비롯되는 것인 양 착각함으로써, 매 순간 온전히 실천해 내지 못하는 자신을 또다시 정죄하며 한없이 주눅 들게 하는 이중의 괴로움을 겪게 되는 것입니다.

안타깝게도 님은 후자의 앎을 쥐고 계십니다. 그리고 바로 그 때문에 님의 삶은 그리도 힘들어져 버린 것이구요. 보세요, 님은 제게 이렇게 말씀하십니다. "그러니깐, 마음은 그렇게 지나가는 것이니 집착할 필요가 없다는 걸 알면서도, 당장에 내 반응들이, 그것도 원치 않는 반응들이 나타날 때면 그건 내 마음이 하는 일이니 집착하지 말아야지 하면서도, 나타나는 반응이 통제가 되지 않고 올라올 때면 너무도 당황스럽고 상대방에게 미안하여 어찌해야 좋을지, 좋은 방법이 있으면 너무나 알고 싶은 마음에 글을 씁니다."라구요.

님의 이 말씀에서 보면, 님은 언제나 "마음은 그렇게 지나가는 것이니 집착할 필요가 없다."는 앎을 쥐고 계십니다. 그래서 그 앎을 끊임없이 실천함으로써 마침내 님의 삶 속에 평화를 이루려고 하시구요. 그런데 때로 님 안에서 어떤 원치 않는 반응들이 나타날 때면 "이건 내 마음이 하는 일이니 집착하지 말자."는 앎을 또 한 번 내어서는 애써 그 반응들에 무심하려 하지요.

그런데 사실은 님은 그 앎 뒤에 숨어서 님 안에서 일어나는 반응들을 끊임없이 해석하고 판단하며 밀쳐 내기만 할 뿐 단 한 순간도 그것과 맞닥뜨리려고 하지 않음을 봅니다. 그 속에는 님의 깊은 두려움이 있음을 압니다. 님의 반응들을 자신의 것이라고 인정하고 싶어 하지 않는, 그래서 할 수만 있다면 그것들을 피하고 싶어 하는……. 그리고 그 한 방편으로 앎을 쥐고 있는 것이구요.

그러나 님이여. 진정한 자유는 실천을 통하여 오는 것이 아닙니다. 따라서 님의 문제를 해결하기 위하여 그와 같은 앎을 붙잡고 있을 필요가 없습니다. 그 앎이 도리어 님의 문제의 해결을 완강히 가로막고 있기 때문입니다. 그 앎을 걷어치워 버릴 때, 그래서 실천도 동시에 버려질 때, 그때 비로소 님은 님 안에서 일어나는 반응들을 해석하거나 판단하지 않고 있는 그대로 맞닥뜨리게 될 것이고, 그 맞닥뜨림 속에서 어쩌면 님은 그토록 오랜 세월 동안 해결하고 싶었던 문제들이 하나씩 저절로 풀어져 나감을 스스로 깨닫게 될 것입니다.

또한 님은 "여하튼 이런 현상이 나타나는 이유가 무언지……"라고 하셨지만, '지금'의 문제를 해결하기 위하여 '과거'로 거슬러 올라갈 필요가 전혀 없으며, 그 원인이나 이유를 굳이 알아야만 하는 것도 아닙니다. 왜냐하면 지금 이 순간 속에 과거의 모든 시간과 경험들이 응축되어 있으며, 지금 이 순간 바르게 내딛는 한 걸음 속에 미래의 모든 시간과 삶들이 펼쳐져 있기 때문입니다.

무슨 말이냐 하면, 님이여, 10년 전의 그 현상이 애초에 일어나지 않았으면 좋으련만, 그러나 안타깝게도 전혀 뜻밖에 그러한 일이 님에게 일어났고, 그건 또 어쩔 수 없었던 일입니다. 다만 그런 일이 님에게 일어났고, 그 순간 님은 '얼굴이 붉어지는 반응이 일어나는 사람'이 된 것입니다. 다시 말하면, 님은 '얼굴이 붉어지는 반응'이 일어나는 사람이지, 결코 그러한 반응이 일어나지 않는 사람이 아니라는 것입니다. '몸'은 그렇게 변했는데도 '마음'은 끊임없이 과거에 집착하여 그러한 반응이 일어나지 않기만을 바라니, "마음은 내려놓으려고 노력을 하여 괜찮아진다고 해도 다시 그 사람들을 만나면 똑같은 반응이 나타나니, 이 괴로움을 어찌하면 좋을까요?"라는 님의 말씀처럼, 그 괴로움이 끝이 없는 것입니다.

아, 님이여.

실재하는 것은 오직 현재밖에 없습니다. 그리고 현재 있는 그대로의 모습—얼굴이 붉어지는—그것이 바로 실재요, 님 자신입니다. 그런데 그것은 결코 부족한 것이거나 못난 것이거나 초라한 것이거나 부끄러운 것이 아닙니다. 그냥 다만 있는 그대로일 뿐입니다. 그런데도 그런 현상이 일어나지 않았던 과거나 그런 현상이 사라진 미래만을 온전하게 여겨, 현재를 받아들이지 못하는 그 마음이 끊임없는 분별과 번뇌를 일으켜, 님을 그토록 주눅 들게 하고 괴롭히는 것입니다.

님이여.

있는 그대로의 자기 자신을 사랑해 주세요. '얼굴이 붉어지는' 그 반응 혹은 그런 현상이 곧 님 자신입니다. 그러므로 단 한 순간만이라도 님의 그 반응을 따뜻하게 바라봐 주고 보듬으며 사랑해 주세요. 그런 반응이 일어나지 않는 사람이기만을 바랄 것이 아니라, 그래서 그 반응이 일어날 때마다 스스로 정죄하고 부끄러워하며 숨기려고만 할 것이 아니라, 그 반응이 곧 '나'임을 인정하고 시인하여, 그것을 마음껏 허용하고 받아들여 있는 그대로 사랑해 주세요. 만약 님이 진실로 그렇게 하실 수 있다면, 그 사랑이 님 안의 모든 얼어붙었던 것들을 다 녹일 것입니다. 정말로요. 화석과도 같은 죽은 앎으로 살아 있는 님 자신을 이젠 그만 죽이세요. 제발······!

대인공포증 때문에 힘드네요

안녕하세요. 저는 지금 40세인 남성입니다. 겉보기에는 번듯한 직장과 외모, 1남 1녀를 두고 외형적으로는 정상적인 생활을 하고 있지만, 속으로는 직장 생활을 하면서부터 심한 대인공포증에 시달리며(증상들도 다양하더군요. 시선, 빨개짐 등등) 쉽게 긴장을 잘해 땀 공포증을 가지고 있고, 그런 증세들이 나타날 때마다 심한 상실감과 자괴감을 느끼게 되고, 죽고 싶기까지 합니다. 어려서부터 너무 과잉보호에 공부를 강요하는 부모님의 심한 감시, 억압, 친척들과의 비교(저의 친척들은 대부분 '사자 들어가는 출신들입니다)에 따른 열등감…… 너무 힘드네요.

무엇을 할 때마다 실수할까 봐, 그리고 타인 의식을 너무 많이 해서 사회공포증이 우울증, 불안증, 불면증까지 이어지더군요. 이 고통이 언제까지 계속 돼야 하는지……. 정신과 약을 복용한지도 1년 반 정도를 지나는데, 의사들이 해결할 수 있는 문제는 결국 약 주는 것 말고는 없더군요. 자기네들이 그런 고통을 겪어 보지 않고서는 이론적인 말뿐……. 어쩌면 좋을까요. 이렇게 형성된 성격…… 육신은 성인이지만 마음은 아직도 통제받던 아이입니다. 아이가 어른의 삶을 살려니 힘들겠지요. 부모에 의해 형성되어 스스로 한계를 정해 놓는 습관이 몸에 배어 버렸고, 그 한계를 넘지 못할까 봐 두렵고…… 왜 자신을 사랑하지 못하고 학대하는지 저도 알 수 없습니다. 학대가 습관이 되고 때론 그것이 일상화되어 그런 틀에서 벗어나는 것을 제가 두려워하지 않나 하는 생각도 해봅니다. _두려움

자신을 있는 그대로 사랑하기

　제가 한때 기간제 교사로 근무하던 어느 여학교에서 있었던 일입니다. 아이들을 가르치면서 나름대로는 교사라는 이름에 부끄럽지 않으려고 열심히 했습니다만, 어느 순간부터인가 '교실붕괴' 현상이 빚어졌습니다. 저는 땀을 뻘뻘 흘려 가면서 최선을 다해 수업을 하는데, 아이들은 엎드려 잠을 자거나 다른 과목의 책을 꺼내어 공부를 하거나 아예 수업은 듣지 않고 옆 친구와 얘기를 하거나 하는 등으로 교실이 급속히 붕괴되어 갔습니다. 제가 아무리 아이들에게 엎드려 자지 마라, 조용히 해달라, 딴 과목을 꺼내서 공부하지 말아 달라고 '호소'를 해도 그때뿐, 상황은 조금도 나아지지를 않았습니다.

　저는 참 힘들었습니다. 잘하지도 못하는 수업으로 아이들을 고문하는 것 같았고, 수업에 들어갈 때마다 설명할 수 없는 두려움으로 가슴이 울렁거렸으며, 한 시간 수업을 하고 나오면 곧잘 비참한 심정이 되어 남몰래 울먹이기도 많이 했습니다. 그렇게 몇 달이 흐르는 동안에도 제 마음은 조금도 나아지지를 않았고, 항상 똑같은 힘겨움 앞에서 저는 그저 먹먹해할 수밖에 없었습니다.

　그러던 어느 날, 그날도 몇몇 아이가 수업 시간 중에 엎드려 잠을 자고 있었고, 저는 그 아이들을 보면서도 어떤 설명할 수 없는 두려움에—나중에 알았지만, 그것은 거부에 대한 두려움이었습니다. 그렇게 깨웠다가 아이들이 실망하거나 화를 내며 나를 떠나면 어떡하나 하는 두려움······ 어릴 적 아버지로부터 사랑받지 못한 아이가 또다시 거부당할까 봐 두려워 떠는 모습이었습니다―어쩔 줄을 몰라 하며 발만 동동거릴 뿐이었습니다.

"아, 나는 왜 저 아이들을 깨우지 못할까……"

그런데 바로 그 순간, 저는 제 안에서 '성장이 멈춰 버린 어린아이'를 보았습니다. 기억에도 없을 만큼 아주 어릴 적, 아버지의 부재(不在)와 무서움 앞에서 한없이 주눅 든 채 차가운 얼음 속에 갇혀 버린 '상처 받은 어린 영혼'을 보았습니다. 그것은 정말 뜻밖의 발견이었습니다. 그런 아이가 제 안에 있을 줄은 꿈에도 생각하지 못했습니다. 아, 그랬구나! 내 안에는 싹도 틔워 보지 못한 채 갇혀 버린 어린아이가 있었구나……! 그 아이는 믿기지 않을 만큼 오랜 세월 동안 그렇게 한없이 두려워 떨면서 제 안에 웅크리고 있었습니다.

그 아이의 존재를 발견한 이후부터 저의 모든 행동과 몸짓들이 하나하나 이해되기 시작했습니다. 왜 내가 아이들을 깨우지 못하는지도 이해가 되었고, 아이들의 퉁명스런 눈빛 하나에도 왜 그렇게 하염없이 무너지며 벌벌 떨어야 했던지도 낱낱이 이해가 되었습니다. 그것은 거부에 대한 두려움, 비난에 대한 두려움, 야단에 대한 두려움, 실수에 대한 두려움, 내침에 대한 두려움이었습니다. 그것은 곧 아버지로부터 늘 야단을 맞으며 내침을 당했던 어린아이의 깊디깊은 상처요, 두려움이었습니다.

그날 이후부터 저는 늘 그 아이를 만납니다. 상처가 깊었던 탓인지 그 아이는 곧잘 이유 없이, 또 느닷없이, 자주자주 내 안에서 올라와서는 나의 모든 것을 뒤헝클어 버리고, 뒤죽박죽으로 만들며, 비참하게 합니다. 그러면 저는 참 괴롭고 견디기 힘든 감정 속으로 또다시 빠지고 또

다시 함몰되곤 하지만, 그러나 저는 이제 압니다. 그 아이가 바로 나요, 그렇기에 끊임없이 그 아이를 받아 주는 것으로 나를 만나는 것이 곧 내 영혼의 진정한 해원(解冤)의 길이요, 자유의 길이라는 것을······.

저는 이 아이와의 만남을 '축복'이라고 생각합니다. 비록 그 만남의 과정이 지극히 고통스럽고 괴로우며 때로 숨이 컥컥 막힐지라도 저는 진심으로 그 아이가 매 순간 나를 찾아와 주는 것에 대해 감사하고 있습니다. 그것은 저에 대한 그 아이의 무한한 사랑이었습니다. 저는 지금 그 아이를 통해 너무나 많은 것을 배우고 있습니다.

님이여.

제가 늘 애틋한 마음으로 드리는 말씀이지만, 님이 말씀하신 대인 공포로 인한 여러 '증상'들—이를테면 시선, 빨개짐, 쉽게 긴장을 잘 하는 것, 땀 공포증, 무엇을 할 때마다 실수할까 봐 두려워하는 마음, 심한 타인 의식까지 등등—이 문제가 아니라, 그런 증상들을 대하는 '님의 마음'이 문제입니다. "육신은 성인이지만 마음은 아직도 통제받던 아이······ 아이가 어른의 삶을 살려니 힘들겠지요."라는 님의 말씀처럼, 그 아이는 지금 그럴 수밖에 없습니다. 40년 동안이나 주눅 들어 왔는데, 도대체 어떻게 그 아이가 단 한 순간인들 당당할 수 있겠습니까. 늘 주눅 들고, 눈치 보고, 겁먹고, 안절부절못하며 매 순간 긴장하는 것은 당연한 일이지요.

그러므로 그 아이를 마치 어릴 때 님의 부모님이 님에게 "잘 해!"라고 늘 강요하고 감시하고 비교하고 억압했던 것처럼, 님 스스로가 그 아이에게 또다시 "잘 해!"라고 매 순간 요구하고 닦달하고 주장할 것이 아니라, 그냥 그 아이를 있는 그대로 받아들여 주십시오. 미숙할 수밖에 없는 아이에게 왜 성숙한 몸짓과 행동들을 하지 못하느냐고 야단치고 윽박지르며 늘 감시한들 아이는 더욱더 겁먹고 두려워하며 한없이 주눅 들게 될 뿐입니다. 그런 가슴 아픈 경험은 님의 어릴 때의 일로 끝이 나야 합니다.

님이여.

마음을 돌이켜, 님 자신을 지금 있는 그대로 사랑해 주십시오.

직장 생활 하시면서 내면에서 경험하게 되는 모든 대인공포적인 '증상'들은 아무리 그러고 싶지 않아도 이미 어릴 때부터 받은 상처들로 인해 오랫동안 주눅 든 채 그런 모양으로 틀 지워져 있기 때문에 뜻하지 않은 순간에 뜻하지 않은 모습으로 올라와 또다시 님을 힘들게 할 것입니다. 그건 어쩔 수 없는 일입니다. 그러므로 그 '증상'들을 비난하고 욕하고 그것들에 대해 원망을 퍼부을 것이 아니라, 마음을 돌이켜, 그것들을 있는 그대로 받아들이고 경험해 주고 사랑해 주십시오. 님 안의 아이를 외면하지 말고, 그 주눅 들고 뒤틀린 아이의 존재를 가슴으로 껴안으며 함께 아파해 주십시오. 그래서 어떤 아이가 올라오더라도 또 다시 "잘 해!"라고 야단치지 말고, 겁에 질려 벌벌 떨고 있는 그 아이 편에 서서 같이 떨고 같이 아파해 주십시오. 그렇듯 매 순간의 님을 있는 그대로 받아들이고 사랑해 주는 것, 그것이 바로 님이 지금 해야 할 일입니다.

우리 안에서 부정되어야 할 것은 아무것도 없습니다.

오직 사랑해야 할 '나'밖에 없답니다.

교단에 서는 것이 너무 두렵습니다

저는 만 3년쯤 교사 생활을 하고 있습니다. 원래 내성적인 성격에 무대공포도 있는데 세월이 흘러도 나아지는 건지 어떤 건지 잘 모르겠고, 학교에 있는 게 너무 힘이 듭니다. 수업 준비를 해보려고 해도 어떻게 해야 잘하는 것인지 솔직히 아직도 모르겠고요. 수업 중 쉬는 시간에도 수업 준비에 집중이 안 됩니다. 그냥 계속 안절부절못하고……. 거친 성격의 아이들과 정면으로 마주할 때면 더더욱 상처받고 위축됩니다. 적성에 맞지 않는 직업을 선택한 것인지, 수업을 하거나 학생들과 만나는 게 너무 두렵고 불안하고 힘이 듭니다. 점차 나아지는 과정 중에 있는 것인지, 나아지긴 하려는지, 아니면 이렇게 평생 불안하고 두려운 상태로 일을 계속해야 하는 것인지, 진지하게 다른 직업을 찾아봐야 하는지 걱정입니다. 조언 부탁드릴게요. _햇빛

'받아들임의 기적'을 경험해 보셨으면 합니다

안녕하세요?

글을 남겨 주셔서 감사합니다.

선생님의 심정을 너무나도 잘 이해합니다. 제가 교직에 있을 때에도 꼭 그랬으니까요. 아이들 눈빛 하나에도 마음은 다 무너지고, 말 한마디에도 상처받고 위축되고, 마음 깊은 곳에서는 언제나 안절부절

못하고…… 또 많은 학생들이 엎드려 자는 모습을 뒤로한 채 한 시간 수업을 마치고 나올 때의 그 비참한 심정들이란……!

그런데요, 선생님.

'받아들임의 기적'을 한번 경험해 보셨으면 합니다. 매 순간의 '지금'을 받아들이는 것입니다. 그런데 선생님은 '지금'을 받아들이지 않고 계십니다. "학교에 있는 게 너무 힘이 듭니다."라고 하시면서, '지금'의 그 힘겨움에 저항하고 거부하고 있는 선생님의 마음을 봅니다. 아뇨, 그 힘겨움을 벗어나려 하지 말고 있는 그대로 받아들여, 단 한 순간만이라도 진정으로 힘들어 보십시오. 그 힘겨움을 받아들이는 속에서 '받아들임의 기적'을 한번 경험해 보십시오.

쉬는 시간에도 수업 준비에 집중하지 못하고 계속 안절부절못하고 계시는 선생님 자신을 내치지 말고 받아들여 보십시오. 선생님의 마음이 그토록 힘들어진 진짜 원인은 그런 자신을 받아들이지 못하는 '거부'에 있습니다. '지금'을 있는 그대로 받아들이고 그냥 좀 안절부절 못하십시오. 괜찮습니다. 교사라고 해서 늘 당당하고 분명해야 하는 것은 아닙니다.

거친 성격의 아이들과 정면으로 마주할 때 더더욱 상처 받고 위축되거든, 그냥 좀 상처 받고 위축되십시오. 그로 인해 자신이 슬퍼지거든 그냥 슬퍼하십시오. 남 몰래 울고 싶거든 혼자 골목길을 걸으며 꺼억꺼억 울음 우십시오. 그렇더라도 그렇게 상처받고 위축되는 자신을 외면하지는 마십시오. 자신이 자신을 외면하면 아, 거기에는 '길'이 없습니다.

적성에 맞지 않는 직업을 선택한 것이 아니라, 선생님이 선생님 자신을 외면하고 싶으신 것이지요. 도망가고 싶으신 것이지요. 달아나고 싶으신 것이지요…….

그러지 마십시오. 수업과 학생들을 만나는 게 두렵고 불안하고 힘이 들거든 그냥 두려워하고 불안하고 힘이 드는 채로 만나십시오. 그렇게 두렵고 떨리지만 그들을 외면하지 않고 만날 때, 사실은 그들을 만나는 것이 아니라 선생님 자신을 만나는 것입니다. 언제나 두렵고 벌벌 떨고 두리번거리면서 가슴속 깊은 곳에서 한없이 주눅 든 채 웅크리고 있는 선생님 자신을 말입니다. 그런 자신을 만나려 하지 않고 할 수만 있다면 피하려 하기 때문에 선생님의 마음이 그렇게 힘들고 괴로운 것입니다.

만나야 합니다. 그런 자신을 만나야 합니다. 살이 떨어져 나가는 아픔이 있을지라도 그런 자신을 외면하지 말고 만나야 합니다. 그렇게 매 순간의 자신을 있는 그대로 만날 때 비로소 아이들도 진정으로 만날 수 있습니다. 그렇듯 자신을 만나는 것이 모든 진정한 관계의 시작이자 완성이라는 것을 지금 선생님이 서 계신 그 자리에서 배워 갈 수 있기를 진심으로 바랍니다.

'지금'이 기회입니다. 선생님의 그 일상 속에서 '받아들임의 기적'을 한번 경험해 보시기 바랍니다. 받아들임은 모든 것을 변화시킨답니다.

6장

있는 그대로

그렇듯 우리가 진실로 우리 내면의 것들에 대해
아무것도 하지 않고 그냥 그 '흐름'에 맡겨 두게 될 때,
그리하여 매 순간을 다만 있는 그대로 존재하게 될 때
우리는 비로소 평화로울 수 있으며, 자유할 수 있으며,
또한 진정으로 행복할 수 있습니다.

'있는 그대로'의 뜻을 알고 싶습니다

항상 이 사이트를 통해 많은 배움을 얻고 있습니다. 매번 의문을 떨쳐 버리지 못하고 있는 숙제가 늘 말씀하시는 '있는 그대로' 입니다. 세상 있는 그대로(존재 그 자체)를 말하시는지, 아니면 보는 사람의 입장에서 본 세상 있는 그대로를 말하시는지?

예를 들어, 정말 어려운 환경에서 성장하면서 피해망상에 사로잡히게 된 사람이 세상을 지옥이라 본다면, 이때 '있는 그대로'는 지옥을 말합니까, 아니면 뭐라고 말하기 이전을 말하는 것입니까? _바람

그것은 우선 우리 내면에 관한 이야기입니다

저의 많은 답변들을 통하여 이미 충분히 아셨겠지만, 제가 말씀드리는 '있는 그대로'란 우선 우리 내면에 관한 이야기입니다(결국 안과 밖은 하나입니다만). 그것도 매 순간의 삶 속에서 우리가 다양하게 경험하게 되는, 가장 구체적인 그때그때마다의 감정, 느낌, 생각들을 가리킵니다. 이를테면 미움, 사랑, 분노, 짜증, 기쁨, 우울, 무기력, 상쾌함, 불안, 당당함, 경직, 긴장, 말더듬, 강박, 잡생각, 게으름, 권태, 성실, 무료함, 즐거움, 우유부단, 어색함, 편안함, 우쭐거림, 겸손, 야비함 등등을 가리킵니다. 이를 다른 말로 하면 오욕칠정이라 하기도 하고, 들끓는 번뇌라고 하기도 하지요.

그런데 사실은 그 가운데 어떤 것도 좋은 것도 아니요 나쁜 것도 아니며, 훌륭한 것도 아니요 초라한 것도 아니며, 가득 찬 것도 아니요 텅 빈 것도 아닙니다. 높은 것도 아니요 낮은 것도 아니며, 아름다운 것도 아니요 추한 것도 아니며, 대단한 것도 아니요 수치스러운 것도 아닙니다. 그냥 말 그대로 '있는 그대로'일 뿐인 것이지요. 다시 말하면, 우리 마음이 좋다 나쁘다 등으로 분별하기 이전의 그것을 '있는 그대로'라고 말합니다.

만약 우리가 우리 안의 것들을 '있는 그대로' 보게 되어 매 순간 있는 그대로의 자기 자신으로 존재하게 된다면, 그때 우리 바깥의 세상과 사람들도 비로소 있는 그대로 보게 되어 평화와 사랑을 나눌 수 있게 될 것입니다. 있는 그대로 존재하게 될 때에 비로소 모든 생명은 자신의 본질에 닿아 평화롭고 자유로울 수 있기 때문입니다. 또한 '밖'은 그렇게 '안'의 것이 그대로 투영되기 때문입니다.

그런데 우리는 그 '있는 그대로'를 살려고 하지 않습니다. 결코 단 한 순간도 있는 그대로의 자기 자신으로는 살려고 하지 않는다는 것이지요. 왜냐하면 우리 마음은 언제나 우리 '안'을 둘로 나누어 놓고는 사랑, 기쁨, 즐거움, 편안함, 성실, 겸손, 당당함 등등은 좋은 것, 아름다운 것, 훌륭한 것으로 여겨 끊임없이 갖고 누리고 유지하려고 노력하면서 오직 그 속에서만 살려고 하는 반면에, 강박, 긴장, 경직, 우울, 불안, 분노, 외로움, 무기력, 말더듬, 게으름, 우유부단, 어색함 등등은 나쁜 것, 초라한 것, 수치스러운 것으로 여기고는 끊임없이 그것으로부터 벗어나고 달아나려고만 할 뿐 단 한 순간도 그것을 받아들여 그 속에 있어 보고 그것을 경험해 보려고는 하지 않는다는 것입니다. 더구나 님이 말씀하신 것처럼, "만약 정말 어려운 환경에서 성장하면서 피해망상에 사로잡히게 된 사람"이라면 세상을 지옥으로 보기 이전에 먼저 자기 자신을 지옥으로 보겠지요.

그러나 그 어떤 어려운 환경 속에서 성장했다 하더라도, 그리하여 그가 보이는 강박, 긴장, 경직, 우울, 대인공포, 무기력, 말더듬 등등의 그 어떤 상처와 결핍이라 하더라도 그것은 결코 잘못된 것이거나 못난 것이거나 초라한 것이거나 수치스러운 것이 아니라 그냥 '있는 그대로'일 뿐입니다. 그래서 단 한 순간만이라도 그것을 거부하지 않고 저항하지 않고 벗어나려거나 달아나려고 하지 않고, 받아들이고 씨안아 하나하나 경험해 보면 그때 비로소 '있는 그대로'의 실상에 눈 뜨게 되어 오히려 자신을 너무나 힘들게 하던 강박, 긴장, 우울, 대인공포 등등으로부터 놓여나고 자유하게 되는 놀라운 경험들을 하게 될 것입니다. 다시 말하면, 우리가 그토록 꿈꾸고 갈망하던 영혼의 자유와 마음의 평화는 우리가 그토록 벗어나고 달아나려고 애쓰던 바로 그 구속과 굴레 속에, 상처와 결핍 속에 있었던 것입니다. 이 얼마나 가슴 아픈 아이러니입니까.

그렇게 매 순간 '있는 그대로'의 자신을 받아들여 자기 자신으로 존재하게 될 때 그때 비로소 삶도 우리 자신을 위하여 넉넉히 그 자리를 내어 줄 것입니다. 마침내 우리 자신이 본래 갖고 있던 눈부신 생명의 꽃이 삶 속에서 활짝 피어나는 것이지요. 그렇듯 우리 모두는 지금 이 순간 있는 그대로의 이 모습 이대로 정말 아름답고 위대한 존재랍니다.

내가 할 수 있는 일은 아무것도 없나요?

답답하고 불안하고 조급한 마음에 도덕경의 글들을 잠을 설쳐 가며 읽고 또 읽어 보았습니다. 너무나 훌륭하고 공감 가는 내용들에 감사한 마음뿐입니다.

한 가지 궁금한 점은 모든 내용들에 공통된 것은 "나를 그대로 놓아두어라."는 내용이었던 걸로 생각됩니다. 맞는지요? 그렇다면 나 자신이 할 수 있는 것은 아무것도 없다는 것인지요? 안 좋은 상황을 빠져나가기 위한 나의 노력은 아무짝에도 쓸모없는 행동이며, 내가 할 수 있는 것은 아무것도 없다는 게 맞는 것인지요? 현실과 맞닥뜨리기 위해서 그렇게 해야만 하는 것인지요? _종필

우선 바깥이 아니라 안에서부터

질문을 주셔서 감사합니다.

그런데 님은 저의 글들을 읽어 보시고는 "한 가지 궁금한 점은, 모든 내용들에 공통된 것은 '나를 그대로 놓아두어라.'는 내용이었던 걸로 생각됩니다. 맞는지요?"라고 물으셨네요.

맞습니다. 정확히 이해하셨습니다.

그리곤 님은 다시 묻기를, "그렇다면 나 자신이 할 수 있는 것은 아무것도 없다는 것인지요? 안 좋은 상황을 빠져나가기 위한 나의 노력

은 아무짝에도 쓸모없는 행동이며, 내가 할 수 있는 것은 아무것도 없다는 게 맞는 것인지요? 현실과 맞닥뜨리기 위해서 그렇게 해야만 하는 것인지요?"라고 물으셨습니다.

그 말씀 또한 맞습니다. 정확히 이해하셨습니다.

다만, 님의 이해를 '바깥'의 상황과 형편에 대해서가 아니라 '내면의 이야기'로 돌리기만 하면요. 다시 말해, 님이 말씀하신 '안 좋은 상황'을 우리 내면의 이야기로 돌려 보면, 그것은 곧 무기력, 게으름, 외로움, 짜증, 분노, 우울, 불안, 미움, 우유부단, 말더듬, 어색함, 경직, 긴장, 강박 등등일 것입니다. 그런데 그 모든 것들은 다만 너무나 자연스러운 삶이요, 생명 현상일 뿐이어서, 그것에 대해 우리가 할 수 있는 일은 아무것도 없습니다. 다만 있는 그대로 받아들이고 그 자연스런 흐름에 맡겨 두기만 하면 됩니다. 왜냐하면 그것 자체가 이미 완전하기 때문입니다. 그렇기에 그것을 빠져나가기 위한 우리의 노력은 아무짝에도 쓸모없는 행동들일 뿐만 아니라, 오히려 그로 인해 온갖 문제와 힘겨움들만 더 만들어 낼 뿐입니다.

진실로 우리가 그것들에 대해서 아무것도 하지 않게 될 때, 그리하여 매 순간 있는 그대로 존재하게 될 때 그것이 바로 완전한 자유요, 깨달음이며 해탈입니다. 즉, 삶의 완전한 해방이라는 것이지요.

사실 엄밀한 의미에서 보면, 삶에는 오직 그것들의 자연스러운 '흐름'밖에 없지, 거기 어디에도 '나'라는 건 존재하지 않습니다. 그런데도 우리는 '나'라는 것이 있어서 그 모든 것들을 어떻게 할 수 있는 양 하지요. 그리고 그 '어떻게 함'을 통하여 더 만족스럽고 흡족한 자신을 만들려고 합니다.

그러나 그것은 불가능한 일입니다. 왜냐하면 완전한 만족이란 만족을 추구하고자 하는 그 마음이 사라질 때 비로소 오는 것인데, 그렇기에 그것은 언제나 지금 여기 이 있는 그대로의 것 속에 있기 때문입니다. 따라서 님이 질문의 말미에 "현실과 맞닥뜨리기 위해서 그렇게 해야만 하는 것인지요?"라고 물으셨을 때의 그 현실이라는 것을 우리 내면의 현실 곧 '매 순간의 있는 그대로'라고 이해한다면, "내가 할 수 있는 것은 아무것도 없다는 게 맞는 것인지요?"라는 님의 질문은 또한 정확히 맞는 말씀입니다.

그렇듯 우리가 진실로 우리 내면의 것들에 대해 아무것도 하지 않고 그냥 그 '흐름'에 맡겨 두게 될 때, 그리하여 매 순간을 다만 있는 그대로 존재하게 될 때 우리는 비로소 평화로울 수 있으며, 자유할 수 있으며, 또한 진정으로 행복할 수 있습니다.

그렇게 우리 '안'이 평화롭고 자유하게 되면 이전에 없던 전혀 새로운 힘과 지혜와 자신감이 솟구치게 되는데, 그것은 자연스럽게 '바깥'의 삶으로 향해 자신에게 주어지는 일과 자신이 해야 한다고 느끼는 것뿐만 아니라 모든 인간관계에서도 열심과 최선을 다 하게 됩니다. 삶이 비로소 즐겁고 신명나기 시작하고, 세상은 살 만한 곳으로 보이기 시작하는 것이지요. 그렇듯 삶의 모든 문을 여는 '열쇠'는 본래 우리 안에 있었던 것이지요. 아니, 지금 이 순간 있는 그대로의 우리 자신이 이미 '열쇠'로서 살고 있답니다.

자신과의 싸움에서 이겨야 하지 않나요?

사회적으로 성공한 이들이나 좋은 대학에 진학한 이들은 모두 자신과의 치열한 싸움에서 이긴 자들입니다. 또한 깨달은 이들의 구도기를 보아도 이와 다르지 않습니다. 게으름, 우유부단과 번뇌를 무찌르고 근면 성실함을 추구한 자들입니다. 이렇듯이 자신과의 싸움이 어떤 일을 성취하는 데에 필수 요소로 알려져 있는데, 이러한 싸움보다 '있는 그대로' 보는 것이 더 훌륭한 기법일까요? _무명

'자신을 이긴다'는 말의 진정한 의미

님은 "사회적으로 성공한 이들이나 좋은 대학에 진학한 이들은 모두 자신과의 치열한 싸움에서 이긴 자들입니다. 또한 깨달은 이들의 구도기를 보아도 이와 다르지 않습니다."라고 말씀하셨지만, 깨달음은 자신과의 치열한 싸움이라는 끊임없는 노력과 수고를 통해 오는 것이 아닙니다. 오히려 그러한 모든 노력과 수고가 그칠 때 비로소 오롯이 드러나는 것이 바로 깨달음이요, 진리입니다. 왜냐하면 우리는 이미 처음부터 깨달아 있고, 단 한 순간도 그것으로부터 떠난 적이 없기 때문입니다.

이미 처음부터 진리요, 부처요, 깨달음이었던 것을 어떻게 다시 우리의 노력과 수고로써 그런 존재가 되게 할 수 있겠습니까. 그것은 마

치 지금 이 자리에 앉아 있으면서 다시 지금 이 자리에 앉으려고 노력한다는 것이 불가능한 것과 같습니다. 그렇듯 깨달음이란 결코 우리의 노력과 수고와 애씀의 영역이 아니요, 다만 존재의 영역임에도 불구하고 사람들은 그것조차 우리의 노력과 수고의 영역으로 생각함으로 말미암아 다만 헛되이 몸부림칠 뿐인 것이지요.

그런 의미에서, '자신을 이긴다'는 말의 진정한 의미는 님이 말씀하신 것처럼 "게으름, 우유부단과 번뇌를 무찌르고 근면 성실함을 추구하는 것"이 아니라, 오히려 그러한 것들에 대한 저항을 그치고 온전히 받아들여 하나가 됨으로써 "이길 대상이 사라지는 것"을 의미합니다. 중생인 자신과 싸워 이겨서 부처가 되려는 몸부림을 그치고 온전히 중생을 받아들였을 때 중생이 곧 부처임을 비로소 깨닫게 되고, 번뇌와 싸워 이김으로써 번뇌로부터 벗어나려는 모든 노력을 멈추고 번뇌 자체가 되었을 때 번뇌가 그대로 보리였음을 알게 되는 것과 같습니다. '이기려는 자'와 '이기려고 하는 대상'은 사실은 같은 하나이니까요.

자신과의 싸움에서 오직 이기려고만 하면 결코 이길 수가 없답니다. 좀 더 깊고 섬세하게 자신을 들여다보고 자신을 만나는 가운데 내 안의 모든 것이 '나' 아님이 없음을 깨달아, 싸워서 이기려는 마음을 내려놓음으로써 진정으로 이기게 되는 이 길을 발견할 수 있게 되기를 바랍니다.

잘난 쪽으로 가고 싶은 마음

말더듬 → 유창함, 못생김 → 잘생김, 가난함 → 부유함, 무능력 → 유능함, 괴로움 → 행복함, 산만함 → 조리 있음, 찌뿌드드함 → 상쾌함, 병약함 → 건강함

대부분의 사람들은 후자로 가기 위해 노력을 하고 있습니다. 저는 요즘 부유함과 유능함을 소유하고 싶다는 충동을 강하게 느낍니다. 후자의 마음으로 향하지 않는다는 게 가능한 일인지요? 제 기준으로 봐서는 도저히 불가능한 일인 것 같습니다. 산 속에 들어가 살아도 가능할지 모르겠습니다.

올 가을에 결혼하기 위해 여자 친구와 집을 알아보러 다니고 있습니다. 좋은 집에서 살고 싶다는 생각이 들지만, 현실은 그렇지 못함을 실감하고 있습니다. 회사 생활 10년 가까이 했는데 제대로 된 아파트 하나 구할 수 없다니……. 친구들 중 일부는 아파트를 산 사람들도 많은데. 물론 제가 낭비를 해서 돈을 모으지 못한 것은 아니지만, 그래도 현실이 안타깝습니다.

회사 생활에서 위기를 많이 느낍니다. 주변의 유능한 후배들, 선배들, 동기들을 보면서 제가 몇 년이나 회사 생활을 할 수 있을까, 걱정이 될 때가 많습니다. 많은 노력을 하려고 마음을 먹고 있지만, 유능한 사람이 되는 것은 쉬운 일이 아닙니다. 무엇을 잘하기 위해 노력을 하는 것도 쉽지는 않지만, 업무 시간에 다른 사람과 대화하고, 발표하고, 전화하는 것을 두려워하는 저로서는 더더욱 어려운 일입니다. 말

을 더듬어도 하고 싶은 말 다하고 살면 되지 생각할지 모르겠지만, 부
끄럽다는 생각이 드는지 다른 사람들 앞에서 여유 있게 느긋하게 말
을 떼지를 못합니다.

　후자로 가고 싶다는 욕심을 버리는 것은 쉬운 일이 아닌 것 같습니
다. 손에 들어 있는 코 푼 휴지를 버리는 것과는 다른 것 같습니다. 어
떻게 하면 필요 없는 일이라고 느낄 수 있을까요? _산들바람

긍정에서 긍정으로

　오래 전에 '밥 퍼 주는 목사'로 유명한 최일도 목사님이 어느 방송
프로그램에 출연해서 말씀하시는 것을 본 적이 있습니다. 그때 최일
도 목사님은 말씀하시기를, 자신은 어릴 때 다른 형제들에 비해 참 많
은 면에서 열등했다고 합니다. 그래서 엄마로부터 자주 꾸중과 야단
을 들으며 자랐는데, 지금에 와서 그때를 돌이켜 보면 참 신기하고도
다행스럽게 여겨지는 것이 하나 있는데, 그것은 자신은 분명 열등했
지만 '열등감'은 없었다는 사실입니다. 열등했지만 열등감은 없었기
에, 그 열등에 함몰되지 않고 오히려 더욱더 열심히 자기 자신과 삶을
살아갈 수 있었다는 것입니다.

　말하자면, 그는 자신도 모르게 자신의 열등과 하나가 되어 있었던
것이지요. 만약 그렇지 않고 그가 자신의 열등을 받아들이지 못하고
힘들어하며 끊임없이 그것에 저항했다면 그는 살아가는 내내 항상 열

등감에 사로잡혔을 것이고, 그것은 마침내 자신의 모든 것을 빼앗아 가, 열등의 형태로나마 갖고 있던 자신의 에너지조차 고갈되게 하면서 스스로를 무한히 괴롭게 했을 것입니다.

이것이 바로 '긍정의 힘'입니다.

인간이 불행하고 그 삶이 힘들어지게 되는 유일한 이유는 불행의 '조건'이나 '형편'에 있는 것이 아니라, 자신을 있는 그대로 받아들일 줄 모르고 긍정할 줄 모르는 바로 그 마음에 있습니다. 있는 그대로의 것에 대한 깊은 긍정은 에너지의 근본적인 변화와 폭발을 가져와 자신의 모든 것을 뒤바꿔 놓을 수 있는데도 말입니다.

님은 제게 말더듬→유창함, 못생김→잘생김, 가난함→부유함, 무능력→유능함, 괴로움→행복함, 산만함→조리 있음, 찌뿌드드함→상쾌함, 병약함→건강함 등을 말씀하시면서, "대부분의 사람들은 후자로 가기 위해 노력을 하고 있습니다. 저는 요즘 부유함과 유능함을 소유하고 싶다는 충동을 강하게 느낍니다. 후자의 마음으로 향하지 않는다는 게 가능한 일인지요?"라고 물으셨습니다. 그리고는 "후자로 가고 싶다는 욕심을 버리는 것은 쉬운 일이 아닌 것 같습니다…… 어떻게 하면 (후자로 가는 일이) 필요 없는 일이라고 느낄 수 있을까요?"라고도 하셨네요.

님은 저의 말을 아주 많이 오해하셨습니다.

사람들은 누구나 후자로 가기 위해 노력하고 있고, 또한 마땅히 그렇게 해야 합니다. 그런데 후자로 가는 길에는 두 가지가 있다는 것이지요. 하나는 전자를 끊임없이 부정하며 후자로 가는 길이고, 다른 하나는 전자를 있는 그대로 긍정하며 후자로 가는 길입니다. 즉, 하나는

'부정에서 긍정'으로 가는 것이며, 다른 하나는 '긍정에서 긍정'으로 가는 길입니다.

그런데 이것이 삶에 있어서는 하늘과 땅 만큼의 차이를 가져다준다는 것이지요. 앞의 최일도 목사님의 경우에서 보듯, 그가 만약 열등한 자신을 끊임없이 부정하고 외면하면서 그렇지 않은 자신만을 긍정하며 살아갔다면, 그에게는 사는 것 자체가 고통이요, 괴로움이었을 것입니다. 왜냐하면 매일 매 순간 그가 목격하게 되는 것은 부정할 수밖에 없는 열등한 자신의 초라하고 못난 모습들뿐이었을 테니까요.

그런데 그는 자신의 열등을 있는 그대로 받아들이고 마음 깊이 인정했습니다. 그러고 나니 그 열등은 자신의 발목을 잡는 '독(毒)'이 되었던 것이 아니라, 오히려 자신을 더욱 열심히 살게 하는 근본적인 '힘'이 되었던 것입니다.

제가 말씀드리려던 것도 바로 이것입니다. 후자로 가지 말라거나 가고 싶다는 욕망을 버리라는 것이 아니라, 먼저 전자를 있는 그대로 긍정하고 받아들이라는 것입니다. 다시 말해, '긍정에서 긍정'으로 가자는 것이지요. 그렇게 먼저 전자를 긍정하고 있는 그대로 받아들일 때 우리 안은 어떤 질적인 변화를 일으켜, 후자로 가는 모든 시간과 발걸음들을 가볍게 하고 즐겁게 해 삶 전체를 행복하게 할 것입니다. 삶의 '진정한 힘'은 있는 그대로의 자기 자신을 만나 마음 깊이 받아들이는 데서부터 비롯되기 때문입니다.

추구를 그쳐야 하나요?

선생님. 오욕칠정, 탐진치가 모두 보리요, 부처라면서요.

그럼 추구하는 마음은요? 그것도 하고자 하는 오욕의 마음이 아니던가요? 지금보다 더 나은 내가 되고자 하는 욕망 아닙니까? 오욕칠정은 보리라고 하시고, 추구하는 마음은 그치라고 하시네요? _자유

무소유의 참뜻

님은 "오욕칠정, 탐진치가 모두 보리요, 부처라면서요. 그럼 추구하는 마음은요? 그것도 하고자 하는 오욕의 마음이 아니던가요? 지금보다 더 나은 내가 되고자 하는 욕망 아닙니까? 오욕칠정은 보리라고 하시고, 추구하는 마음은 그치라고 하시네요?"라고 하셨지만, 진실로 오욕칠정과 탐진치가 보리요, 부처인 줄을 안다면 거기 어디에 다시 '추구하는 마음'이 생기겠습니까.

또 이렇게도 말씀드려 보고 싶네요.

법정 스님의 책 제목으로 유명해진 '무소유'라는 말이 있습니다. 그런데 그 말의 참 뜻은 정말 아무것도 가지지 않는 것이 아니라 '집착 없는 소유'를 말합니다. 집착이 없다면 모든 것을 다 가져도 무소유일 수가 있지만, 아무것도 가지지 않아도 무소유에 대한 집착을 버리지 못했다면 그것은 엄청난 소유일 수가 있는 것입니다. 이것은 곧 무소

유의 참뜻이 '모양'에 있지 않고 '마음'에 있음을 말합니다.

님이 말씀하신 '추구'라는 것도 마찬가지입니다. 그것 또한 모양에 있지 않고 마음에 있는 바, 집착이 끊어진 오욕칠정과 탐진치가 그대로 보리이듯, 집착 없이 기울이는 '더 나은 자신을 위한 노력과 추구'는 아름다운 일입니다. 즉, '추구'를 하느냐 마느냐의 문제가 아니라, '집착'이 있느냐 없느냐의 문제라는 거지요.

이때 '집착한다'는 것은 현재의 자신을 끊임없이 부정하면서 다만 미래의 더 나은 자신만을 긍정하며 그것에만 매달리는 것을 말하고, '집착하지 않는다'는 것은 현재의 자신의 부족함을 있는 그대로 받아들이고 시인하여 그 바탕에서 더 나은 자신을 위해 노력을 기울이는 것을 말합니다. 전자는 부족에서 완전으로, 부정에서 긍정으로, '나' 아님에서 '나다운 나'로 나아가고자 하는 몸부림이지만, 후자는 긍정에서 긍정으로, 완전에서 완전으로, '나' 자신에서 '나' 자신으로 다만 열심히 살아갈 뿐인 모습입니다. 따라서 전자는 끊임없이 힘들지만, 후자는 끊임없이 즐겁고 또한 기쁩니다. 간혹 힘들기도 하지만, 그 힘듦에 마음이 함몰되지 않는 묘한 희열과 감동과 그 어떤 힘 같은 것을 느끼기도 하지요.

그와 같이, 있는 그대로의 자기 자신에 대한 시인과 인정은 설명할 길 없는 엄청난 힘을 자기 자신에게로 되돌려 줍니다. 그리고 그 바탕 위에서는 자연스레 집착 없는 추구를 하게 되는데, 그것은 다만 열심히 살아가는 아름다운 모습일 뿐이지요.

7장
수행과 자유

참된 명상이란 어떤 의도나 목적 없이
다만 매 순간순간 있는 그대로 존재하는 것입니다.
그것이 바로 명상입니다. 그럴 때 우리는 즉시 평화랄까 자유랄까 참나랄까
진리랄까 하는 것을 알게 되어, 삶에 영원한 쉼이 오게 됩니다.

권할 만한 수행법이 있나요?

안녕하세요. 지금 현재 여기에 있는 그대로 다가오는 대로 최선을 다해서 살아가는 것이 도(道)이며 수행이라는 것을 조금은 이해합니다. 몸과 마음이 하고자 하는 대로 과거를 후회하지 말고, 미래를 걱정하지 말고, 현재를 충실히 살아가는 것이 도라고 말합니다.

전 오래 전에 어느 수행 단체에 입문을 하고 수련을 시작했는데, 도반들이 마음을 닦는 것이 수행이라고 했습니다. 저도 그렇게 생각했고요. 보이지 않고 잡히지도 않고 잘 알지도 못하지만 반드시 있는 이 마음! 수행법에 따라 초발심 때 열심히 했는데, 오직 하나에 집중이 되면서 정신적, 신체적 변화가 일어났어요. 도가나 요가에서 말하는, 처음에 맛보는 신비 체험임을 나중에야 알았습니다. 사람마다 최초의 경험은 다를 수 있으나, 첫 단추를 끼운 것만은 같다고 봅니다. 잘 끼웠는지 잘못 끼웠는지는 오랜 시간이 지난 후에 확실히 알 거라 생각됩니다. 풀어지면 다시 끼워야겠고요. 처음에 잘 끼웠는데 나중에 잘못 끼울 수도 있겠죠.

지금은 초발심은 온데간데없는 것 같고, 하루에 조금이라도 하기는 해야 하는데 게을러서……. 다른 일에 신경 쓰고 수행은 뒷전이 되었습니다. 정식은 가끔 하고 약식으로만 합니다. 사람은 재미있거나 꼭 필요하면 하게 되어 있지요.

선생님의 수행 편력을 보면서 느낀 바가 많습니다. 어느 길이나 대개 먼저 갔던 사람의 길을 비슷하게라도 따라가게 된다고 봅니다. 각기 다른 상황에 처해 있는 많은 사람들에게 객관적으로 제시할 만한 수행법이 따로 있는지 궁금합니다. 경전을 열심히 보면서 궁극적인 의미를 깊이 사색하는 것도 방법일 수 있고, 도를 구하는 갈증이 극에 달해서 집중될 수도 있고요. 어느 한 생각에 깊이 빠져서 화두가 될 수도 있겠습니다. 어떠한 생각과 행동이 참나를 찾게 되는 씨앗이 되었는지 궁금한 것입니다. 나아가 나 아닌 다른 사람들도 누구나 일정한 조건을 갖추면 일정한 결과가 나오는 방법이 있는지 궁금합니다. _일우선

그 생명줄을 한번 놓아 볼 수는 없을까요?

왜 우리는 수행하려 할까요?

그것은 무언가 설명할 수 없는 내면의 갈증과 고통과 목마름이 있기 때문일 것입니다. 뭔가 이대로 그냥 살아가서는 안 될 것 같고, 왠지 모르게 자신의 내면은 끊임없이 서걱거리기만 하며, 또 이런저런 관계와 삶 속에서 문득문득 비치는 자신의 모습은 한없이 부족하고 모자라며 초라한 존재로밖에 보이지 않기 때문일 것입니다. 그래서 그 어떤 수고와 노력과 수행을 해서라도 자신의 내면의 부족과 결핍을 채우고 못난 것을 극복하여, 더 완전하고 충만하며 자유로운 사람이 되고 싶은 것이지요.

그 '완전'을 향한 길에 있어서는 수행이야말로 진정 우리를 자유로 인도해 줄 유일하고도 참된 길로 보일 것입니다. 말하자면, 수행이야말로 우리를 구제해 줄 진정한 '생명줄'로 보이는 것이지요.

그런데 그 생명줄을 한번 놓아 볼 수는 없을까요? 우리가 살아가는 동안 결코 놓아서는 안 된다고 철석같이 믿고 있는 그 생명줄이 사실은 우리를 더욱 메마르게 하고 목마르게 하는 '썩은 동아줄'일지도 모릅니다. 왜냐하면 그 동아줄은 우리로 하여금 끊임없이 그것을 떠나지 못하게 하고 부여잡게만 할 뿐 결코 자유를 주지는 못하기 때문입니다.

자유란 무언가를 함으로써 오는 것이 아닙니다. 어떤 노력과 수고를 통하여 미래의 어느 순간에 마침내 쟁취하거나 얻게 되는 무엇이 아닙니다. 자유는 그와 같은 '소유'의 영역이 아니라 오히려 그 모든 노력과 수고를 그칠 때 오롯이 드러나는 '존재'의 영역이기 때문입니다. 다만 그냥 이대로일 뿐 아무것도 아니랍니다, 자유라는 것은……

사람들은 '무언가를 하라' 하면 잘합니다. 그럼으로써 그에게는 무언가 해야 할 일이 생겼고, 동시에 도달해야 할 목표도 있게 되었으며, 그것은 분명 자신이 보기에도 의미 있고 가치 있어 보이기 때문일 것입니다. 그래서 그 목표에 도달하기 위한 노력과 수고를 아끼지 않는 것이지요. 그러나 만약 그 어떠한 방법도, 이루어야 할 목표도 제시하지 않는다면 사람들은 대번에 막막해 하거나 불안해하며 어찌할 줄을 몰라 합니다.

그런데 자유란 바로 그 '무위(無爲)'와 '정지' 속에서 비로소 드러나는 무엇이랍니다. 그것은 마치 기어 다니는 애벌레가 창공을 날아다니는 나비가 되기 위해서는 고치 속으로 들어가야 하는 것과 같은 이치인데, 고치란 아무것도 하지 않는 '무위'와 '정지' 속에서 어떤 근본적인 변화—다시는 애벌레의 삶으로 돌아갈 수 없는 일생일대의 비약—가 일어나는 존재의 집과도 같은 것입니다.

님은 오래 전에 어느 수행 단체에 입문한 이래로 지금까지 오직 수행을 통하여 무언가를 이루려고 해오셨습니다. 다시 말해, 지금까지 단 한 번도 수행이라는 생명줄을 마음으로부터 놓아 본 적이 없다는 것이지요. 그렇다면 이제 그 생명줄을 한번 놓아 보지 않으시렵니까. 님이 얻고자 하는 '그것'은 얻고자 하는 마음을 내려놓을 때 비로소 얻게 되는 무엇이기 때문입니다.

님에게는 생명줄로 보이는 그것을 제가 감히 썩은 동아줄이라고 말씀드린 이유도 바로 여기에 있습니다. 그 줄을 놓지 않는 한 님이 얻고자 하는 궁극의 '그것'은 결코 얻을 수가 없기 때문입니다. 님은 "어떠한 생각과 행동이 참나를 찾게 되는 씨앗이 되었는지 궁금한 것입니다."라고 말씀하셨지만, '지금은 아니고 수행을 통해서 미래의 어느 순간에 참나를 찾는다'라는 분별 자체가 마음이 만들어 낸 허구입니다. 참나는 허구 안에는 있지 않아요. 참나는 언제나 지금 여기에서의 현존(現存)이기 때문입니다.

왜 명상을 하나요?

저의 질문은 명상에 대한 것입니다. 명상을 왜 하는 거죠? 명상을 하면 뭐가 달라질까요? 저도 명상을 해보려고 하는데, 좀 알고 싶어서요. _단이

삶이 곧 명상입니다

삶이 곧 명상입니다.

그런데 우리는 삶—매 순간순간 자신 안에서 일어나는 모든 것—을 '있는 그대로' 살지를 않아요. 언제나 '나(에고)'라는 게 있어서 그게 항상 먼저 앞서서 자신에게 유리한 쪽으로, 자신을 더 좋게 보이려고, 흡족하고 만족한 존재가 되려고, 남보다 더 뛰어나려고, 나아가 더욱 완벽한 존재가 되려고 '있는 그대로의 삶'을 (본능적으로) 해석하고 설명하고 판단하고 왜곡하면서 끊임없이 취사(取捨)하고 간택(揀擇)하기 때문입니다.

하기야 그게 바로 에고의 속성이긴 하지만, 그러나 바로 그 때문에 에고는 결코 우리를 진정으로 살릴 수도 없고 자유하게 할 수도 없어요. 오직 자신만을 위하는 쪽으로 모든 초점이 맞춰져 있는 에고에게서는 참다운 지혜가 나올 수 없기 때문입니다. 따라서 진정으로 우리를 살릴 수 있는 길이 무엇인지를 에고는 결코 알 수가 없어요. 그것

은 마치 길에 박힌 자그마한 유리 조각에 타이어가 펑크 나 본 적이 있는 어떤 운전자가 운전을 하면서, 똑같은 경험을 반복하지 않기 위해 오직 길 위에 박힌 유리 조각이 있는지 없는지만을 살피며 운전을 한다면, 다른 것을 제대로 살피지 못해 치명적인 사고 위험에 처하게 되는 것과 같다고나 할까요. 에고가 하는 일이란 언제나 그와 같은 것이랍니다. 그래서 에고는 그 속성상 오직 자신에게 좋아 보이고 자신을 더 나은 존재로 만들 수 있다고 생각되는 것들만을 선택하겠지만, 그러나 그게 정작 영혼을 죽이는 길임을 에고 스스로는 알 수가 없다는 것입니다.

그러므로 에고가 사라질 때 우리는 비로소 모든 것을 있는 그대로 보게 되고, 또한 있는 그대로의 삶을 살게 될 것입니다. 그리고 그것이 바로 진정한 자유요, 평화이며, 깨달음이요, 또한 지복(至福)인 것입니다. 그런데 어떻게 하면 에고를 사라지게 할 수 있을까요? 그리하여 마침내 우리의 삶에 진정한 평화가 임하게 할 수 있을까요?

그런데 바로 여기에서 또 다른 문제가 발생하게 됩니다. 왜냐하면 에고를 사라지게 하려고 마음을 일으키는 것 자체가 바로 에고이기 때문입니다. 즉, 에고가 에고를 사라지게 하려고 어떤 의도된 행위들을 하게 되는 것인데, 바로 여기에서 온갖 또 다른 문제들이 발생하게 되는 것입니다. 왜냐하면 에고로는 결코 에고를 죽이거나 사라지게 할 수가 없기 때문입니다. 그런데도 그것이 가능할 뿐만 아니라 오직 그 길만이 유일한 도약의 길이요, 깨달음의 길이라고 착각하게 되니—이 또한 에고가 하는 일인 줄은 아무도 모릅니다. 에고는 그만큼 집요하고도 치밀하답니다—이 이중 삼중의 미망(迷妄)을 알아차리기란 참 어려운 일이지요.

그런데 많은 경우, 명상이라는 이름으로 행해지는 일들이 바로 위와 같은 일들이라는 것입니다. 즉, 깨달음을 얻거나 마음의 평화를 얻기 위해서, 혹은 에고를 버리고 자유하기 위해서 우리는 명상이라는 의도된 행위를 하고, 그 행위를 통한 결과로서 '의도하고 목적한 바'를 성취하려고 하는 것이지요.

그러나 그것은 엄밀히 말해 명상이 아닙니다. 왜냐하면 참된 명상이란 사고나 인과의 영역이 아닌데도, 우리가 늘 하는 일이란 명상이라는 인(因)을 통해서 마음의 평화 혹은 깨달음이라는 과(果)를 얻으려고 하는 인과의 영역 안에 있으니까요. 그것은 오히려 참된 명상과는 더욱 거리가 멀어지게 하는 것입니다.

참된 명상이란 어떤 의도나 목적 없이 다만 매 순간순간 있는 그대로 존재하는 것입니다. 그것이 바로 명상입니다. 그럴 때 우리는 즉시 평화랄까 자유랄까 참나랄까 진리랄까 하는 것을 알게 되어, 삶에 영원한 쉼이 오게 됩니다. 다시 말하면, 우리는 지금 이대로 매 순간순간 이미 명상 상태에 있다는 것입니다. 매 순간순간 취사간택(取捨揀擇)하지 않는 있는 그대로의 삶, 그것이 견딜 수 없는 결핍이면 결핍 그대로, 공허면 공허 그대로, 외로움이면 외로움 그대로, 불안이면 불안 그대로, 경직이면 경직 그대로, 기쁨이면 기쁨 그대로 그 자체로 존재하는 것, 그것이 바로 진정한 명상입니다. 즉, 삶이 곧 명상이요, 그 외에 다른 것이 없으며, 따라서 우리가 따로 해야 할 명상이란 없는 것입니다.

그런데도 우리는 매 순간순간 있는 그대로의 것 속에 머물지를 못하고 그것을 더 나은 무언가로 바꾸고 고치기 위해 끊임없이 몸부림치면서, 그 하나의 방법으로 명상이란 걸 택하지요. 그래서 참 아이러니하게도 우리는 명상을 하기 위해 '진정한 명상'을 떠나 버린 답니다. 그리곤 그 명상을 매개로 '자신이 원하는 어떤 결과'를 기다리는 것이지요. 아, 그러나 진리랄까 평화랄까 깨달음이랄까 하는 '삶의 질적이고도 근본적인 변화'는 그와 같은 '원인과 결과'의 영역이 아닌 걸 어떡합니까.

세상에는 그와 같이 자유를 구하는 명상을 하는 사람들은 많지만, 자기 자신을 진정으로 자유케 하는 명상으로 돌이키는 사람은 참 드물답니다.

깨닫기 위해서는 수행이 필요하지 않나요?

예부터 깨달음을 얻은 분들은 수많은 수행과 고행을 거친 경우가 많은데요. 김기태님의 경우도 내면의 갈증을 채우기 위해 단식 등 수많은 수행 과정을 거쳤습니다. 과연 깨달음에 이르는 길에 고행이나 수행이 필요한 것인가요?

나를 찾는 것은 아주 간단하므로 수행이나 고행이 필요 없다고도 하지만, 실제로는 그렇지 않은 것 같습니다. 수많은 단식 명상이나 고행 등은 직접적인 깨달음의 길이라고 할 수는 없겠지만, 그래서 불필요한 몸부림이 될 수도 있겠지만, 그것들도 하나의 과정들이 아닌가요? 석가모니의 경우도 너무 심한 고행을 할 필요는 없다고 하셨지만, 그분도 절실한 고행의 과정들이 있었기에 큰 깨달음을 얻게 되었다고 생각합니다.

매일매일 순간순간 번뇌의 희로애락에서 벗어나지 못하는 평범한 사람으로서 평소에 궁금했던 생각을 적어 보았습니다. _세월

삶이 곧 수행입니다

삶이 곧 수행입니다.
따라서 모든 사람들은 이미 수행하고 있습니다.
한 인간으로 살아 있다는 것은 곧 어떤 형태로든 이미 다가와 있는

내·외적인 삶의 다양한 문제와 아픔과 힘겨움과 괴로움 속에 있다는 것인데, 그것은 곧 우리가 이미 충분히 삶과 자기 자신 속에서 고행하고 있으며 또한 수행하고 있다는 것입니다.

단식을 하고 명상을 하고 가부좌를 트는 것만이 수행이 아닙니다. 그것은 다만 수행의 모습일 뿐이지요. 실제로, 단식이니 명상이니 고행이니 깨달음이니 하는 말들이 무슨 말인지도 모르고, 그런 것에는 단 한 순간도 관심을 가져 볼 겨를도 없이 오직 자신이 처한 힘겨운 삶 속에서, 풀리지 않는 부부 관계 속에서, 끊임없이 부닥쳐 오는 버거운 인간관계와 문제들 속에서 헉헉거리며 힘들어하다가, 어느 날 문득 그 고통으로부터 빠져나와 진실로 자유로워지는 사람들을 저는 많이 보아 왔습니다. 자신을 힘들게 하던 '문제'가 사실은 바로 '영원한 자유'로 인도하는 문이었음을, 치열했던 자신의 삶을 통하여 문득 깨닫는 것이지요.

그런 의미에서, "과연 깨달음에 이르는 길에 고행이나 수행이 필요한 것인가요?"라는 님의 물음은 이미 무의미한 것이 아닌가 싶습니다. 왜냐하면 이미 모든 사람들은 삶이라는 수행과 고행 속에 있으니까요.

그러나 저는 "김기태님의 경우도 내면의 갈증을 채우기 위해 단식 등의 수많은 수행 과정을 거쳤습니다."라는 님의 말씀처럼, 깨달음을 향한 별도의 수행들을 참 많이 했습니다. 그러나 또한 분명한 것은, 그렇게 달려가 이른바 깨달음의 자리에 도달해 보니, 그것은 어이없게도 제가 그토록 노력을 기울인 별도의 수행을 통해서 도달하게 되는 어떤 결과물이나 결과의 자리가 아니라, 그것과는 아무런 상관이 없는, 처음부터 제가 서 있던 그냥 이 자리요, 또한 지금 이대로였을 뿐이라는 것입니다. 다시 말하면, 저는 단 한 순간도 이 자리가 아닌 다른 자리에 서 있은 적이 없으며, 따라서 이 자리에 서 있으면서 이 자리에 도달하려고 몸부림치고 노력한다는 것 자체가 이미 처음부터 불가능을 전제로 한 우스꽝스러운 일이었다는 것입니다.

무슨 말씀을 드리고 싶냐 하면, 막상 그 자리에 도달해 보니 그것은 '번뇌로 범벅이 되어 살아가는 지금 이대로'여서, 찾지 말고 그냥 살아라, 있지도 않은 것을 구하여 바깥으로 나가지 말고 지금의 그 번뇌 속에 그냥 있어 보라, 무지 그것이 곧 지혜이니 따로 지혜를 구하는 모든 몸짓을 정지해 보라, 부족 그것이 곧 완전함이니 그냥 그 부족 속에 있으라 등등으로 아무리 얘기를 해도, 그렇게 제가 온 존재를 던져 가면서까지 '정작 말하고자 하는 바'에는 주목하지 않고 오히려 "당신이 그와 같은 깨달음에 도달한 것은 단식 등 수많은 수행 과정을 거쳤기 때문이 아닌가?"라며, 자꾸만 제가 걸어온 '과정'에만 주목하니, 이를 어쩌면 좋단 말입니까. 이를 두고 예부터 "달을 가리키면 달을 보지, 어찌하여 자꾸만 손가락을 보는가?"라고 하지 않았습니까? 깨달음은 결코 '결과'가 아니며, 따라서 어떤 '과정'을 통해서 도달하게 되는 자리도 아닙니다.

그런데 님은 마지막에 "매일매일 순간순간 번뇌의 희로애락에서 벗어나지 못하는 평범한 사람으로서……"라고 하셨습니다. 오히려 그 매일매일 순간순간의 번뇌를 벗어나려는 몸짓을 정지해 보십시오. 그리곤 그것을 온몸으로 싸안으며 그 안으로 들어가고 그것과 맞닥뜨려 보십시오. 우리는 흔히 번뇌를 벗어나 보리(菩提)를 구하려는 몸짓과 노력들을 수행이라고 말하지만, 아뇨, 진정한 수행과 고행은 오히려 그 번뇌를 벗어나지 않고 그것으로부터 달아나지 않으며 그것과 하나가 되는 바로 거기에 있습니다. 그리하여 마침내 번뇌 그 자체가 되어 매 순간의 '지금'에 존재하게 될 때, 그때 비로소 우리는 영원하고도 진정한 평화를 맛보게 될 것입니다. 고맙습니다.

그동안 익힌 수련법을 어떻게 해야 할지요

안녕하세요. 저는 30대 중반의 미혼남입니다. 10대 때 우연히 한 수련법을 접하고는 근 20여 년을 한 걸음도 제대로 나아가지 못한 채 꼭 붙들고만 있다가, 요즘에 와서는 이젠 너무 힘들다는 생각을 하고 있습니다. 돌아보면 전 너무 게을렀던 거지요. 무엇이든 어떻게든 해볼 수 있었는데, 그렇게 하지를 못했습니다. 제가 못났다는 생각을 해보기도 하고, 이 수련법과 나는 인연이 없다는 생각을 해보기도 합니다. 어쨌든 이젠 그만 놓여나고 싶다는, 아니 정확히는 이젠 너무 지긋지긋하니 뭘 좀 어떻게 해봐야겠다는 생각을 해보고 있습니다만, 그것이 이 수련법을 놓아 버려야 하는 것인지, 진정으로 이 수련법에 뛰어들어 무엇인가를 성취해야 하는 것인지 잘 모르겠습니다.

선생님의 글들을 보면서 참으로 크게 위로받았습니다. 엄연히 경지가 존재하는 수련법을 마음에 품으며, 한 걸음도 제대로 앞으로 나아가지 못하는 저 자신을 얼마나 미워했는지 모릅니다. 그래서 이리저리 참 방황도 많이 했습니다. 선생님의 가르침을 읽으며 무엇인가 마음의 위로를 받는 가운데에도 도대체 깨달음은 무엇이고 경지는 무엇인지 혼란스럽기만 합니다. 이 글을 쓰면서도 진정으로 놓여남에 관심이 있는 것이 아니라, 선생님의 답변을 통해 어쩌면 제가 몰랐던 길을 통해 기존의 그 수련법을 성취할 수 있을지도 모른다는 끈질긴 소망을 품고 있는 저를 발견합니다.

저는 어쩌면 자유, 깨달음, 이런 것에는 관심이 없고 오로지 초월에만 관심이 있는지도 모르겠습니다. 남다른 그 무엇을 얻고 싶어서 몸부림치는지 모르겠습니다. 자유, 사랑…… 참 오랫동안 잊고 살았던 단어가 아닌가 합니다. 특히 사랑은 저에게는 마치 박물관에 전시된 전시물 같은 단어가 아니었나 싶습니다.

선생님, 전 어떻게 해야 할까요? 오랫동안 단 한 걸음도 제대로 나아가지 못한 수련법을 붙든 채 괴로워하고 있습니다. 제가 정말 놓고 싶어 하는지, 놓고 싶다고 놓을 수 있는 건지 아무것도 모르겠습니다.

_방랑자

님은 제대로 길을 걸어오셨습니다

안녕하세요, 방랑자님.

님은 제대로 길을 걸어오셨습니다.

님의 길지 않은 질문글 속에서 세 번이나 거듭 되풀이된 "한 걸음도 제대로 나아가지 못한 채……"라는 님의 말씀이 그 증거입니다.

원래 단 한 걸음도 나아갈 수 없는 길입니다.

만약 단 한 걸음이라도 나아갔다면 님은 진정한 깨달음과 자유와는 아무런 상관이 없는 길을 걸어가셨을 것입니다. 그런 의미에서 보면, 지난 20년 동안 님의 마음공부 길은 전혀 무의미하지는 않습니다. 이제 비로소 그 사실을 깨달았으니까요. 아니, 진실로 그 사실을 아셨다면 님이 알아야 할 건 이제 다 아셨습니다.

그러므로 이제 그 수행법을 떠나보내세요. 지난 20년 동안 오직 님을 가두기만 했을 뿐 단 한 톨의 진정한 자유도 주지 못한 그것을 이젠 가만히 놓아 버리세요. 만약 님이 "저는 어쩌면 자유, 깨달음, 이런 것에는 관심이 없고 오로지 초월에만 관심이 있는지도 모르겠습니다. 남다른 그 무엇을 얻고 싶어서 몸부림치는지 모르겠습니다."라고 말씀하신 것처럼, 아직도 그런 마음을 갖고 계시다면 더욱더 그 수행법을 버리세요. 그와 동시에 남들 위에 군림하고 싶어 하는 그 마음도 이제는 함께 버리세요.

님은 또한 "돌아보면 전 너무 게을렀던 거지요. 무엇이든 어떻게든 해볼 수 있었는데, 그렇게 하지를 못했습니다."라고 말씀하셨지만, 아뇨, 인간은 본래 게으른 존재입니다. 따라서 100% 온전히 수행할 수 있는 사람은 본래 없답니다. 인간의 사고 혹은 마음이라는 것은 본래 그렇게 전일(專一)할 수가 없는 무엇이기 때문이지요. 그런 의미에서도 님은 제대로 길을 걸어오신 겁니다. 또한 그 게으름이 더 허망해질 수 있었던 님의 삶의 길을 막아 주었으니 얼마나 다행입니까.

괜찮습니다. 이제는 그 수행법을 버릴 때가 된 것입니다. "선생님의 답변을 통해, 어쩌면 제가 몰랐던 길을 통해 기존의 그 수련법을 성취할 수 있을지도 모른다는 끈질긴 소망을 품고 있는 저를 발견합니다."라는 말씀 속에서 아직도 묻어나는 그 미련도 이제는 가만히 떠나보내세요.

아닌 건 아닌 겁니다.

더 무엇을 부여잡으려 하십니까.

무엇을 위해서요?

단 한 번만이라도 자신 속에서 우러나오는 진실의 소리에 귀를 기울여 주십시오.

  그리곤 '지금'으로 돌아오십시오. 수행을 통하여 '저기'로 가려던 마음도 내려놓고 '여기'로 돌아오십시오. 님이 그렇게 하는 순간, 오랫동안 님의 가슴속에서 잊고 살았던 자유와 사랑이 박물관에서 살아 나와 온전히 님 자신의 것이 될 것입니다. 님이 20년 동안 꿈꿨던 모든 것은 지금 여기 있는 그대로의 님 안에 본래 있었던 것입니다.

뿌연 안개에 휩싸인 듯

안녕하십니까? 30대 중반의 평범한 직장인입니다. 전부터 뭔지 모를 목마름으로 인해 책을 보고 또 제 나름대로 고민도 해봤지만, 항상 안개에 휩싸여 있는 듯한 느낌만 가질 뿐 확연히 보질 못하고 있습니다. 옛 분들의 말씀이 가슴에 와 닿지만, 그저 그 순간으로 끝이 나고, 더 이상 어찌해야 할지를 몰라서 이렇게 삶을 살아가고 있습니다. 항시 지니고자 다짐하지만 다시 머릿속에서만 갇혀 지내다가, 힘들 때 되돌아보고 또 잊어버리고 하는 이런 생활들을 반복하고 있어서, 항상 가슴 한 구석에 답답함이 자리하고 있습니다.

여기서 어디로 가야 할지, 어떻게 가야 할지를 몰라 그저 그 자리에 멍하니 있다가, 다시 나아가야 하지만 무엇을 어떻게 해야 할지 몰라 그 자리에서 울고만 싶은 심정입니다. _부탁자

단 한 번의 맞닥뜨림으로

사람들이 진실로 잘하지 못하는 것 가운데 하나가 바로 '그치는 것'입니다. 사람들은 언제나 무언가를 '함'으로써 자신의 존재와 삶을 확인하고 또한 확인받고 싶어 하지요. 그러나 바로 그것 때문에, 다시 말하면 문제를 해결하려는 바로 그 행위와 노력 때문에 오히려 문제의 해결은 점점 더 멀어지는 경우가 우리네 삶 속에는 참 많답니다.

'답'이 내 안에 없기 때문이 아니라, 오히려 답을 구하는 그 마음 때문에 내 안에 있는 답을 보지도 못하고 누리지도 못한다는 말이지요.

부탁자님.

할 수만 있다면, 님이 기울이고 있는 노력을 '반대로' 해보십시오. 즉, 항상 안개에 휩싸여 있는 듯한 답답함을 못 견뎌 하며 무언가를 확연히 보려고 님은 애쓰고 있지만, 오히려 확연히 보려는 그 마음과 노력들을 '그쳐' 보십시오. 그리고 그냥 그 답답함 속에 한번 있어 보십시오. 답답함이란 실체가 없는 것인데, 확연히 보려는 그 마음이 오히려 그것에 실체성을 부여해, 결과적으로 님은 있지도 않은 허구와 싸우고 있는 꼴이기 때문입니다. 다시 말하면, 님은 결코 이길 수 없는 싸움을 계속하고 있다는 말이지요.

답답함을 이길 수 있는 유일한 방법은 답답함과 싸우지 않고 그냥 그 답답함을 받아들이고 그 속에 있는 것입니다. 그러면 그것은 오래지 않아, 마치 하늘의 구름이 생겼다가 곧 스러지듯이, 실체 없는 자신의 허구성을 스스로 님 앞에 드러낼 것입니다. 그때까지만 그 답답함 속에서 조금 기다려 주기만 하면 됩니다.

또 부탁자님.

어디로 가야 할지, 어떻게 가야 할지 몰라 그저 그 자리에 멍하니 있게 되거든, 그냥 그 자리에 멍하니 있으십시오. 자꾸만 어디로 가야 한다고 스스로 채근하여 엉덩이를 들썩이지 말고 말입니다. 왜냐하면 가야 할 곳이 따로 없기 때문입니다. 님이 지금 서 있는 여기가 바로 '거기'입니다. 그리고 다시 무엇을 어떻게 해야 할지 모르겠거든, 그냥 모르십시오. 진실로 그 모름에서 '그쳐서' 더 이상 알고자 하는 마음이 일어나지 않을 때, 그때 비로소 님은 진실로 자기 자신과 삶에 대해 모든 것을 알게 될 것입니다. 알게 되면 더 이상 답답해하지도 방황하지도 않고, 그냥 담담히 자신에게 주어지는 하루하루의 삶을 열심히 즐겁게 살게 될 것입니다.

　아, '지금'과의 단 한 번의 맞닥뜨림으로 켜켜이 쌓인 님의 답답함의 고리를 진실로 끊을 수 있기를……!

분별심에 대하여

안녕하세요. 여기 사이트를 우연히 알게 되어 많은 가르침을 얻고 있는 청년입니다. 근데 궁금한 게 한 가지 있습니다. 승찬스님께서는 간택하지 마라, 분별하지 마라, 그렇게 하면 도(道), 깨달음, 진리라는 것과는 멀리 떨어진다고 하셨습니다. 그런데 평소에 감정이나 느낌, 생각들이 일어날 때면 분별하고 간택하게 됩니다. 감정이나 느낌은 있는 그대로 받아들일 수 있겠지만, 생각을 분별하지 않을 수 있는지요. 분별심이 정확히 어떤 것인지도 잘 모르겠습니다. _헬로우

분별이 곧 도(道)입니다.

어떤 사람이 있었습니다. 이분은 오랜 세월 안심입명(安心立命)과 깨달음을 추구해 오던 분이었습니다. 그래서 직장 생활을 하면서도 언제나 자신을 살펴 스스로 마음을 닦고 때때로 수행도 하면서, 구도자로서 부끄럽지 않은 삶을 살려고 애써 오고 있었습니다.

그런데 하루는 가벼운 산행을 하면서 마음을 들여다보려고 하는데, 자꾸만 잡생각이 일어나더라는 것입니다. 그래서 어떻게든 그 산만한 잡생각에 마음을 빼앗기지 않고 정신을 집중하려고 애를 쓰면서, 그 한 방편으로 때로는 호흡을 들여다보기도 하고 또 때로는 걸어가는 자신의 발만을 바라보면서 산을 올라갔다고 합니다. 그런데 어느 순

간 문득 보면 또다시 이런저런 잡생각에 사로잡혀 이미 한참을 가고 있는 자신을 발견하게 되는데, 그때마다 참 힘들었다는 겁니다. "아, 나는 왜 이렇게 잠시도 마음을 모으지 못할까? 이렇게 잡생각에 끌려다니면서 어떻게 도(道)를 구할까……?"라고 하면서요. 그래서 제가 그랬습니다.

"그 잡생각이 바로 도(道)입니다. 잡생각이 문제가 아니라, '잡생각이 일어나지 않고 마음이 고요해야 한다.'는 바로 그 한 생각이 한갓 잡생각에도 자유롭지 못하고 걸려 넘어지게 하는 등의 온갖 힘겨움과 번뇌를 일으키는 것입니다. 따라서 그 한 생각만 내려지면 온갖 잡생각이 끊임없이 몰려오지만 그 어디에도 물들지 않아, 그것들이 오고 감에 영원히 자유로운 진정한 안심입명을 얻게 되는 것입니다……."

또 이런 경우도 있었습니다. 하루는 그분이 기차를 타고 어디를 가는데, 언제나 그분의 가슴속에는 마음공부라는 것이 그 중심에 자리잡고 있었기 때문에 기차를 타고 갈 때에도 늘 홀로 창가에 앉아 명상에 잠기거나 호흡에 집중하기를 좋아했답니다. 그런데 그날은 다른 곳에도 빈자리가 많았는데도 불구하고 어떤 사람이 굳이 자신의 옆자리에 앉더랍니다. 그래서 얼마나 마음이 불편해져 버렸는지! 이건 도무지 그 사람이 신경 쓰여서 명상은커녕 호흡도 제대로 바라볼 수가 없더라는 것입니다. 그래도 금방 자리를 옮겨 버리면 그 사람이 또 이상하게 생각하거나 불편해할까 봐 한동안 그렇게 더 앉아 있다가, 도저히 답답하고 못 견뎌서 그만 멀찍이 빈자리가 많은 곳으로 옮겨갔답니다. 그래서 이젠 누구의 방해도 받지 않고 잘됐다 싶어 곧 호흡에 마음을 모으려는데, 이번엔 엉뚱하게도 이런 생각이 몰려오더랍니다.

"아, 한낱 지나가는 행인이 잠시 내 옆자리에 앉은 것도 견디지 못하고 그만 이렇게 자리를 옮겨오고 말았구나! 이러고서야 어떻게 어떤 경계에도 물들지 않는 안심입명의 자리에 들꼬……?"라구요. 그래서 제가 그랬습니다.

"거기까지입니다. 마음이 불편해 다른 자리로 옮겨온 거기까지도 도(道)입니다. 그냥 마음이 좀 불편해 옮겨온 것뿐이지요. 단지 그뿐입니다. 그런데 한 생각이 또 일어나 온갖 분별을 일으키지요. 그래서 옮겨오고도 불편하고, 옮겨오지 않아도 불편하며, 또 다른 어떤 선택을 하더라도 여전히 마음이 쉬지를 못하는, 그리하여 그 어디에서도 안심(安心)하지 못하는……. 그런데 그 한 생각이 내려지면 옮겨오지 않아도 좋고, 옮겨와도—이는 곧 '분별' 이후의 모습입니다—좋으며, 다른 어떤 선택을 하더라도 단지 그러할 뿐인 진정한 안심입명이 되는 것입니다……."

인간은 누구나 분별하며 삽니다. 분별한다는 건 곧 살아 있다는 것이지요. 따라서 분별이 곧 도(道)입니다. 그런데 많은 경우 '분별하지 않는 것이 도(道)'라고 생각하고는 자신 안에서 일어나는 온갖 분별에 매번 스스로 걸려 넘어지거나, 분별하는 자신을 정죄하거나, 분별이 없기만을 바라지요. 아닙니다. '분별'이 문제가 아니라, '분별을 분별하는 바로 그 마음'이 문제입니다. 따라서 그 한 생각만 내려지면 온갖 분별에도 물들지 않는 진정한 자유인이 되는 것입니다.

어떻게 하면 견고한 발심과 힘을 얻을 수 있는지요

몇 가지 궁금증이 있어 질문 드립니다. 마음공부를 하면서 자신에게 진실하지 못하고 세상사에도 원활히 대처하지 못하여 헤매고 있습니다. 어떻게 하면 견고한 발심과 힘을 얻을 수 있을까요? 욕망과 두려움을 넘어서야 한다는 가르침을 들어서 알고는 있는데, 항상 잠시도 생각과 현실 경계에서 한 걸음도 떼지 못하고 묶여 헤매는 중입니다. 그리고 불교에서 자주 언급되는 전생과 윤회가 실재하는지, 아니라면 타고난 재주, 소질 등은 어떻게 해석해야 하는지요. 밝은 가르침 기다리겠습니다. _달그림자

찾고 구하는 마음이 쉬어지니 아무 일도 없어졌다

"찾고 구하는 마음이 쉬어지니, 아무 일도 없어졌다."

이 말은 『임제록(臨濟錄)』에 인용되어 있는 말인데, 옛날에 연야달다(演若達多)라는 사람이 있었습니다. 이 사람은 얼굴이 빼어나게 잘생긴 사람이었는데, 스스로가 생각하기에도 자신의 얼굴이 너무나 아름다워서 그 얼굴을 잠시도 보지 않고는 견딜 수가 없었습니다. 그래서 언제나 거울 앞에 앉아서 그 자리를 떠나지 못한 채 잘생긴 자신의 얼굴을 바라보며 한없이 행복해하다가, 어느 순간 그만 미쳐 버립니다. 그리곤 "내 머리가 없어졌다."는 생각에 사로잡혀 버리는데, 그때부터

그는 괴로움에 울부짖으며 온 거리를 떠돌면서 자신의 머리를 찾아다 닙니다. 만나는 사람마다 붙들고는 자신의 머리를 못 봤냐고, 자신의 머리를 좀 찾아 달라고 하며 절규하다가, 어떤 스님으로부터 "네 머리는 너에게 있다."는 말을 듣고는, 문득 '찾는 마음'이 사라지게 됩니다. 그러자 본래 아무 일도 없었음을 깨닫고는 편안히 자신의 길을 갔다는 이야기입니다.

사실은 본래 아무 일도 없었던 것이지요. 그런데 "내 머리를 잃어버렸다."는 생각 하나가 끊임없이 자신을 결핍되고 모자라고 부족한 존재로 보이게 했고, 그럼으로써 언제나 헐떡거리며 '없는 머리'를 찾아 붙여서 온전한 존재가 되려고 몸부림치게 되었던 것입니다. 그러다가 어느 순간 문득 '찾고 구하는 마음'이 사라지게 되면서, 그제야 자신은 이미 처음부터 온전한 존재로서 아무 일도 없었다는 것을 깨닫게 되어, 편안히 자신의 삶을 살게 된 것이지요.

깨달음 혹은 완전함이라는 것도 마찬가지입니다. 우리는 지금 이대로 부족하지 않습니다. 지금 이대로가 결핍된 모습이 아닙니다. 그냥 있는 그대로일 뿐입니다. 그런데도 우리는 끊임없이 '지금의 나'를 부족하고 모자라고 결핍된 존재라고 생각하고는 '없는 깨달음'을 찾아, '없는 완전함'을 찾아 삶의 순간들을 허허로이 떠돌아다니고 있습니다. 아, 어떻게 하면 그 미망을, 그 전도몽상을 바로잡을 수 있을까요? 어떻게 하면 있는 그대로의 자신을 바로 보게 할 수 있을까요?

님은 제게 "마음공부를 하면서 자신에게 진실하지 못하고 세상사에도 원활히 대처하지 못하여 헤매고 있습니다. 어떻게 하면 견고한 발심과 힘을 얻을 수 있을까요?" 하고 물으십니다. 그리고 "욕망과 두려움을 넘어서야 된다는 가르침을 들어서 알고는 있는데, 항상 잠시도 생각과 현실 경계에서 한 걸음도 떼지 못하고 묶여 헤매는 중입니다." 라고 말씀하십니다.

그런데 님이여, 무엇을 위한 발심과 힘을 얻으려 하십니까? 자신에게 진실하고, 세상사에도 원활히 대처하며, 헤매지도 않는 사람이 되기 위해서요? 그리고 욕망과 두려움을 넘어서서 한 순간도 생각과 현실 경계에 걸리지 않는 사람이 되기 위해서요?

그러나 '지금'을 부정하고서는 '원하는 미래'도 오지 않습니다. 그러므로 우선, 자신에게 언제나 진실한 사람이 되고 싶거든, 지금 이 순간 자신이 진실하지 못한 껍질들을 뒤집어쓰고 있음을 먼저 시인하고 인정해 보십시오. 미래의 진실해진 모습만을 바라보며 추구할 것이 아니라, 지금의 거짓과 가식을 스스로 먼저 인정하고 시인해 보라는 것입니다. 지금의 '아님'을 '아니다'라고 솔직히 시인할 수 있을 때, 지금의 자신의 작음을 작다고 인정할 수 있을 때, 지금의 초라함을 진실로 받아들일 수 있을 때, 그렇게 '있음'을 있다 하고 '없음'을 없다 할 수 있을 때, 그것이 바로 님이 말씀하신 진정한 발심이며 또한 힘이 아닐까요? 그러한 발심과 힘은 진실로 오래지 않아 님의 영혼을 자유케 하고, 또한 겉과 속이 같은 참사람으로 님을 인도해 갈 것입니다.

그러나 지금의 거짓을 알면서도 '진실해야 한다'는 생각에 속아 오히려 그 거짓을 숨기려 하거나 부끄러워하며 극복하고 몰아내려는 모양으로 또 다른 거짓과 인위를 되풀이한다면, 끊이지 않는 괴로움 속에서도 님은 끝내 한 톨의 진정한 자유도 진실도 맛보지 못할 것입니다. 진실은 진실하고자 하는 노력을 통하여 미래에 가능해지는 것이 아니라, 오직 지금 있는 그대로를 인정하고 받아들일 때에만 가능한 것이기 때문입니다. 그렇듯 진정한 힘이란 언제나 지금 이 순간 속에 있습니다.

또한 님은 전생과 윤회에 대해서 말씀하시면서, 만약 그것이 실재가 아니라면 타고난 재주나 소질 등은 어떻게 해석해야 하느냐고 물으셨습니다. 그런데 님이여, 삶의 진정한 힘은 해석과 설명에 있지 않습니다. 그냥 있는 그대로 존재할 때 더할 나위 없는 힘과 평화와 안심입명을 누리게 된답니다.

우리 손의 손가락은 다섯 개이지요. 그런데 그 각각의 모양과 길이와 쓰임새가 다 다릅니다. 왜 그럴까요? 님은 그 각각의 모양과 길이와 쓰임새가 다 다른 이유를 해석하고 설명하고자 하나요? 그리고 그 이유들을 분명히 이해하고 납득하고 나면 뭔가 손가락의 의미가 달라지나요? 아뇨, 손가락은 그냥 서로 다를 뿐이요, 그냥 그것들을 움직여 쓸 뿐이지요. 마찬가지로, 사람들의 각각의 타고난 소질과 재주는 그냥 서로 다를 뿐입니다. 서로 다르기에 각자의 모양과 개성대로 활짝 꽃피어나서 조화롭게 어우러지는 이 세상은 그래서 더욱 아름답고 눈부실 수 있는 것이지요. 그 현재의 완전한 조화와 다양한 생명들의 기막힌 축제에 전생이니 윤회니 하는 관념과 해석이 끼어들 필요는 없습니다. 다만 그 아름다움과 눈부심을 감사히 누리기만 하면 될 뿐이지요. 또 사실 실재하는 것은 오직 지금 이 순간의 현재뿐이랍니다.

깨달음에는 끝이 있습니까?

삶의 과정 중에 얻는 깨달음과 궁극의 깨달음은 어떤 관계가 있을까요? 살아가면서 어떤 문제 앞에 봉착해서 힘들어하다 어느 날 문득 그 문제로부터 벗어났을 때 우리는 깨달았다 할 수 있을 겁니다. 하지만 살다 보면 삶이 또 우리 앞에 또 다른 문제를 가져다줍니다. 가족 문제, 아이 문제, 경제 문제 등등…….

문제를 문제로 보지 않으면 된다 하겠지만, 현실 앞에 펼쳐지는 많은 일들은 너무도 구체적이고 피할 수도 없습니다. 그래서 더욱 힘겹게 느껴져 그냥 흘려보내지 못하고 해결이 될 때까지 꼭 끌어안고 있어야만 합니다. 그리고 새롭게 맞닥뜨리는 문제는 늘 낯설고 막막하게만 느껴지고…….

그냥 삶의 과정 자체가 궁극의 깨달음으로 가는 과정이라고 생각하면 되는 걸까요? 수학 문제를 많이 풀고 연습하다 보면 어느 순간 원리를 터득해 문제가 절로 풀리는……. 깨달음이라는 것도…… 뭐 그런 건가요? _물소리

산다는 것은 곧 배운다는 것입니다

안녕하세요? 반갑습니다.

언젠가 저는 누군가로부터 "산다는 건 무엇이라고 생각합니까?"라

는 질문을 받은 적이 있습니다. 그때 저는 그분께 힘주어 말했습니다.

"산다는 건 곧 배운다는 것입니다. 그리고 산다는 건 또한 사랑한다는 것입니다. 우리에게 아직 살날이 많이 남았다는 것은 그만큼 배워야 할 것들과 배워야 할 시간들이 많이 남아 있다는 것이며, 또한 사랑할 수 있는 시간들이 그만큼 많이 우리에게 주어져 있다는 것입니다. 그러니, 살아 있다는 것은 얼마나 큰 축복입니까?"

그러나 사람들은 많은 경우 '배울 줄 아는 마음'을 일찍부터 잃어버리고는 '군림하고 지배하려는 마음'으로 자신을 채우려고 하거나, 더 많이 사랑하기보다는 더 많이 소유하려는 데에 자신의 삶의 시간과 에너지들을 허비할 때가 많습니다. 그러나 진정으로 우리가 소유할 수 있는 것이 인생 속에 단 하나라도 있을까요?

님은 삶의 과정 중에 얻는 깨달음과 궁극의 깨달음을 구분하여 제게 말씀하셨습니다. 그러나 저는 그 둘을 구분하고 싶지 않습니다. 다만 배움(혹은 깨달음)만 있을 뿐입니다. 그런데 이때, 삶의 긴 과정 속에서 수많은 배움(혹은 깨달음)이 있을 수 있겠지만, 어느 순간 문득 우리 자신을 질적으로 비약하게 하고 자유롭게 하여, 이전과는 다르게 살아갈 수 있는 어떤 힘 같은 것을 얻게 되는 배움(혹은 깨달음)도 있을 수 있습니다. 말하자면, 언제나 '평면의 마음'에서만 맴돌며 해결되지 않는 구속감 속에서 허덕이며 힘들어하다가 어느 순간 갑자기 '입체의 마음'이 된 듯한, 그래서 이전에 보지 못하던 많은 것들이 새록새록 보이기 시작하고, 늘 숨 막혀 하던 구속들이 이상하게도 숨 막혀지지가 않으며, 설명할 순 없지만 어떤 새로운 힘 같은 것이 자신 안에 생긴 것 같기도 한, 그래서 마음은 자꾸만 여유로워지고 평화로워져서, 똑같은 삶 속에서 때로 다시 힘들어하고 다시 넘어질 때도 있지만 그러나 거기에 함몰되지 않고 오히려 이상하게도 그런 만큼 자꾸만 자신의 영혼이 더욱더 성장해 가는 듯한 배움(혹은 깨달음)도 있을 수 있다는 것이지요. (저는 이것을 '자기 자신에게 닿았다'고 표현하고 싶습니다.)

그런 속에서 더 이상 자기 자신을 닦달하지 않기에 남도 자신의 잣대로써 판단하지 않고, 자신을 있는 그대로 받아들이며 그냥 자기 자신으로서 살아갈 수 있게 되었기에 남 또한 있는 그대로 바라봐 줄 수 있는, 그리하여 처음엔 좀 서툴겠지만 조금씩 조금씩, 자신을 존중하듯 남을 존중하고, 자신을 사랑하듯 남을 사랑할 수 있게 된다면, 그렇게 서로가 삶 속에서 삶을 통하여 성장해 갈 수 있다면, 님이여, 거기 어디에 궁극의 깨달음이라는 것이 따로 필요하겠습니까. 그것만으로도 우리는 이미 충분히 감사하며 살아갈 수 있는 걸요.

그러나 또한 님이 말씀하신 것처럼, "하지만 살다 보면 삶이 또 우리 앞에 또 다른 문제를 가져다줍니다. 가족 문제, 아이 문제, 경제 문제 등등……. 현실 앞에 펼쳐지는 이런 많은 일들은 너무도 구체적이고 피할 수도 없습니다. 그래서 더욱 힘겹게 느껴져 그냥 흘려보내지 못하고 해결이 될 때까지 꼭 끌어안고 있어야만 합니다. 그리고 새롭게 맞닥뜨리는 문제는 늘 낯설고 막막하게만 느껴지고……."

정말 그렇습니다. 그러나 바로 그러하기 때문에 삶은 우리에게 또 다른 형태의 축복이요, 감사일 수 있는 것입니다. 왜냐하면 삶은 그와 같은 문제들로 끊임없이 물결쳐 와서는 때로 우리를 힘들게 하고 지치게도 하지만, 그러나 다른 한편으로 보면 그때마다 우리로 하여금 더욱더 깊이 우리 자신과 삶과 사람을 구체적으로 만나게 하고 맞닥뜨리게 하여, 그 속에서 끊임없이 배우게 하고 깨닫게 하고 성장하게 함으로써 삶이 우리에게 줄 수 있는 모든 것을 진정으로 누리게 하고 맛보게 하고 감사할 줄 알게 하니 말입니다. 우리로 하여금 그만큼 더 깊이 인생을 살게 하니 말입니다.

님이여.

그와 같이 궁극의 깨달음이 문제가 아니라, 지금 내가 나 자신에게 닿아 있느냐 하는 것이 문제입니다. 만약 그러하다면 삶은 통째로 우리에게 축복일 수 있으니까요.

놓는 것에 대한 두려움

아, 이제 차츰 겁이 납니다. 모든 걸 하나하나 놓아가다가 이제 살 의지마저 없어지면 어떡합니까. 미칠지도 모른다는 생각도 들고…… 걱정이 되는군요. 어떻게 해야 하는지 가르쳐 주세요. _질문자

우리 삶의 놀라운 역설

옛날에 어느 마을에 한 선비가 살고 있었습니다. 그런데 이 선비는 태어날 때부터 소경이라 앞을 보지 못하며 살았는데, 그러다 보니 언제나 지팡이를 짚으며 자신에게 익숙한 길로만 조심스레 다녔습니다. 가끔씩 산길을 따라 고개 너머에 있는 이웃 마을에도 가곤 했는데, 그때에는 어느 때보다도 주의를 기울이며 실족하거나 길을 잃어버리지 않도록 애를 썼습니다.

그날도 그는 여느 때와 같이 산길을 따라 이웃 마을로 가고 있었습니다. 벌써 몇 번을 왔다 간 길이라 그의 예민한 감각에 이미 익숙해져 있었고, 그래서 지팡이가 없이도 걸을 수 있을 정도였기에 그는 어느새 콧노래까지 불러 가며 길을 걷고 있었습니다. 그런데 너무 방심한 탓일까요, 콧노래가 이윽고 산천을 울리는 걸쭉한 노래로 바뀌어 있을 즈음 그는 문득 자신이 전혀 알지 못하는 길을 가고 있음을 깨달았습니다. 아차 싶어 정신을 차리고 지팡이와 손가락 끝에 온 신경을

모으고 주위를 더듬어 보니, 아뿔싸! 이미 한참을 길을 잃어버리고 있었던 것입니다.

 그는 당황하기 시작했습니다. 가끔씩 큰 짐승이 나타나 사람을 해친다는 얘기도 들어왔던 터라 그의 마음은 바빠지기 시작했고, 마침내 그는 도포 자락과 갓을 낚아채는 산가지들을 손과 지팡이로 후려치기도 하고 걷어 내기도 하면서 달리기 시작했습니다. 그런데 너무 황급히 달렸던 것일까요, 그는 어느 한 순간 그만 실족하면서 경사가 몹시 급한 언덕 아래로 굴러 떨어지고 말았습니다. 그는 날 때부터 소경이라 앞을 볼 수 없었기에 더욱 미친 듯이 손을 뻗으며 무엇이든 잡으려고 애를 썼고, 한참을 그렇게 데굴데굴 미끄러져 굴러 내려가던 그는 마침내 두 손아귀에 단단히 들어오는 굵은 나뭇가지 하나를 꽉 붙잡았습니다. 그와 동시에 그의 몸은 허공에 둥둥 매달리게 되었습니다. 그 순간 그렇게 나뭇가지라도 잡지 않았다면 그만 천 길 낭떠러지 아래로 굴러 떨어져 죽었을지도 모른다는 생각이 들자 소름이 쫙 끼치면서, 나뭇가지를 잡고 있던 손에 더욱 힘을 주었습니다. 그러면서 그는 산천이 떠나가도록 외쳤습니다.

 "사람 살려~~~!!"

 "사~람 살려~~~~!!!!"

 그러나 돌아오는 것은 공허한 메아리뿐이었습니다. 그는 시간이 흐르면서 서서히 지쳐 갔고, 그의 손에서는 점점 힘이 빠져나갔습니다. 죽음의 그림자가 조금씩 그에게 다가오고 있었습니다. 그런데 바로 그때, 멀리서 사람이 달려오는 소리와 함께 크게 외치는 소리가 그의 귀에 들려왔습니다.

"어디 있소! 누구시오! 조금만 기다리시오~~~!"

그 소리를 듣자 날 때부터 소경인 그 선비는 마지막 힘을 다해 외쳤습니다.

"여기요! 여기 있소! 살려 주시오~~~!!"

마침내 소리 나는 쪽으로 헐레벌떡 달려온 그 사람은 그러나 조금 멀리 떨어진 곳에서 그만 우뚝 서 버렸습니다. 살려 달라고 그렇게나 다급하게 소리 지르던 그 선비는 고작 1미터 남짓한 높이의 나뭇가지에 매달려 있었기 때문입니다. 그는 참 어이가 없다는 듯 가만히 선 채 다만 그 광경을 물끄러미 바라만 보고 있었습니다. (나뭇가지에 매달린 그 선비는 앞을 볼 수 없었기에 자신이 처한 그 상황을 전혀 깨닫지 못했던 것입니다.)

조금 멀리 떨어져 있는 곳에서이긴 했지만, 사람의 기척을 느낀 그 선비는 더욱 애틋하고 간절하게 소리를 질렀습니다.

"살려 주시오! 여보시오, 거기 사람이 있거든 날 좀 살려 주시오!"

그러자 그 사람은 말합니다.

"좋소, 내가 살려 주겠소. 그런데 살고 싶으면 그 손을 놓으시오. 그 손을 놓으면 당신은 살 수 있소."

그러나 한참을 굴러 떨어지다가 필사적으로 나뭇가지를 잡게 된 그 선비는 아득한 낭떠러지 위에 겨우 매달려 있다고 생각하고 있었기에 감히 손을 놓지 못하고 이렇게 외칩니다.

"아니, 무슨 소리요! 이 손을 놓으면 나는 죽을지도 모르오. 아니면 불구가 되거나 미쳐 버리든지……. 그러니 어떻게 이 손을 놓겠소! 그러지 말고 제발 날 좀 살려 주시오!"

"아니, 당신에겐 아무 일도 일어나지 않을 것이오. 오히려 그렇기는커녕 당신은 진정으로 살게 될 것이오. 그러니, 잡고 있는 그 손을 이젠 놓으시오!"

그러나 그는 두려움에 몸을 부르르 떨면서 다시 이렇게 외칩니다.

"아, 어떻게 이 손을 놓는단 말이오! 나는 지금 너무나 무섭고 겁이 나오!"

그러자 그 나그네는 안타깝다는 듯 말했습니다.

"당신은 아직 쥐고 있는 손아귀에 힘이 남아 있구료. 그 힘이 다 빠지면 스스로 알게 되리이다. 그럼, 나는 이만 가 보겠소."

"이보시오! 그냥 가면 어떡하오! 제발 날 좀 살려 주시오~~~!!"

그러나 그 소리는 공허한 메아리가 되어 산천을 떠돌 뿐이었습니다.

님이여.

진실로 놓으면 진실로 살게 된답니다.

자유의지에 대하여

모든 상황은 나의 의지와 별개로 저절로 일어난다는 말을 어디서 들은 것 같습니다. 그러면 저의 자유의지는 어디까지인지요? 그리고 현재 사람으로서 해야 할 가장 중요하고 시급한 문제가 무엇인지, 깨침에 대한 욕구는 바람직한 욕구인지요. 꿈을 깨고 싶은 심정에 질문드립니다. _공허

구속될 수 있는 자유

안녕하세요?

질문을 주셔서 감사합니다.

전에 제가 서울에서 도덕경을 강의할 때 연세가 60이 넘으신 어르신 한 분이 오셨더랬습니다. 이분은 그야말로 평생을 두고 '영원한 자유'를 찾아 온 세계를 돌아다니셨는데, 아무리 찾아도 못 찾으셨던 것이지요. 그러는 동안에 세월이 많이 흘렀고, 몸도 마음도 많이 상하고 늙으셨습니다. 그런데 이분이 몇 번 강의를 듣던 어느 날, 강의 중간의 쉬는 시간에 문득 탄식하듯 이런 말씀을 하셨습니다.

"내, 영원한 자유를 찾아 50년이 넘는 세월을 돌아다녔건만, 이제 와서 보니 그것은 마치 아이를 등에 업고 아이를 찾아다닌 격이로구나……! 자유는 내 등에 있고, 나는 그것과 단 한 순간도 분리된 적이

없건만, 어찌하여 나는 내가 업고 있는 자유는 보지 못한 채 그토록 멀리 돌아다녀야만 했을꼬……!"

그러면서 그분은 이런 말씀도 덧붙이셨습니다.

"어느 누구도 나를 구속한 적이 없고, 어느 누구도 나에게 하라 하지 말라 한 적이 없건만, 그리고 나 또한 언제든지 마음먹은 대로 이리 가고 저리 갈 수 있었고 또 사실 실제로 그렇게 살아왔건만, 그리하여 나는 지금껏 자유했건만, 50년이 넘도록 나를 짓누르며 가위눌리듯 늘 쫓겨 다니게 했던 그 구속감은 또 어인 일인가……?"

님은 제게 "모든 상황들은 나의 의지와 별개로 저절로 일어난다는 말을 어디서 들은 것 같습니다. 그러면 저의 자유의지는 어디까지인지요?"라고 물으셨습니다.

삶이 곧 자유요, 삶의 모든 순간이 온통 자유의지입니다. 보세요, 일어나는 온갖 상황과 형편 속에서 그것을 있는 그대로 받아들일 수 있는 자유가 나에게 있고, 거부하거나 저항하거나 극복하거나 그것도 아니면 또 다른 길을 모색할 수 있는 자유도 나에게 있습니다. 받아들임으로써 편안할 수 있는 자유가 나에게 있고, 거부하거나 저항함으로써 힘들어하거나 괴로워하거나 거기에 구속당할 수 있는 자유도 또한 나에게 있습니다.

우리는 그와 같이 단 한 순간도 자유를 떠나 있지 않습니다. 따라서 삶은 온통 자유의지 안에서의 일이며, 그렇기에 삶의 모든 순간이 우리가 어떻게 할 수 있는 영역 안에 있습니다. 그리하여, 구속이 구속이 아니요, 결핍이 결핍이 아니건만, 사람들은 구속이 없는 곳에서 자유를 찾고 결핍이 없는 곳에서 평화를 구하니, 삶의 모든 순간이 오히려 힘들어져 버리는 것이지요. 아닙니다, 자유는 구속이나 결핍과 따로 있는 무엇이 아닙니다.

그러므로 마음껏 구속당하고, 마음껏 힘들어 보십시오. 다만, 구속이 없는 곳에서 자유를 구하고 결핍이 없는 곳에서 평화를 찾지만 않으면 됩니다. 그러면 구속 그 안에 자유가 있고, 결핍 거기에 그 무엇에도 물들지 않는 풍요가 가득히 들어 있음을 비로소 알게 될 것입니다.

구속될 수 있는 자유, 그것이 바로 진정한 자유요, 힘입니다.

그렇기에 '현재 사람으로서 해야 할 가장 중요하고 시급한 문제'는 바로 매 순간 있는 그대로 존재하는 것입니다. 즉, 구속이 오면 구속을, 결핍이 오면 결핍을, 외로움이 오면 외로움을, 경직이 오면 경직을, 초라함이 오면 초라함을, 무기력이 오면 무기력을 100% 살아내는 것, 그리하여 매 순간 있는 그대로의 현재를 사는 것, 그것이 우리가 해야 할 일의 전부이며, 또한 그것이 바로 '깨침'입니다.

자유를 얻기가 왜 이리 힘든가요?

안녕하세요? 올려 주신 답변들을 항상 감사한 마음으로 읽고 있습니다. 그러다가 문득 왜 이리 자유에 이르는 길이 힘들고 어려운지에 대해서 생각해 보았습니다. 지금 당장 선생님처럼 자유롭게 살아갈 수는 없는 것인지, 항상 고뇌하고 갈등하고 괴로워하면서 조금씩 변해 가야 하는 건지……. 제가 지금 당장 자유의 길로 접어들려면 무얼 어떻게 해야 하는지요? _재영

자유를 가로막는 가장 큰 걸림돌

님은 제게 말씀하셨습니다.
"지금 당장 선생님처럼 자유롭게 살아갈 수는 없는 것인지, 항상 고뇌하고 갈등하고 괴로워하면서 조금씩 변해 가야 하는 건지. 제가 지금 당장 자유의 길로 접어들려면 무얼 어떻게 해야 하는지요?"라구요.

그런데 님이 '자유롭게 살아가는 사람'이라고 말씀하신 저도 때로 갈등하고 고뇌하고 힘들어하고 괴로워하면서 살아갑니다. 그런데도 저는 님의 말씀처럼 또한 분명히 자유하기도 합니다. 그 차이가 무엇일까요?

님은 '구속이 없는 자유'를 찾지만, 저는 '구속될 수 있는 자유'를 누립니다. 님은 구속이 없는 곳에서 삶의 진정한 힘을 갈구하지만, 제게

는 구속될 줄 아는 힘 속에서 진정한 자유를 느낍니다. 자유는 구속—님이 말씀하신 고뇌, 갈등, 괴로움 등등—이 없는 상태가 아니라, 구속에 매이지 않는 마음을 가리킵니다. 따라서 구속이 없기를 바라는 한 결코 자유를 맛보지 못합니다. 왜냐하면 자유는 구속과 둘이 아니기 때문입니다.

우리의 삶이 괴롭고 힘든 건 우리가 자유하지 못하기 때문이 아니라, 자유에 관한 그와 같은 잘못된 관념과 이미지 때문입니다. 자유란 있거나 없거나 한 무엇이 아니며, 구속에 영향 받지도 않습니다. 즉, 그 어떠한 구속도 사실은 자유 안에서의 일이라는 것이지요.

님은 "지금 당장 자유의 길로 접어들려면 무얼 어떻게 해야 하는지요?" 하고 물으셨습니다. 아뇨, 님은 이미 자유합니다. 고뇌하고 갈등하고 괴로워하는 그대로 말입니다. 다만 님은 그 모든 것들이 사라진 상태를 자유라고 생각하고는 오직 그런 자유만을 구하고 있으니, 그게 바로 님의 자유를 가로막는 가장 큰 걸림돌이 되는 것입니다.

자유는 구하거나 얻을 수 있는 것이 아니라, 그와 같은 자유에 관한 잘못된 이미지들이 사라질 때, 그때 우리는 비로소 지금 이대로가 곧 자유임을 깨닫게 된답니다.

| 에필로그 |

제가 상처투성이였던 저 자신으로부터 걸어 나와 비로소 자유롭고 행복하게 되어, 저 자신과 삶의 모든 것에 감사하며 살게 된 지가 어느덧 10년이 조금 넘었습니다. 그 10년의 세월 동안 저는 참으로 많은 사람들을 만났습니다.

제가 마음의 굴레와 구속으로부터 헤어나지 못해 끊임없이 방황할 때에는 어느 곳에 있든 누구를 만나든 저는 숨이 막혔습니다. 제게는 '나'라는 짐이 너무나 무거웠습니다. 그래서 언제나 세상과 사람을 등지고 홀로 있을 수 있는 공간만을 찾아다녔습니다. 그 공간 속에서 어떻게든 '나'라는 문제를 풀어야만 했습니다.

그러다가 어느 순간 문득 그 문제가 풀리고 나니 그 무거웠던 짐들이 온데간데없이 사라졌고, 저는 비로소 평화로이 현실로 돌아올 수 있었습니다. 그런데 현실로 돌아오고 보니, 참으로 많은 사람들이 마음의 무거운 짐들을 지고서 힘겹게 살아가고 있음이 비로소 보이기 시작했습니다. 아, 얼마나 무거울까? 얼마나 답답할까? 저건 내가 졌던 바로 그 짐이요, 내가 풀지 못했던 바로 그 마음의 매듭인데…….

그러면서 자연스레 인연되어 오는 사람들과 상처에 대하여, 아픔에 대하여, 고통에 대하여, 마음에 대하여 이야기를 나누기 시작했고, 그렇게 이야기를 나누는 동안 그들의 마음에서도 그 무겁던 짐과 굴레가 하나씩 벗겨지고 내려지기 시작했습니다. 참으로 감사하게도 그들의 마음에서도 마침내 자유와 쉼이 찾아오게 된 것입니다.

이제 이 책을 맺으면서, 그렇게 삶에 변화가 찾아온 사람들의 얘기를 조금 하고 싶습니다. 그리하여 이 책을 읽는 사람들도 있는 그대로의 자기 자신을 만날 수 있고, 또한 '자기다움의 진정한 힘'이 어디에 있는가를 발견하여, 영혼의 깊은 메마름과 갈증을 끊고 마침내 자유할 수 있었으면 좋겠습니다. 그래서 삶이 우리에게 준 모든 감사한 것들을 마음껏 누리며 살아갈 수 있는 변화가 그들에게도 있었으면 참 좋겠습니다.

아래의 글은 제가 지난 10여 년 동안 그렇게 사람들을 만나는 동안 틈틈이 써 두었던 것인데, 그 가운데 한 편을 여기에 싣습니다.

어느 부동산사무소 부부 이야기

몇 해 전 11월의 어느 날, 저와 일찍부터 알고 지내던 한 지인으로부터 전화가 왔습니다. 부동산사무소를 함께 운영하는 부부가 있는데, 그분들을 좀 만나 봐 달라는 겁니다. 그러면서 하는 말이, 두 사람이 이혼을 하려고 하는데, 그 전에 자신의 제안과 설득으로 도덕경 공부를 한번 해보기로 했답니다. 특히 아내 편에서는 남편이랑 이제 더 이상은 도저히 함께 살 수 없어 이미 이혼 도장을 찍어 놓았고, 그런데 남편이 결코 이혼은 안 된다며 달리 방법을 모색해 보자고 하니, 그렇다면 이제 마지막으로 자신의 제안대로 저와 함께 도덕경 공부를 한번 해보기로 하되, 그러고 난 이후에도 마음이 마찬가지라면 그땐 서로가 미련 없이 헤어지기로 했다면서요.

저는 그렇게 그 부동산사무소 부부를 처음 만났는데, 그때가 목요일 저녁 무렵이었습니다. 그래서 그날은 그냥 인사만 하고, 다음 주 월요일부터 공부를 시작하면 어떻겠느냐고 했더니, 사모님께서 단호하게 안 된다는 겁니다. 내일 아침부터 당장 해달라는 거예요. 그만큼 사모님은 단 하루라도 지체하고 싶지 않았던 모양입니다. 그렇게 해서 우리는 바로 그 다음 날부터 부동산사무소에서 매일 오전 두 시간씩, 부동산사무소 일을 시작하기 전에 도덕경을 펼쳐 들고 자기 자신과 마음을 들여다보는 공부를 시작했습니다.

그런데 공부하기로 한 첫날 아침 일찍 부동산사무소에 가서 그 두 분과 마주 앉았을 때, 사모님께서는 문득 이렇게 말씀하셨습니다.

"선생님, 사실 저는 아무런 문제가 없습니다. 저는 참, 저 자신이 돌이켜 봐도 잘 살아왔다고 생각하고 또 아무런 문제가 없는데, 이 사람 제 남편이 좀 문제가 많은 사람이거든요. 어떻게든 이 사람을 잘 좀 가르쳐 주셔서 변화될 수 있도록 해주십시오."

"알겠습니다. 어쨌든, 공부를 해보십시다……."

그렇게 해서 우리의 공부가 시작되었는데, 나중에 알게 되겠지만, 공부를 해 나가는 동안에 오히려 사모님이 더 많이 울고 더 많이 통곡하게 됩니다. 아무런 문제가 없다던 사모님이 오히려 더 많은 내적 왜곡과 우월감에 사로잡혀 얼마나 남편을 깊이 무시하고 있었던가 하는 것이 공부하는 중간 중간 자주 발견되곤 했거든요.

저는 이 부부의 경우를 보면서, 자기 자신을 바로 알고 또 바로 본다는 것이 얼마나 소중하고 중요한 일인지를 가슴 깊이 느꼈습니다. 사람이란 본시 본능적으로 자기 자신에 대해서는 후한 점수를 주게 마련이지만, 그래서 자기 자신을 제대로 보지 못하는 경우가 허다하지만, 그러한 '있는 그대로의 자기 자신에 대한 무지'가 모두를 무한히 힘들게 할 수도 있구나 하는 것을 깊이 느꼈기 때문이지요. 그렇다고 그 남편 되는 사장님에게 아무런 문제가 없었던 것은 아닙니다. 오히려 어떤 의미에선 그 사장님에게 더 깊은 존재의 문제가 있었다고 할 수 있는데, 그것은 (그리고 이것은 대개 사랑을 받지 못하고 자란 어릴 때의 가정환경에 의해 비롯됩니다만) 무엇이든 '진실로 느낄 줄 아는 가슴'이 그에게는 없었다는 겁니다. 말하자면, 자기 자신이 자기 자신에 대해 이방인이 되어 버린 모습인데, 그로 인해 그는 모든 것이 그저 건성이요 생색이며 면피일 뿐 그 어느 순간에도 주체적이지 못한 삶을 살게 됩니다, 그 자신도 어쩔 수 없이! 그건 참 가슴 아픈 일입니다.

어쨌든 저는 그 사모님에게 감사를 드립니다. 분명히 '이다'라고 철석 같이 믿고 있던 자신에 대한 어떤 부분이 '아니다'로 명백히 드러났을 때, 그것을 변명하거나 회피하거나 외면하려 하지 않고 정면으로 그 '아님'을 인정하고 받아들이던 그 솔직함과 자기 자신에 대한 진실함을요. 그리고 스스로는 아무런 문제 없이 잘 살아왔다고 생각해 왔지만, 공부를 하면서 다시 한 번 그 삶을 자세히 들여다보니, 사실은 그것이 있는 그대로의 자신에 대한 무지에서 비롯된 턱없는 오만과 우쭐거림과 타인에 대한 한없는 무시 속에서 유지되어 온 크나큰 허구였다는 것이 발견되자, 그저 화들짝 놀라고 부끄러워하며 하염없는 통곡으로써 자신이 몰랐던 그 모든 진실들을 묵묵히 받아들이던, 삶에 대한 사모님의 그 진지함을요. 공부하는 내내 사모님의 그런 모습을 보면서 저 또한 얼마나 감동했던지요!

두 분과의 공부 과정을 말씀 드리려니, 어쩔 수 없이 그분들의 어릴 적 얘기를 하지 않을 수가 없네요. 물론 이 모든 이야기는 함께 도덕경을 공부해 가는 가운데 나온 얘기들입니다.

어찌 보면 두 분은 서로 정반대의 환경에서 자랐다고 할 수 있습니다. 사장님은 어렸을 때 아버지가 퇴근길에 자주 술을 드시고는—아버지도 아버지 나름의 아픔과 삶의 힘겨움이 있었고, 이를 또한 어쩔 수 없이 홀로 술로써 달랠 수밖에 없었기에 그랬던 것임을 사장님도 나중에야 이해하게 되었답니다—집으로 오셨고, 그러면 어김없이 어머니와 다투셨으며, 곧 와당탕 하는 소리와 함께 가재도구가 날아가 부서지곤 했답니다. 어려서부터 그런 불안하고 안절부절못하는 날들이 연일 그리고 자주 되풀이되면서 사장님은 자신도 모르게, 자신의 감정과 느낌과 생각들에 오롯이 닿아 말하고 행동하기보다는, 그럴 수 있는 기회와 경험들을 일찍부터 잃어버리게 된 것이지요. 말하자면, 자기 자신을 잃어버린 것입니다. 그리하여 나중엔 무엇이 진짜 자신의 감정이고 느낌인지조차 잃어버리게 되어, 모든 것을 다만 머리로만 만들어 내고 짐작해야 하는, 무엇이든 진실로 느낄 줄 모르는 슬픈 가슴이 되어 버린 것입니다.

이런 얘기를 하니, 문득 저의 어린 시절 아픔이 생각납니다. 이제 그 얘기도 조금 하겠습니다.

저의 아버지는 한 분이셨지만, 어머니는 네 분이셨습니다. 그 가운데 네 번째 어머니가 저를 낳으셨는데, 저는 열두 명의 자식 중 막내였습니다. 아직도 선명히 기억하는 것은, 제가 중학교 3학년 때 고등학교 진학을 위해 담임선생님이 호적등본을 떼어 오라고 하셔서 처음으로 그것을 떼어 본 일이 있는데, 맨 끝에 저의 이름이 분명히 적혀 있어 저의 호적등본이 맞긴 맞는 것 같은데, 생전 처음 보는 낯선 이름들이 어찌 그리도 많던지요! 그때의 그 무어라 형언할 수 없는 감정들을 아직도 잊을 수 없습니다.

그런데 저는 특히 아버지의 사랑이 못내 그리웠습니다. 그러나 아버지는 네 가정을 거느리시다 보니 우리집엔 자주 오시지도 못했고, 겨우 몇 달 만에야 한 번씩 오시는데, 그것도 너무나 잠시 그리고 엄한 모습으로만 오셔서 저는 그저 작은 가슴만 콩닥콩닥 하며 어찌할 줄을 몰라 했습니다. 아, 어린 나이였지만, 아버지와 한 이불 밑에서 잠을 자고, 한 밥상에서 아버지와 함께 두런두런 얘기 나누며 밥을 먹는 것이 얼마나 부럽고 동경스러운 일이었던지요! 저는 한 번도 그런 경험이 없습니다.

그러나 그렇게 제가 아버지의 사랑을 받아 보지 못했다는 것보다도 더욱더 오랜 시간 동안 제 가슴을 아프게 한 것은, 사랑을 받아 본 적이 없는 사람은 사랑을 받을 줄도, 줄 줄도 모른다는 사실입니다. 가족 간의 가장 자연스럽고도 기본적인 감정의 교류조차 경험된 적이 없기에, 나중엔 무엇이 진실로 자신의 감정이며 느낌인지를 잃어버리게 된다는 것입니다. 그리하여 마침내는 진실로 절망할 줄도, 진실로 울 줄도 모르는 인격 부재의 자기분열에 늘 빠지게 되는데, 제가 바로 그러했습니다. 그랬기에, 무엇이든 진실로 느낄 줄 모르는 사장님의 그 가슴 아픈 심리 상태를 저는 너무나도 잘 압니다.

저는 그런 저 자신이 못 견디게 괴로웠습니다. 자신이 누구이며, 무엇이 진짜 자신의 감정이며 느낌인지조차도 모른 채 늘 우왕좌왕하며 살아간다는 것이 제게는 견딜 수 없는 고통이었습니다. 내면 깊은 곳에서는 단 한 번도 주체적으로 살아 본 적이 없기에 언제나 어느 때나 남들을 의식하면서, 짐짓 내가 실제로 그러한 양 감정과 행위를 지어내기도 하고 허세를 부리기도 하며, 그러면서도 또 때로는 남모르게 우쭐거리고 으스대기도 하는 자신이, 늘 그렇게 하면서도, 돌아서서 보면 미치도록 싫었습니다.

"아, 나는 언제까지 이렇게 살아야 하나……."

그러나 다른 한편으로 보면, 바로 그런 고통과 아픔이 어쩌면 저를 진정한 구원의 길로 인도해 주었는지도 모릅니다. 사랑을 받아 본 적이 없다는 것만으로도 이미 깊이 상처받은 영혼이었기에 자신의 감정을 표현하는 데 언제나 어색했고, 사람들과의 관계가 언제나 힘겨웠으며, 아무리 달아나도 언제나 다시 목격하게 되는 깊은 자기분열감은 나로 하여금 늘 마른 모래를 씹는 것 같은 끊이지 않는 고통을 가져다주었지만, 또한 다른 한편으로 보면, 바로 그러했기 때문에 저는 지금의 이 평화와 행복을 누리는지도 모릅니다. 왜냐하면 그 고통이 끊임없이 저로 하여금 영혼의 해방을 갈망케 했으니까요. 그러므로 우리를 진정으로 자유케 해주는 방향과 그 길 위에서의 고통은 고통이 아니라 차라리 축복임을 저는 압니다.

한편 사모님의 경우는 행복한 가정 속에서 마냥 즐겁고 행복한 어린 시절을 보냅니다. 아버지는 근엄하고 기품 있는 교육자이셨고, 그 가슴속에는 한없는 따뜻함도 지닌 분이셨기에 가정엔 언제나 부드럽고 따뜻한 기운이, 그리고 질서와 존중의 기운이 가족 모두를 감싸며 흘렀습니다. 맏딸로 태어난 사모님은 어려서부터 예쁘고 총명해 부모님의 사랑을 듬뿍 받으며 자랐고, 학교에 들어가면서는 공부도 잘해 나무랄 데 없는 아이라며 칭찬이 늘 끊이질 않았습니다. 중학교를 마치고 고등학교를 갈 때 진학 문제로 아버지와 잠깐 갈등을 일으키기도 했지만, 그러나 그것도 잠시, 사모님은 언제나처럼 아버지의 말씀에 잘 따르고 순종하는 착한 딸로 자랍니다. 아, 그런데 그것이, 참으로 아이러니하게도, 사모님 자신에게는 '온실 효과'가 되어 무엇이든 자신의 입장에서 보고 느끼고 생각하고 반응하는 모든 기회와 힘을 잃어버리게 됩니다. 말하자면, 사모님은 바로 그런 모양으로 자기 자신을 잃어버린 것인데, 무엇이든 아버지가 부족함 없이 자상하게 챙겨 주시거나 보살펴 주시고, 또 자신은 그런 아버지의 기대를 저버리지 않는 착하고 모범적인 맏딸이 되려 하다 보니, 정작 자기 자신에 대해서는 제대로 눈길을 돌리지 않아 '자기다움'의 모든 창들이 닫혀 버린 것이지요. 보세요, 사장님과는 정반대의 환경과 경우이긴 하지만, 자기 자신을 잃어버렸다는 점에서는 두 분이 똑같은 상처와 아픔을 가졌잖아요?

이 대목에서 사모님은 크게 두 번 우십니다. 한 번은 단 한 순간도 자신답게 '살아온' 적이 없고 다만 '살아져 온' 자신을 발견하면서이고, 다른 한 번은 그토록 무시하고 심지어 때로는 사람 같지 않게도 여겼던 남편이 사실은 자신과 똑같은 상처와 아픔을 가진 사람이라는 것을 알게 되면서입니다. 두 번째는 거의 통곡하셨는데, 그래도 그렇게 울 수 있다는 것이 아름답습니다.

사실 사모님이 그토록 남편을 무시하고 간섭하게 된 데에는, 어려서부터 깊게 팬 내면의 상처가 단 한 번도 진정으로 치유되거나 위로받은 적이 없는 사장님에게도 원인이 있었겠지만, 그러나 그보다 더 깊게는 사모님 자신의, 그리고 사람이면 누구나 가지는, 맹목적인 자기우월감에서 비롯되는 경우가 많았습니다. 어려서부터 자주 듣게 된 칭찬과 함께 아버지로부터는 늘 반듯하고 모범적이어야 한다는 말씀을 들으면서 자랐으니, 사모님은 자신도 모르는 사이에 오랜 세월 동안 그 모든 칭찬의 말들과 자신을 동일시함으로써 스스로를 한껏 높여 버리게 된 것이지요. 그런 눈으로 남편을 보니 무엇 하나 마음에 차는 게 있었겠습니까. 그러나 정작 사모님은 자기 눈 속에 바로 그런 오만의 대들보가 깊게 박혀 있는 줄은 꿈에도 모른 채 끊임없이 남편만 탓하고 있었던 것이지요. 사모님의 그 모든 허구들이 곧이어 말하게 될 '한 달 실험'을 통하여 다 깨어집니다.

  그렇습니다. 어떤 의미에서, 우리 모두는 다 상처받은 영혼들입니다. 따라서 이 세상에는 오직 사랑해야 할 사람들밖에 없습니다. 어느 누가 누구를 감히 정죄하고 손가락질하겠습니까? 조금만 더 깊이 들여다보면, 정죄하는 사람이나 정죄 받는 사람이나 다 같이 상처받은 영혼들일 뿐입니다. 다만 자신에 대한 무지가 너와 나를 그토록 현격하게 나누는 것이지요.

  우리가 이 세상에 육신을 가지고 태어나는 이유가 하나 있습니다. 그것은 바로 서로 사랑하기 위해서입니다. 우리가 이 세상에서 해야 할 일도 사실은 하나밖에 없습니다. 그것은 서로 사랑하는 일입니다. 엄밀히 말하면, 우리의 본질은 사랑입니다. 우리 자신이 사실은 '사랑 덩어리'로 이루어진 존재라는 말이지요. 우리는 그렇게 태어나 지금 이 순간 여기 이렇게 존재하고 있건만, 그 사실을 깨닫지도 못하고 있는 그대로의 자기 자신을 알지도 못하기에, 사랑하기는커녕 끝없이 서로 상처를 주며 살아가는 것이지요. 참 안타까운 일입니다.

  자기 자신을 알면, 있는 그대로의 자기 자신에 대해 눈을 뜨면 그때는 서로 사랑하게 됩니다. 왜냐하면 우리 자신이 바로 사랑이기 때문입니다. 자기 자신을 바로 보고, 바르게 아는 공부가 삶에 있어서 더없이 중요하고 소중한 이유가 바로 여기에 있습니다.

  부동산 사모님도 조금씩 조금씩, 자신이 생각하는 자기나 남들의 눈에 비친 자기가 아니라, 있는 그대로의 자기 자신에 대하여 눈을 떠가면서 변화를 맞습니다. 한 번은 이런 일도 있었습니다. 그리고 사실은 이것이 사모님을 결정적으로 변화시키는 계기가 됩니다.

여느 때와 같이 그날도 저는 아침 일찍 부동산사무소에 갔는데, 그날따라 저보다 조금 늦게 오신 두 분이 늘 마주 앉아 공부해 온 둥근 책상에 앉자마자 서로 말다툼을 하시는 겁니다. 아직 도덕경 책을 꺼내기도 전에요. 아마 사장님이 늦었다 싶어 좀 급히 운전을 하신 모양인데, 그 일로 인하여―그리고 이런 일은 참 잦았던 모양입니다―그 전에 있었던 다른 일들까지 다 들춰 가며 오는 내내 서로 티격태격했나 봅니다. 그래도 아직 분이 가시지 않았던지, 자리에 앉자마자 사모님이 먼저 사장님의 그동안의 잘못된 부분들을 격앙된 어조로 조목조목 말씀해 가시는데, 사장님은 또 사장님대로 할 말이 많더라는 겁니다. 그래서 두 분의 말씀이 끝날 때까지 가만히 듣고 있던 제가 느닷없는 제안을 하나 했습니다.

"한 가지 도발적인 제안을 하겠습니다. 그리고 이것은 특히 사모님에게 더 무게가 실린 제안인데, 오늘 이 순간부터 한 달 동안 그 어떤 경우에도 남편을 간섭하지 않는 '실험'을 한번 해보십시다. 이 기간 동안 사장님이 어떤 모습을 보이든 적어도 한 달 동안만은 사장님에 대하여 어떠한 간섭도, 어떠한 말도, 심지어 잘잘못을 가리는 어떠한 추궁도 하지 말아 달라는 것이지요. 이는 사장님에게로 향하는 사모님의 모든 통로를 틀어막는 것인데, 그런 의미에서 사모님은 이 한 달 동안만이라도 사장님을 완전히 놓는 '무한 방기'를, 사장님 입장에선 비록 한 달 동안이지만 사모님의 일체의 간섭이 없어지니 '무한 방탕' 하는 실험을 한번 해보자는 겁니다. 어떻습니까, 해보시겠습니까?"

그러면서 다음과 같은 설명을 덧붙였습니다.

사모님은 지금 모든 관심과 에너지가 바깥(남편)으로만 향해 있다는 것, 물론 그것이 사모님의 생각에는 남편을 위하여 그런다고 하겠지만, 그것이 오히려 두 사람 모두를 힘들게 하고 있다는 것, 삶의 진정한 변화는 '바깥'을 변화시킴으로써가 아니라 자기 자신이 변함으로써 가능한데, 그런 의미에서 바깥으로만 향하는 사모님의 모든 통로들을 틀어막아야 했다는 것, 그런데 바깥을 향한 사모님의 내적인 에너지의 분출은 여전한데 그 모든 통로들이 막혀 있으니, 자연히 눈이 안을 향하여 자기 자신을 보게 될 것이라는 것, 그리고 그렇게 눈이 바깥이 아니라 자기 자신을 향할 때에만 비로소 존재의 모든 문제들은 해결될 수 있다는 것 등등을 말입니다.

그랬더니, 가만히 듣고 있던 사모님이 "선생님이 하라시면 해야지요." 하면서도, 근심 가득한 얼굴로 한숨마저 길게 내쉬면서 하는 말이,

"나는 이제 죽었다……."

그 한 달 동안 사모님은 정말 진지하고도 성실하게 자기 실험에 임했습니다. 옆에 있는 사람이 보기에도 안쓰러울 만큼 말이 없어지고, 어느 때는 표정이 심히 굳어지거나 어두워지기도 했으며, 가끔씩은 도덕경을 공부하는 중에 통곡하며 깊이 울기도 했습니다. 어쩌다 한 번씩 어떠시냐고 물어보기라도 하면, "아직은 말씀드릴 단계가 아닙니다. 조금 더 있어 봐야 하겠습니다."라는 말만 되풀이할 뿐이었습니다. 얼마나 처절히 자기 자신을 들여다보고 또 자기 자신을 만나갔을까요!

그 한 달 실험을 통하여 사모님은 완전히 변화합니다. 말하자면, 옛 사람은 죽고 새 사람으로 거듭난 것이지요. 그 실험을 제안한 날이 2월 24일이었고, 따라서 3월 24일이면 실험을 종료하게 되어 있었습니다만, 그날이 되자 이번엔 오히려 사모님이 실험 연장을 제안했습니다. 조금 더 하면 안 되겠느냐는 거예요. 그리곤 열흘인가가 더 지나자 스스로 말문이 터지는데, 이미 '달라진 자'의 목소리더라는 것입니다. 그때가 정확히 4월 1일이었는데, 명백히 달라진 사모님의 내면을 보고는 제가 말했습니다.

"지금 이 순간부터 실험을 종료합니다. 한 달이 넘는 많은 날들 동안 제게 맡겨 주셨던 사모님의 삶의 모든 칼자루들을 지금 이 순간부터 사모님에게 다시 되돌려 드리겠습니다. 이제는 마음껏 하고 싶은 대로 하며 사십시오. 이미 사모님 안에서 움트기 시작한 무한한 질서와 지혜의 빛이 이제는 사모님을 인도해 갈 것입니다…… 고맙습니다. 그리고 그동안 참 수고하셨습니다."

그러나 그날 이후에도 81장까지의 우리의 도덕경 공부는 계속되었습니다. 그런데 참으로 희한한 것은, 처음 제가 두 분에게 도덕경을 강의할 때에는 그 책의 각 장들이 두 분에게 자신들을 비추어 주는 거울 역할을 했지만, 실험 종료 후에는 그것이 거울이 아니라, 사모님의 그날그날의 새롭고도 다양한 내적 각성들을 그대로 글로 옮겨 놓은 것들에 불과했다는 것입니다. 말하자면, 도덕경이 사모님 안으로 쑥 들어와, 도덕경이 사모님이 되고 사모님이 도덕경이 되어 버린 것인데, 그때부터 사모님은 도덕경의 각 장들을 얼마나 재미있어 하고, 또

한 너무나 쉽고 명쾌하다며 얼마나 자주 감탄을 하던지요!

그와 더불어 사모님의 삶에도 많은 변화가 왔습니다. 가장 큰 변화는, 그토록 자신을 지치게 하고 힘들게 하던 남편이 예뻐 보이기 시작한 것입니다. 어떻게, 이렇게 순수하고 때 묻지 않은 사람이 어디 있느냐는 거예요. 남편의 이런 아름다운 면을 자신은 그동안 왜 몰라봤는지 모르겠다는 겁니다. 그러면서 두 분의 사이가 언제 이혼을 생각했느냐는 듯 가까워져, 도덕경을 공부하는 중에도 사모님은 연신 미소 가득한 얼굴로 사장님의 뺨을 쓸어내리는 것이었습니다. 얼마나 보기 좋던지요!

또 어느 날엔가는 아침 일찍 부동산사무소를 들어서는데, 먼저 와 계신 사모님의 옷이 전에 없이 곱고 예뻤습니다. 그래서 도덕경 책을 펼쳐 들고 마주 앉았을 때 제가 물었습니다.

"오늘은 사모님이 더욱 예뻐 보이십니다. 옷도 참 곱고…… 무슨 좋은 일이라도 있으세요?"

그랬더니, 사모님은 아무 말 없이 만면에 웃음을 가득 머금은 채 수줍은 듯 가만히 왼손을 책상 위에 올려놓으시는데, 그 손가락엔 큼지막한 예쁜 반지가 곱게 끼워져 있었습니다.

"햐, 참 예쁘네요!"

"우리 남편이 사줬어요. 이 옷두요……."

그러면서 하시는 말씀이, 며칠 전에 두 분이 신혼여행을 다시 갔다 왔답니다. 남해로 2박 3일 동안 두 분이서만 오붓이 갔다 오셨다는데, 그 말씀을 듣는 제 가슴은 얼마나 고맙고 기쁘고 또 벅차던지요! 그저 감사할 뿐이었습니다.

그렇게 우리의 도덕경 공부가 끝나 갈 즈음 사모님은 문득 이런 말씀을 하셨습니다.

"선생님, 전에는 언제나 제 남편에 대하여, '왜 하필 이 사람이 내 남편이 되었을까? 왜 저런, 나하고는 전혀 맞지도 않고 어울리지도 않는 사람이 내 남편이 되어 이토록 나를 지치게 하고 힘들게 하고 또한 괴롭게 할까?'라고 생각하며 지긋지긋해했는데, 이제 보니, 만약 나에게 이 남편이 없었다면 나는 스스로 제 잘난 맛에 하늘 높은 줄 모르고 오만하고 교만하게 고상 떨면서 살았겠구나 싶은 게, 생각만 해도 끔찍합니다. 어찌 그리도 나는 나를 몰랐을까요? 그리고 그 오랜 세월 동안 제게서 온갖 간섭과 구박을 받으면서도 내 곁을 떠나지 않고 이 순간까지 저를 기다려 준 남편이 지금 생각하면 너무나 고맙습니다……."

"그래요, 그게 바로 '부부의 비밀'입니다. 성경에도 보면, '이러므로 사람이 부모를 떠나 그 아내와 합하여 그 둘이 한 육체가 될지니, 이 비밀이 크도다.'(에베소서 5:31~32)라는 말씀이 있는데, 그러나 안타깝게도 그 '비밀'까지 깊게 다가가는 부부는 세상에 참 적어요. 그저 자신에게 맞나 안 맞나 하는 것으로, 자신의 눈에 보이는 것으로 만나거나 다투다가 헤어지곤 하는데, 그러나 영적으로 깊이 들여다보면, 부부라는 것은 각자 자신의 영적 성장에 반드시 있어야 하는 사람을 서로의 필요에 의해서 깊게 부른 결과라고 봐요. 그 깊이까지 닿았을 때 비로소 두 사람이 부부로서 인연된 비밀을 깨닫게 되는데, 사모님에게는 다행히 그 비밀이 열려 진정으로 성장하고 다시 살게 된 것이지요. 참으로 감사한 일입니다……."

그러는 동안 우리의 도덕경 공부도 끝나, 어느 날엔가는 함께 저녁을 먹으며 책거리를 하는데, 그날 두 분의 환히 웃으시던 모습을 아직도 잊을 수 없습니다. 얼마나 아름답던지요! 언제까지나 그런 모습으로 두 분이 백년해로하시길 바라면서, 두 분과의 인연에 다시 한 번 감사를 드립니다.

질문차례

| 1장 | 나와 마음

자신에 대한 믿음이 약합니다 · 22
어떻게 하면 마음의 습관을 다스릴 수 있는지 · 25
그런데 어떻게 인정하나요? · 28
왜 자꾸 짜증이 나는지 · 31
진정 나답게 살고 싶습니다 · 35
친구가 밉습니다 · 38
그냥 화낼까요? · 42
외롭습니다 · 47
나의 못난 모습들을 인정하기가 힘듭니다 · 51
어떻게 하면 나 자신을 사랑할 수 있을까요? · 55
무엇을 원하는지 모르겠습니다 · 60

| 2장 | 관계와 사랑

인간관계에서 마음을 비우라는데, 어떻게 비우나요? · 78
남이 나를 어떻게 생각할지 심하게 의식합니다 · 81
남을 의식하다 보니 너무 답답합니다 · 87
언제나 인간관계가 불편합니다 · 91

직장에서 눈치 보며 사느라 너무 괴롭습니다 · 94
직장 후배가 부담스럽습니다 · 98
자기 자랑을 하고 나니 마음이 허허롭기만 합니다 · 103
사람들과의 관계에서 겪는 두려움 · 106
알고 보니 결혼할 신랑이 이혼남이었습니다 · 110
소유하고 싶은 마음 때문에 힘드네요 · 119

| 3장 | 부부와 가족

너무 순한 남편 때문에 화가 납니다 · 130
가족과의 관계가 힘듭니다 · 139
아이가 무척 산만하고 사회성이 부족합니다 · 144
아이에 대한 화를 누그러뜨리고 싶습니다 · 151
아내가 시댁을 멀리합니다 · 154

| 4장 | 삶과 사랑

사람은 왜 사나요? · 165
권태로움에 빠져 있는 자신이 싫습니다 · 169
마음이 공허합니다 · 172
사회에서 인정받고 싶습니다 · 176
삶의 열정이 없습니다 · 180
그냥 막 살면 되나요? · 184
너무 무기력하고 게을러요 · 188
선택이 힘들어요 · 193
새로운 환경에 대한 불안 · 195
능력이 부족하여 답답합니다 · 197
육체적 질병에 대한 질문입니다 · 201
고통의 소멸에 대하여 · 204

죽음이 두렵습니다 · 207
삶과 죽음을 어떻게 보시는지요 · 211
계속 살아야 할까요? · 214
모든 것을 잃었습니다 · 220
세상의 파국을 막고 싶습니다 · 223

| 5장 | 마음의 장애들

남에게 잘 보이고 싶은 마음의 병 · 235
강박증 때문에 삶이 버겁습니다 · 241
그러면 사랑은 무엇인가요? · 246
사람들 앞에 서기가 두렵습니다 · 249
대인공포 때문에 친구의 결혼식에 가지 못했습니다 · 254
시선공포, 저만 그런 걸까요? · 257
도망치지 않고 멈추기가 어렵습니다 · 260
말더듬 때문에 고민입니다 · 263
얼굴이 붉어져 당황스럽습니다 · 268
대인공포증 때문에 힘드네요 · 274
교단에 서는 것이 너무 두렵습니다 · 279

| 6장 | 있는 그대로

'있는 그대로'의 뜻을 알고 싶습니다 · 285
내가 할 수 있는 일은 아무것도 없나요? · 288
자신과의 싸움에서 이겨야 하지 않나요? · 291
잘난 쪽으로 가고 싶은 마음 · 293
추구를 그쳐야 하나요? · 297

| 7장 | 수행과 자유

권할 만한 수행법이 있나요? · 301
왜 명상을 하나요? · 305
깨닫기 위해서는 수행이 필요하지 않나요? · 309
그동안 익힌 수련법을 어떻게 해야 할지요 · 313
뿌연 안개에 휩싸인 듯 · 317
분별심에 대하여 · 320
어떻게 하면 견고한 발심과 힘을 얻을 수 있는지요 · 323
깨달음에는 끝이 있습니까? · 327
놓는 것에 대한 두려움 · 331
자유의지에 대하여 · 335
자유를 얻기가 왜 이리 힘든가요? · 338